市政行业职业技能培训教材

筑 路 工

建设部人事教育司组织编写

中国建筑工业出版社

图书在版编目（CIP）数据

筑路工/建设部人事教育司组织编写. —北京：
中国建筑工业出版社，2004
市政行业职业技能培训教材
ISBN 978-7-112-06875-3

Ⅰ. 筑… Ⅱ. 建… Ⅲ. 铁路线路-工程施工-
技术培训-教材　Ⅳ. U215

中国版本图书馆 CIP 数据核字（2004）第 093101 号

市政行业职业技能培训教材
筑　路　工
建设部人事教育司组织编写

*

中国建筑工业出版社出版、发行（北京西郊百万庄）
各地新华书店、建筑书店经销
北京建筑工业印刷厂印刷

*

开本：850×1168 毫米　1/32　印张：9¼　字数：246 千字
2004 年 12 月第一版　2015 年 10 月第二次印刷
定价：**18.00** 元
ISBN 978-7-112-06875-3
（12829）

版权所有　翻印必究
如有印装质量问题，可寄本社退换
（邮政编码 100037）

本社网址：http://www.cabp.com.cn
网上书店：http://www.china-building.com.cn

本书包括的主要内容有：道路工程基本知识、施工前的准备与测量工作，道路工程的施工、人行道及附属设施、施工组织与管理、冬雨期施工措施等内容。

本书可作为市政工程工人技术等级培训教材使用，也可作为技术工人学习和指导施工的依据。

* * *

责任编辑：胡明安　田启铭　姚荣华

责任设计：崔兰萍

责任校对：王金珠

出版说明

为深入贯彻《建设部关于贯彻〈中共中央、国务院关于进一步加强人才工作的决定〉的意见》，落实建设部、劳动和社会保障部《关于建设行业生产操作人员实行职业资格证书制度的有关问题的通知》（建人教[2002]73号）精神，加快提高建设行业生产操作人员素质，培养造就一支高素质的技能人才队伍，根据建设部颁发的市政行业《职业技能标准》、《职业技能岗位鉴定规范》，建设部人事教育司委托中国市政协会组织编写了本套"市政行业职业技能培训教材"。

本套教材包括沥青工、下水道工、污泥处理工、污水处理工、污水化验监测工、沥青混凝土摊铺机操作工、泵站操作工、筑路工、道路养护工、下水道养护工等10个职业（工种），并附有相应的培训计划大纲与之配套。各职业（工种）培训教材将初、中、高级培训内容合并为一本其培训要求在培训计划大纲中具体体现。全套教材共计10本。

本套教材注重结合市政行业实际，体现市政行业企业用工特点，理论以够用为度，重点突出操作技能训练和安全生产要求，注重实用与实效，力求文字深入浅出，通俗易懂，图文并茂。本套教材符合现行规范、标准、工艺和新技术推广要求，是市政行业生产操作人员进行职业技能培训的必备教材。

本套教材经市政行业职业技能培训教材编审委员会审定，由中国建筑工业出版社出版。

本套教材作为全国建设职业技能培训教学用书，可供高、中等职业院校实践教学使用。在使用过程中如有问题和建议，请及时函告我们，以便使本套教材日臻完善。

建设部人事教育司
2004 年 10 月

市政行业职业技能培训教材编审委员会

顾　　　问：李秉仁

主 任 委 员：张其光

副主任委员：果有刚　陈　付

委　　　员：王立秋　丰景斌　张淑玲　崔　勇
　　　　　　杨树丛　张　智　吴　键　冯亚莲
　　　　　　陈新保　沙其兴　陈　晓　刘　艺
　　　　　　白荣良　程　湧

《筑路工》

主　　编：马　飞

主　　审：邓利民、程　湧

编写人员：马　飞　田　军　徐　宠　余耀捷
　　　　　王艳兵　李　静

前　言

为了适应建设行业职工培训和建设劳动力市场职业技能培训和鉴定要求，我们依据《职业技能岗位标准》、《职业技能岗位鉴定规范》（建设部技能岗位鉴定指导委员会编写）进行组织编写。

本教材的主要特点是不再分初、中、高级工单独编写，而是合三为一，其内容基本覆盖了"岗位鉴定规范"对初、中、高级工的知识要求。本套教材共六章十七节，主要包括道路工程基本知识；施工前的准备与测量工作；道路工程的施工；人行道附属设施；施工组织与管理；冬雨期施工措施和筑路材料及筑路机械等章节。内容全面并重点突出职业技能教材的实用性。基本知识、专业知识和相关知识有适当比重，尽量做到简明扼要，避免教科书式的理论阐述和公式推导、演算。

本教材的编写得到了建设部人事教育司、中国市政工程协会教育委员会和中国建筑工业出版社的大力支持，在编写过程中参照了其他相关培训教材和国家有关规范、标准。由于编者水平有限，书中可能存在不足甚至失误的地方，希望读者在使用过程中提出宝贵意见，以便不断改进完善。

本教材由武汉市市政集团所属的武汉市市政建设科研有限公司马飞主编，市政集团邓利民、程湧主审，参加编写的人员还有：田军、徐宠、余耀捷、王艳兵、李静。武汉市市政集团总经理谢先启、武汉市市政建设科研有限公司领导程湧、杜重庆、樊加生等同志为本教材给予了大力支持，在此表示衷心的感谢！

编　者

目　录

- 一、道路工程基本知识 ·· 1
  - （一）城市道路的一般规定 ·· 1
  - （二）道路工程施工图 ·· 6
  - 思考题 ··· 35
- 二、施工前的准备与测量工作 ·· 36
  - （一）施工前的准备工作 ··· 36
  - （二）道路工程施工测量 ··· 37
  - 思考题 ··· 62
- 三、道路工程的施工 ·· 64
  - （一）路基施工 ··· 64
  - （二）底基层与基层施工 ·· 120
  - （三）路面施工 ·· 157
  - 思考题 ··· 215
- 四、人行道及附属设施 ·· 217
  - （一）人行道的施工 ·· 217
  - （二）侧石、缘石的施工 ·· 222
  - （三）收水井、检查井及雨水支管的施工 ····································· 224
  - 思考题 ··· 227
- 五、施工组织与管理 ··· 228
  - （一）施工组织与管理的基本知识 ··· 228
  - （二）编制施工作业计划和班组管理 ·· 232
  - （三）定额与预算 ··· 239
  - （四）施工组织设计及网络图 ··· 249
  - （五）安全生产管理 ·· 262
  - 思考题 ··· 267
- 六、冬雨期施工措施 ··· 268

(一) 冬期施工措施 ································· 268
(二) 雨期施工措施 ································· 280
思考题 ··· 283
主要参考文献 ·· 284

一、道路工程基本知识

(一) 城市道路的一般规定

1. 道路分类与分级

(1) 城市道路的分类

按照道路在道路网中的地位、交通功能以及对沿线建筑物的服务功能等，城市道路分为以下四类，见表1-1。

我国城市道路分类表　　　　　　　　表1-1

类别	说明
快速路	为城市中大量、长距离、快速交通服务。快速路对向车行道之间应设中间分车带，其进出口应采用全控制或部分控制。路两侧不应设置吸引大量车流、人流的公共建筑物的进出口。两侧一般建筑物的进出口应加以控制
主干路	应为连接城市各主要分区的干路，以交通功能为主。自行车交通量大时，宜采用机动车与非机动车分隔形式。如三幅路或四幅路。路两侧不应设置吸引大量车流、人流的公共建筑的进出口
次干路	应与主干路结合组成道路网，起集散交通的作用兼有服务功能
支路	应为次干路与街坊路的连接线，解决局部地区交通，以服务功能为主

按道路的横向布置分类，分为以下四类，见表1-2。

(2) 城市道路分级

除快速路外，每类道路按照所在城市的规模、设计交通量、地形等分为Ⅰ、Ⅱ、Ⅲ级，见表1-3。

1

按道路的横向布置分类　　　　　　　　表 1-2

道路类别	车辆行驶情况	适 用 范 围
单幅路	机动车与非机动车混合行驶	适用于交通量不大的次干路、支路
双幅路	分流向，机、非混合行驶	机动车交通量较大，非机动车交通较少的主干路、次干路
三幅路	机动车与非机动车分道行驶	机动车与非机动车交通量均较大的主干路、次干路
四幅路	机动车与非机动车分流向、分道行驶	机动车交通量大，车速高；非机动车多的快速路，主干路

我国城市道路各类各级的计算行车速度　　表 1-3

道路类别	快速路	主干路			次干路			支路		
道路级别		Ⅰ	Ⅱ	Ⅲ	Ⅰ	Ⅱ	Ⅲ	Ⅰ	Ⅱ	Ⅲ
计算行车速度(km/h)	80、60	60、50	50、40	40、30	50、40	40、30	30、20	40、30	30、20	20
说 明	城市道路除快速路外，每类道路按照所在城市的规模、设计交通量、地形等分为Ⅰ、Ⅱ、Ⅲ级。大城市应采用各类道路中的Ⅰ级标准；中等城市，采用Ⅱ级标准；小城市应采用Ⅲ级标准									

2. 路面的分类与分级

（1）路面分类

路面按力学性能分类见表 1-4。

路面按力学性能分类　　　　　　　　表 1-4

路面类型	特　征	设计理论与方法
柔性路面	在柔性基层上铺筑沥青面层或用有一定塑性的细粒土稳定各种骨料的中、低级路面结构，因具有较大的塑性变形能力而称此类结构为柔性路面	采用双圆均布与水平垂直荷载作用下的多层弹性连续体系理论，以设计弯沉值为路面整体刚度的设计指标

续表

路面类型	特征	设计理论与方法
半刚性路面	在半刚性基层上铺筑一定厚度沥青混合料面层的结构称为半刚性基层沥青路面	设计理论同上,对半刚性材料的基层、底基层进行层底拉应力验算
刚性路面	采用水泥混凝土做面层或基层的路面结构	根据弹性半空间假设,从薄板理论出发,采用矩形有限元法解算荷载临界位置的应力

路面按材料分类见表1-5。

路面按材料分类 表1-5

路面名称	路面种类
沥青路面	沥青面层包括：沥青混凝土、沥青玛琋脂碎石混合料、热拌沥青碎石、乳化沥青碎石混合料,沥青贯入式,沥青表面处治
水泥混凝土路面	水泥混凝土面层包括：普通混凝土,钢筋混凝土,碾压式混凝土,钢纤维（化学纤维）混凝土,连续配筋混凝土等
其他路面	普通水泥混凝土预制块路面,连锁型路面砖路面,石料砌块路面,水（泥）结碎石路面及级配碎石路面等

（2）路面分级

路面等级及常用数据见表1-6。

路面等级及常用数据 表1-6

路面等级	面层类型	设计使用年限（年）	设计年限（内）累计标准轴次（万次/车道）	适用范围
高级路面	沥青混凝土,沥青玛琋脂碎石	15	200~400	快速路,主干、次干道路
	水泥混凝土	20,30	>500	
次高级路面	热拌沥青碎石,沥青贯入式	12	100~200	次干路、支路

3

续表

路面等级	面层类型	设计使用年限（年）	设计年限（内）累计标准轴次（万次/车道）	适用范围
中级路面	砌块路面，水（泥）结碎石，级配碎石	8	10～100	步行街、支路
低级路面	粒料改善土	5	≤10	乡村道路

各级路面的技术特征见表1-7。

各级路面的技术特征表 表1-7

路面等级	技术特征			
	面层状况	强度与耐久性	材料	养管与费用
高级路面	平整、耐磨、无尘	强度高、耐久性好	沥青及水泥类	造价高，养管费用低
次高级路面	平整、无尘	强度高、耐久性一般	沥青类	造价较高，需定期维修
中级路面	平整度差、易生尘	不耐磨、耐久性差	水（泥）结级配碎石	造价低，需经常维修
低级路面	平整度差、易生尘	强度与耐久性均差	粒料加固等	造价低，维修工作量大

3. 城市道路的组成及作用

城市道路常由以下几部分组成：

（1）车行道：车辆行驶的路。又分为：

1）机动车道（快车道），是供带有动力装置的车辆行驶的道路。如：大、小汽车和电车等；

2）非机动车道（慢车道），是供无动力装置的车辆行驶的道路。如：自行车、三轮车和板车等。

（2）人行道：人群步行的道路。

（3）分隔带（隔离带）：是安全防护的隔离设施。防止车辆越道逆行的分隔带设在道路中线位置，将左右或上下行车道分开，称为中间分隔带。

（4）排水设施：包括用于收集路面雨水的平式或立式雨水口（进水口）的支管等。

（5）交通辅助性设施：为组织指挥交通和保障维护交通安全而设置的辅助性设施。如：信号灯、标志牌、安全岛、道口花坛、护栏、人行横道线（斑马线）、分车（道）线以及临时停车场和公共交通车辆停靠站等。

（6）街面设施：为城市公用事业服务的照明灯柱、架空电线杆、消防栓、邮政信箱、清洁箱以及人行天桥等。

（7）地下设施：为城市公用事业服务的给水管、污水管、雨水管、煤气管、通讯电缆、电力电缆以及地下人行通道等。

4．城市道路工程组成项目

道路工程除低级的土路以外，都必定包括路基和路面工程。路基和路面工程是组成道路工程的两项基本项目。路面工程通常又分为路面面层和路面基层两项。至于城市道路工程所常见的人行道、分隔带、安全岛、雨水口、护拦和小型桥涵等项目，都是附属于道路工程的项目，常统之为附属工程。至于排水、给水、中型以上桥涵、通讯、照明和电力等，均为自成体系的专业性工程，不属于道路工程的范畴。

（1）路基工程

路基大多数都是用土筑成的，故称为"土路基"（也有"石路基"）。它支承着路面重量和由路面传递来的各种荷载，要求具有良好的稳定性。

（2）路面工程

路面工程也称路面结构工程，分为：

1）路面基层，它是路面结构除路面面层之外的总称，是路面的基础，直接承受路面传递的各种荷重或应力，因此，也称为持力层或承重层，用不同强度的材料，由上至下的逐层铺筑在路基上，形成一层或多层的叠式结构。要求材料强度逐层递增，且具有良好的稳定性和均匀性，多层次的基层各层名称划分有二：

其一是由下至上分别称为底基层，下基层和上基层；其二是依使用材料命名。

2）路面面层，它是道路与车辆和大气层接触的表面层。直接承受和抵抗车辆荷重压力、冲击、剪切、弯折和磨擦，以及受自然因素的侵蚀（如湿度、雨水、冰雪、阳光等）。因此，路面面层常常使用价格昂贵的高强和优良的耐磨和抗侵蚀强的材料修筑，同时要求施工技术更精更细，才能达到满足使用的要求。

（二）道路工程施工图

1. 道路工程制图的一般规定

1）图幅及图框

图幅及图框尺寸应符合表 1-8 的规定：（单位：mm）

幅 面 格 式　　　　　　　　表 1-8

尺寸代号＼图幅代号	A0	A1	A2	A3	A4
b×l	841×1189	594×841	420×594	297×420	210×297
a	35	35	35	30	25
c	10	10	10	10	10

图幅的短边不得加长。长边加长的长度，图幅 A0、A2、A4 应为 150mm 的整倍数；图幅 A1、A3 应为 210mm 的整数倍。

2）图标及会签栏

图标应布置在图框内右下角。图标外框线线宽宜为 0.7mm；图标内分格线线宽宜为 0.25mm。其格式也有规定。

3）字体及书写方法

图纸上的文字、数字、字母、符号、代号等，均应笔画清晰、字体端正、排列整齐、标点符号清楚正确。文字的字高尺寸系列为 2.5、3.5、5、7、10、14、20mm。当用更大的字体时，其字高应按$\sqrt{2}$的比例递增，字例如图1-1。

图纸中的汉字应采用长仿宋体，字的高、宽尺寸，可按表1-9的规定采用（单位mm）。

字的高、宽尺寸　　　　　表1-9

字高	20	14	10	7	5	3.5	2.5
字宽	14	10	7	5	3.5	2.5	1.8

在同一册图纸中，数字与字母的字体可采用直体或斜体。直体笔画的横与竖应成90°；斜体字字头向右倾斜，与水平线应成75°；字母不得采用手写体。

4）图线

1234567890

1234567890

abcdefABCEDF

abcdefABCDEF

图1-1　字例

图线的宽度应从 2.0、1.4、1.0、0.7、0.5、0.35、0.25、0.18、0.13mm 中选取，每张图上的图线线宽不宜超过 3 种。线宽组合应符合表 1-10。

图 线 线 宽　　　　　　　　　　表 1-10

线宽类别	线 宽 系 列 （mm）				
b	1.4	1.0	0.7	0.5	0.35
$0.5b$	0.7	0.5	0.35	0.25	0.25
$0.25b$	0.35	0.25	0.18（0.2）	0.13（0.15）	0.13（0.15）

注：表中括号内的数字为代用的线宽。

5）坐标

坐标网络应采用细实线绘制，南北方向轴线代号应为 x；东西方向轴线代号为 y。坐标网格也可采用十字线代替（图 1-2a）。

坐标值的标注应靠近被标注点；书写方向应于网格或在网格延长线上。数值前应标注坐标轴代号。当无坐标轴代号时，图线上应绘制指北标志（图 1-2b）。

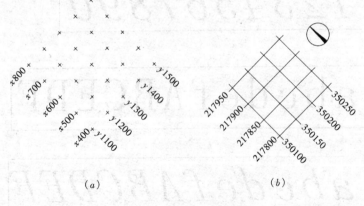

图 1-2 坐标网格及标线

当需要标注的控制点不多时，宜采用引出线的形式标注。水平线上、下应分别标注 x 轴、y 轴的代号及数值。坐标数值的计量单位应采用米，并精确至小数点后三位。

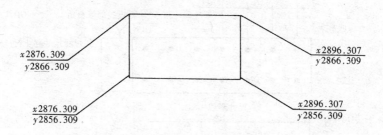

图 1-3　控制点坐标的标注

6）图纸上的尺寸和比例

（A）绘图的比例，应为图形线性尺寸与相应实际尺寸之比。比例大小即为比值大小，如 1:50 大于 1:100。比例应采用阿拉伯数字表示，宜标注在视图图名的右侧或正下，字高可为视图图名字的 0.7 倍。当竖直方向与水平方向的比例不同时，可用 V 表示竖直方向比例，用 H 表示水平方向比例，如图 1-4 所示。

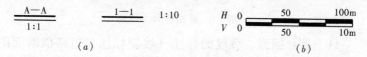

图 1-4　比例的标注

（B）尺寸标注：如图 1-5 所示。

尺寸应标注在视图醒目的位置。计量时应以标注的尺寸数字为准，不得用量尺直接从图中量取。尺寸应由尺寸界线、尺寸线、尺寸起止符和尺寸数字组成。

7）标高和指北针

（A）标高符号应采用细实线绘制的等腰三角形表示。高约 3mm，底角 45°，如图 1-6 所示。

（B）指北针的标注方法如下。圆的直径 D 一般以 25mm 为宜，指北针下端的宽度 b 一般为直径 D 的 1/8。如图 1-7 所示。

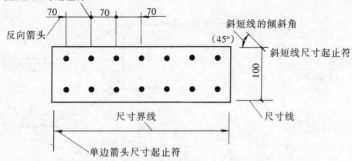

图 1-5　尺寸要素的标注

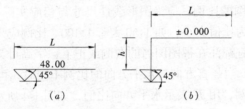

图 1-6　标高符号及注法

(C) 圆、圆弧、坡度的标注（坡度标注见道路横断面图）如图 1-8 所示。

8）图例

道路工程常用图例见表 1-11。

2. 道路工程图

(1) 投影的概念

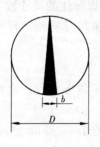

图 1-7　指北针的标注

光线照射物体，在墙上或地面上产生影子，当光线照射角度或距离改变时，影子的位置、形状也随之改变，投影原理就是从这些概念中总结出来的一些规律，作为制图方法的理论依据。在制图中把表示光线的线称为投射线，把落影平面称为投影面，把所产生的影子称为投影图。

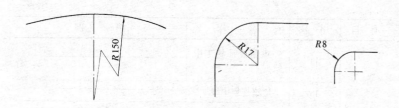

图 1-8 圆、圆弧的标注

道路工程常用图例　　　　　　　表 1-11

项目	序号	名　称	图　　例
平面	1	涵洞	
	2	通道	
	3	分离立交 a. 主线上跨 b. 主线下穿	
	4	桥梁（大、中桥梁按实际长度绘）	
	5	互通式立交（按采用形式绘）	
	6	隧道	
	7	养护机构	
	8	管理机构	
	9	防护网	
	10	防护栏	
	11	隔离墩	
	12	设计路基边线、规划红线。设计路面边线等	
	13	路基、路面现状边线	

续表

项目	序号	名称	图例
平面	14	道路设计施工中线	
	15	道路规划中线	
	16	设计给水管道	
	17	现状给水管道	
	18	设计排水管道	
	19	现状排水管道	
	20	挡土墙	
	21	铁路平交道口	
	22	现式雨水口	
	23	拆迁的杆、树、雨水口	
纵断面	24	箱涵	
	25	管涵	
	26	盖板涵	
	27	拱涵	
	28	箱型通道	
	29	桥梁	
	30	分离式立交 a. 主线上跨 b. 主线下穿	
	31	互通式立交 a. 主线上跨 b. 主线下穿	

续表

项目	序号	名称	图例
材料	32	细粒式沥青混凝土	
	33	中粒式沥青混凝土	
	34	粗粒式沥青混凝土	
	35	沥青碎石	
	36	沥青贯入碎砾石	
	37	沥青表面处治	
	38	水泥混凝土	
	39	钢筋混凝土	
	40	水泥稳定土	
	41	水泥稳定砂砾	
	42	水泥稳定碎砾石	
	43	石灰土	
	44	石灰粉煤灰	

续表

项目	序号	名称	图例
平面纵断	45	石灰粉煤灰土	
	46	石灰粉煤灰砂砾	
	47	石灰粉煤灰碎砾石	
	48	沉积碎砾石	
	49	泥灰结碎砾石	
	50	级配碎砾石	
	51	填隙碎石	
	52	天然砂砾	
	53	干砌片石	
	54	浆砌片石	
	55	浆砌块石	
	56	木材 横 纵	
	57	金属	
	58	橡胶	
	59	自然土	
	60	夯实土	

注：各地方的图例也有所不同，注意看图纸说明。

由一点放射的投射线所产生的投影称为中心投影，如图1-9所示。由相互平行的投射线所产生的投影称为平行投影。根据投射线与投影面的角度关系，平行投影可分为两种：平行投射线与投影面斜交的称为斜投影，平行投射线垂直于投影面的称为正投影，如图1-10所示。

一般工程图纸，都是按照正投影概念绘制的，即假设投射互相平行，并垂直于投影面。可以透过物体的，如图1-11所示。

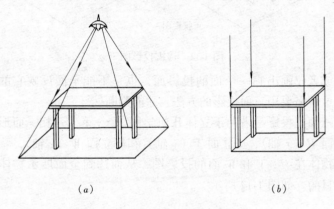

图1-9 影子和投影

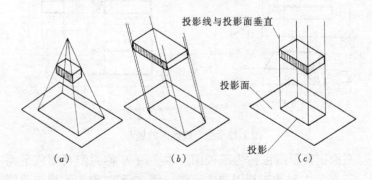

图1-10 投影的种类
(a)中心投影；(b)斜投影；(c)正投影

三面正投影，一个物体，仅从一个侧面去观察是难窥其全

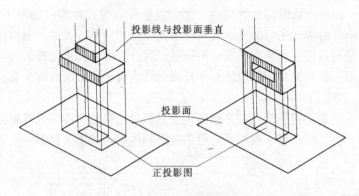

图 1-11　透视投影图

貌；或者仅画出它一个面的投影面，也是不能全面反映它的形体。这就需要用三面投影的方法，才能判断。

三面正投影是借助于立体几何学中 x、y 和 z 三相，而形成水平面 H（x 轴）、正立面 V（y 轴）和侧立面 W（z 轴），藉以画出物体在 H、V 和 W 面的投影图，从而达到全面展示物体全貌的目的。如图 1-12 所示。

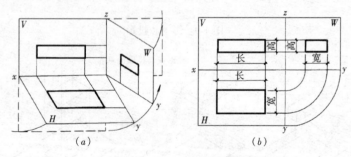

图 1-12　三个投影面的展开

三面正投影图也称为三视图。水平面 H 称为俯视图或平面图，正立面 V 称为正视图或主面图，侧立面 W 称为侧视图或侧面图，如图 1-12 所示。在道路工程中（除附属构筑物以外），依次称为平面图、纵断面图和横断面图。

三面投影图中各要素的基本规律是：

1）水平面 H 的投影图，反映了物体的长和宽；
2）正立面 V 的投影图，反映了物体的长和高或厚；
3）在侧主面 W 的投影图，反映了物体的宽和高或厚；
4）平面图与正立面图长度对正相等；
5）侧立面图与正立面图高（厚）度平齐相等；
6）平面图与侧立面图宽度相等。

符合上述规律的三面正投影图，才是正确无误的投影图。任何工程图必须符合此规律。工程中常用的图示法有：局部法、斜视法、剖面图和断面图、半剖面图。

用简单和常用工具进行简单的几何作图，如直尺、三角板和圆规等工具作直线的平行线、垂线及垂直平分线，作两直线的等分平行线和角度平分线。这些都是一些基本的几何作图，必须掌握。

（2）路面结构层的划分

行车荷载和自然因素对路面的作用，随着路面深度的增大面逐渐减弱，因而对路面材料的强度、刚度和稳定性的要求也随着深度而逐渐降低。为适应这一特点，绝大部分路面做成多层次的，按照使用要求、受力状况、土基支承条件和自然因素影响程度的不同，在路基顶面采用不同的规格和要求的材料分别铺设垫层、基层和面层等结构层。

1）面层。面层是直接承受车辆荷载及自然因素的影响，并将荷载传递到基层的路面结构层。由于面层承受行车荷载的垂直力、水平力和冲击力以及温度和湿度变化的影响最大，因此，面层应具备较高的结构强度、刚度、耐磨、不透水和温度稳定性，并且其表面还应具有良好的平整度和粗糙度。面层可由一层或数层组成，高等级路面的面层可以包括磨耗层、面层上层和面层下层等。

2）基层。基层分上基层和下基层，主要承受由面层传来的车辆荷载垂直力，并把它扩散到垫层或土层中，故基层应有足够的强度和刚度。另外它也必须具有良好的稳定性，这些基本的要求是保证路面强度与稳定的基本条件，提高路基的强度与稳定性，可以减少路面厚度、降低路面造价。

3）垫层。在土基与基层之间设置垫层，其功能是改善土基的湿度和温度状况，以保证面层和基层的强度和刚度的稳定性和不受冻胀翻浆的作用。垫层通常设在排水不良和有冰冻翻浆路段，在地下水位较高地区铺设的能起隔水作用的垫层称为隔离层；在冻深较大的地区铺设的能起防冻作用的垫层称为防冻层。此外，垫层还能扩散由面层和基层传来的车辆荷载垂直作用力，以减小土基的应力和变形；而且它也能阻止路基土挤入基层中，影响基层结构性能。

4）路面结构层图（图1-13）。

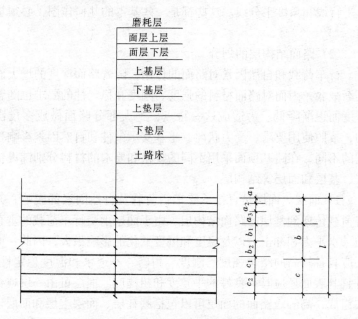

图1-13　路面结构层各层名称示意图

路面结构组合要求：路面面层要具有足够的强度和抗变形的能力，在其下各层的强度和抗变形能力自上而下逐渐减小。也就是各结构层应按强度和刚度自上而下递减的规律安排，以使各结构层材料的效能得到充分的发挥。按这规律，结构层的层数愈多愈能体现强度和刚度沿深度递增的规律。但就施工工艺和材料规格而言，层数又不宜过多，不能使结构层的厚度过小。适宜的结构层厚度需结合材料供应、施工工艺并按相关规定确定，从强度要求和造价考虑，自上而下由薄到厚。

路面应具有足够的下述性能：强度和刚度；平整度；稳定性；抗滑性；耐久性；扬尘少、噪声小等特点。

(3) 道路平面图

道路平面图又称为线路平面图，它是将道路建设范围所有与道路有关连的固定物体，投影在水平投影面上的正投影图。通常的城市道路平面图是由道路现状和道路设计平面两部分组成，并用同样比例画在一张图上。

1) 道路现状平面图。道路现状平面图是供道路平面设计时使用的，通常它应包括：地面上已有的固定物体，例如房屋、桥梁（立交桥、平交桥、高架桥）涵闸堤坝、河流沟壑、湖泊池塘、家田耕地、树林山丘、草地园林、铁路轻轨、道路街坊、电杆以及其他地面设施；地面下已有的固定物体，例如给水排水、电力电讯、煤气热力、地铁人防以及其他地下设施。可见，道路现状平面图实际上就是标注有地下人工构筑物的地形图。

地形图是由实测获得。通常采用的比例是 1∶500 和 1∶1000 或更大，它用等高线和图例的方法绘制成图，作为道路平面设计的依据。

2) 道路设计施工平面图。道路设计施工平面图简称平面图。是设计者表明平面布置图并提供施工的图纸，它包括的基本内容是：

(A) 道路设计中心线，简称中线，这是表示道路走向的轴线，常用细点画线绘制。中线是丈量道路的长度、路基和路面的宽度以及变道半径（平曲线半径）等的基准线。

由于城市道路并不完全都是按道路规划的标准横断面一次建

成。因此，在平面图中，常可见到的一条细双点画线，这就是规划中心线。

（B）桩号或里程是表示道路总长和分段长的数字标注。通常在中线上从起点到终点沿道路前进方向左侧标注的数字表示千米数，右侧数字则表示不足 1km 的余数，两数之间用符号"+"连接，表示的符号是英文字母"K"，单独写桩号时，必须写上千米符号，在平面图上则可不写，例如 4+405.98（亦可写成 K4+405.98），口语则念成 K4 加 405 点 98。它表示该处位置距离道路起点心距离为 4405.98m。

一般都采用每 20m 设桩的方法，在平面图中看到非 20 进位的桩号，称为加桩或碎桩。设置加桩的原因很多，例如地形起伏变化、平曲线起止位置、桥涵或其他构筑物位置等。通常在平面图中书写桩号都是采用垂直于中线的方式。

（C）道路建筑红线简称红线。它是表示道路建设范围的边界线，在红线内的一切不符合设计要求或妨碍设计实现的建筑物、构筑物、地下管线和其他设施，都应拆除。在平面图中常用粗实线绘制。

（D）道路组成有机动车道、非机动车道、人行道、分隔带、花坛和树穴等。图中均用粗或中实线于相应的平面位置绘制。

（E）用设施指电力、电讯、电缆、给水排水、煤气、热力等。主要是地下的管网和其他构筑物。需要与道路同步建设的项目，在平面图中常采用图例绘制出它们的平面位置和走向。

（F）平曲线。当道路转折时，为使相交两条折线能平滑地衔接，以满足车辆行驶的要求而设置的曲线段，也称为"弯道"。在平面图中，除绘制出曲线段外，还要标注出曲线要素。曲线要素是给定的道路中线的技术条件和制约。图 1-14 是圆曲线要素的几何图及其符号。

各符号的含义是：

JD_n——表示道路转折处的交点用桩号标注，n 表示沿道路前进方向转折点编号；

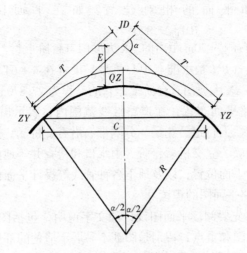

图 1-14　圆曲线要素符号

α_n—表示转折角，以度计，n 的含义同上；

R—表示曲线半径，以米计；

T—表示切线长度，以米计；

E—表示外矩（矢矩），即指交点到曲线顶点（中点）的距离，以米计；

L—表示曲线长度，以米计；

C—表示曲线的弦长，以米计；

ZY—表示曲线起点（进弯点），用桩号表示；

QZ—表示曲线中点，用桩号表示；

YZ—表示曲线止点（出弯点），用桩号表示。

在平面图中，曲线起点、中点和止点的位置都用桩号标注。当转折太多，为方便识图也可采用曲线表的方式，集中反映道路全线的曲线元素。

（G）坐标：是确定一点在空间的位置的一个或一组数。平面图上道路起点和转折点通常是采用国家规定的北京坐标系的坐标，来表示这些点的平面位置。

（H）水准点在平面图上常是沿线设置，并且标出它的编号、高程数和平面的相对位置。如在平面图上标出 $\dfrac{BM_{10}27.870}{4+647.85\text{右侧约}20\text{m}\text{距离的XX大厦门首台阶上}}$ 这就是表示10号点水准点（BM是水准点中心符号）设置在4+647.85右侧约20m距离的XX大厦门首台阶上，它的高程为27.870m。

3）道路平面布置：在道路红线范围内，表示出机动车道、非机动车道、人行道、花坛、分隔带、沿石、桥涵、排水沟、挡土墙、倒虹吸、立交桥、台阶、雨水口和检查井等地面建筑或构筑物的设计平面位置；以及地下各种管线等设计平面位置。

4）道路平面图的识读。

（A）首先要阅读平面图设计的文字说明，包括图纸上说明，弄清设计意图和重点，特别是图纸不易展示清楚的部位。

（B）对照图例，看清楚道路现状平面图，特别是地面下的现状，由于图例的不统一，各地区和各城市都采用一些习惯图例，更应引起读图时的注意。

（C）仔细阅读设计平面图，从中获得道路的组成内容、几何形状、尺寸和位置，曲线及其要素，构筑物类型和位置，水准点位置和高程，道路的起止桩号和总长，道口布置等。

（D）如果发现有错处、或是看不懂、或是不清晰和遗漏，都应记录下来。

(4) 道路横断面图

道路横断面及其结构组合：

1）道路横断面形式，如表1-12。

2）道路横断面各部名称。

道路横断面图又称线路横断面图，是垂直于平面图设计中线剖切而获得的断面图。通常包括标准横断面图、路基横断面图、路面结构图和路拱大样图。

A．标准横断面

如表1-13，标准横断面图是从横断面的角度，反映出道路设计各组成部分的位置、宽度和相互关系，同时也反映出与道路建

表 1-12 道路横断面形式

形式	图 示	适应条件
单幅路	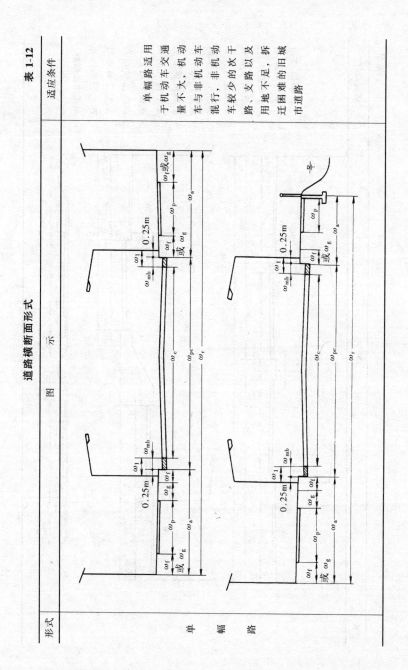	单幅路适用于机动车交通量不大,机动车与非机动车混行,非机动车较少的次干路、支路以及用地不足、拆迁困难的旧城市道路

续表

形式	图示	适应条件
双幅路	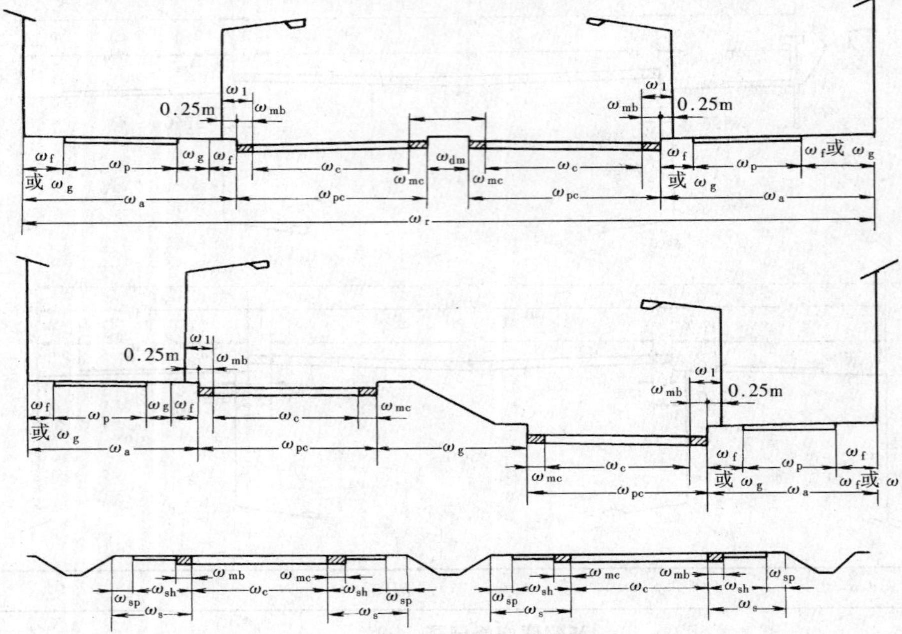	双幅路适用于单向两条机动车车道以上，机动车与非机动车混行，非机动车较少的道路。有平行道路可供非机动车通行的快速路和郊区道路以及横向高差大或地形特殊的路段，亦可采用双幅路

续表

形式	图示	适应条件
三幅路	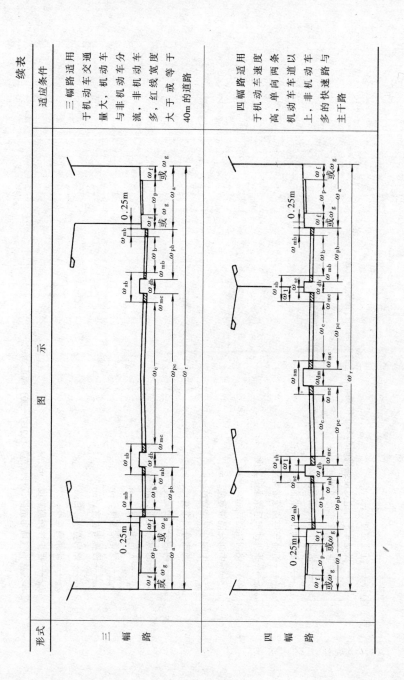	三幅路适用于机动车交通量大，机动车与非机动车分流，非机动车多，红线宽度大于或等于40m的道路
四幅路		四幅路适用于机动车速度高，单向两条以上机动车道，非机动车多的快速路与主干路

25

注：① ω_r——红线宽度，m；
　　　ω_c——机动车行道宽度或机动车与非机动车混合行驶的车行道宽度，m；
　　　ω_b——非机动车行道宽度，m；
　　　ω_{pc}——机动车道路面宽度或机动车与非机动车混合行驶的路面宽度，m；
　　　ω_{pb}——非机动车道路面宽度，m；
　　　ω_{mc}——机动车道路缘带宽度，m；
　　　ω_{mb}——非机动车道路缘带宽度，m；
　　　ω_l——侧向净宽，m；
　　　ω_{dm}——中间分隔带宽度，m；
　　　ω_{sm}——中间分车带宽度，m；
　　　ω_{db}——两侧分隔带宽度，m；
　　　ω_{sb}——两侧分车带宽度，m；
　　　ω_a——路侧带宽度，m；
　　　ω_p——人行道宽度，m；
　　　ω_g——绿化带宽度，m；
　　　ω_f——设施带宽度，m；
　　　ω_s——路肩宽度，m；
　　　ω_{sh}——硬路肩宽度；
　　　ω_{sp}——保护性路肩宽度，m。
　　②本表选自《城市道路设计规范》(CJJ37—90) 编汇而成。

设有关的地面和地下公用设施布置情况。它表明道路设计机动车道、非机动车道，分隔带和人行道等的组成，各自的位置、宽度和相互关系。并表明地面上有照明灯杆和地下有给水用管，水、电力和电讯管道等情况。

横断面图冠以"标准"两字，其意思是它只具备"共性"，而不表示"个性"问题，应从另外的图纸中寻找分段的横断面或根据平面图推断。

B. 路基横断面

道路横断面各部名称　　　　　　　表 1-13

图示	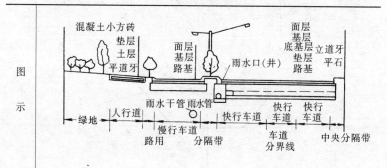
名称说明	面层：上面层、中面层、下面层 基层：基层、底基层 路基；土路基（路床、路堤）、处理路基（灰土等） 垫层；砂垫层、级配砂（砾）石等 隔离带：分隔带、绿化带 道牙也叫路边石、路缘石、缘石，分立道牙和平道牙，平道牙也叫平石，铺在路面与立道牙之间 人行道也叫人行步道或步道 快行车道也叫快车道或机动车道 慢行车道也叫慢车道或非机动车道等

路基横断面图是垂直于设计中线和各桩号处剖切，画出剖切面与地面交线及路基横断面设计线而成的断面图。它用以表明各桩号的填或挖的情况和形状。同时，也是计算土方工程量的依

据。常用透明方格网和纵横相同比例绘制路基横断面图。地面线是细实线，设计线是粗实线。在图的下方都标注出桩号、中心填或挖的尺寸（米）和填或挖的面积数（平方米）。它有全填式（路堤式）、全挖式（路堑式）和半填半挖式三种基本形式，分别如图 1-15 所示。

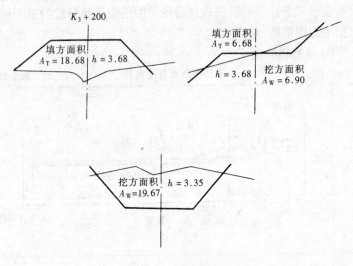

图 1-15　土方横断面图

C. 路面结构横断图 路面结构横断面图简称路面结构图，它是运用局部剖切法获得各部位的结构断面图，常用 1∶10 或 1∶20 的比例绘制。

（5）道路纵断面图

沿平面图的设计中线剖切，得到的图，称为纵断面图，它由图样和资料表两部分组成。图样画在图纸的上部，其下方则为资料表。

1）图样部分

纵断面图的水平向表示道路长度，垂直向表示设计中线的地面和设计高程及其高差，道路工程的路线的长度比高差要大很多，若采用同一种比例制图，就很难兼容和兼顾。因此，通常是各自采用各自的比例，以能恰如其分表达清晰为目的，一般都是选用垂直向比水平向的比例放大10倍，例如水平向比例选用1：1000，垂直向则选用1:100，图样应包括的基本内容是：

（A）地面线是设计中线上一系列桩号处的原路面高程的连接线。因此，它反映在图上是一条不规则的折线。通常是用细实线表示。

（B）设计线是设计中线上一系列桩号处的原地面调和的连接线。它由直线（纵横线）和曲线（竖曲线）组成。通常是用细实线表示。

（C）竖曲线是当设计纵坡变更时，且相邻两纵坡差绝对值超过规范，为利于行车而在变坡时设置的圆曲线。由于它设在垂直方向，所以称为竖曲线。它有凸凹两种形状，在图纸上分别以符号⌐¦⌐和⌊¦⌋表示。符号中的细点画线与两纵坡交点（即变坡点）相对应，水平粗实线的起止点就是曲线的始点和终点。在符号上写出的文字 R、T、E，是表示该竖曲线的要素半径、切线和外距。

（D）桥涵及其他构筑物的名称、编号、种类、大小和中心桩号，都要在图上标注清楚。

（E）水准点的标注方式与平面图相同。

（F）地质柱状图是表明道路所在的建筑地段的地质情况。由钻探孔位所取得的各层的岩芯样品，并经试验室测定而获得的类别鉴定，天然含水量、液塑性、塑性指数和其他物理力学指标等资料，用柱状图形和图例加文字相结合的方式，绘制和标注在纵断面图上。

2）资料表部分

（A）平面线栏。它是道路平面图的中线示意图，也称之为平面示意图栏目，水平线表示直线段。凸形表示沿前进方向右转的平曲线，凹形表示左转的平曲线。两垂直线之间的距离表示平曲线长度，并且还有写在两垂直线之间的平曲线要素 JD、R、

T、E 和 L。

(B) 桩号栏目。除了应该有与平面图保持一致性的桩号外，例如：20m 递增的整桩号，平曲线的 ZY、QZ 和 YZ 桩号，构筑物中心桩号和水准点位置桩号等。还有因地形突变点的加桩。

(C) 地面标高栏目。通常情况下，凡在桩号栏目中的桩号，都应有一个实测的地面标高。

(D) 设计标高栏目。一般情况下，在桩号栏中的桩号，不一定都标注有设计标高数。但是在纵坡变更点的桩号、竖曲线的桩号和构筑物的中心桩号上，必须标注有设计标高数。

(E) 填挖栏目。填挖是指设计标高与地面标高之差，前者大于后者为填，反之为挖。因此，凡桩号标注有设计和地面标高时，都有填或挖的数值，单位为米。

(F) 纵坡与坡长栏目。纵坡是设计纵坡坡度的简称。它是以相邻两点的设计标高差为分子和以两变更点之间的水平距离（即坡长）为分母的比值，常用百分率或小数点表示，如 2% 或 0.02。同时，以变更点所在桩号为准，将栏目划分为若干格，在每格间画一道对角线或水平线，并在线上方标注纵坡值，线下方标注坡长（米），以表示纵坡的性质和参数。当对角线由低向高，则为上坡；反之则为下坡；水平线则为平坡，用"0"表示。

纵断面图中所包括的内容的繁简或项目的多寡，是依设计和实际需要而取舍。但图中的地面线和设计线，资料表中的桩号、地面标高、填挖和纵坡与坡长栏目，是必不可少的内容和项目。

3) 道路纵断面图的识读

(A) 看清图样是否与资料表相符。

(B) 与道路平面图对照识读。

(C) 注意竖曲线和构筑物的桩号、曲线要素和标高。

(D) 发现问题，如实记录。

3. 道路工程图的识图和会审

(1) 看图的方法和步骤

如图 1-16、图 1-17、图 1-18 看图的方法一般是先要明确看的是什么图,从而根据图的特点来看图。大体的规律是先从上看到下,从左看到右,由外看到里,由大看到小,由粗看到细,用图样与说明结合看的方法进行阅看图纸。

一般看图的步骤大致如下:

1) 图纸拿来之后,应先把目录细看一遍。

2) 按照图纸目录清点各类图纸是否齐全,图纸编号与图名是否符合;采用的标准图是国标还是省标、院标。

3) 先看设计总说明,了解工程总体概况,技术要求等,然后按图号的顺序看,

4) 在对整个图有了总体了解之后,可以从基础图开始一步步深入地看。

5) 在图纸全部看完后,对整个工程图有了较清楚的了解,在施工过程中则要对各个施工部分的图纸再细读记忆。

6) 看图中还应对照检查图纸有无毛病,构造上是否能实施施工,是否合理等。

(2) 会审道路图。

1) 目的

设计文件、图纸是组织施工的技术依据。施工人员认真熟悉图纸,了解工程特点、掌握设计要点,明确设计意图以及工程关键部位的质量要求,对于保证和提高工程具有重要作用。同时,会审是澄清疑点,帮助设计减少差错达到统一思想,完善设计的有效方法之一。

2) 会审的一般要点

(A) 设计图纸说明是否齐全,图纸本身及相互之间有无错误和矛盾;

(B) 总平面图与施工图的几何尺寸、位置、高程是否一致;各种施工图之间的关系是否相等,预埋构件是否表示清楚;

(C) 工程结构、细节施工做法和技术要求是否表示清楚,与现行规范、规程有无矛盾,是否经济合理;

(D) 建筑材料质量要求和来源是否有保证;

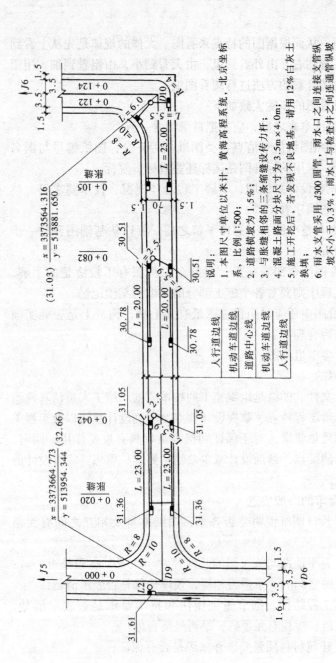

图 1-16 道路平面图

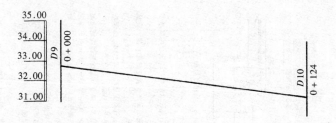

坡度及坡长	32.66 L=124.00 i=1.31% 31.03							
填高								
挖高	0.17	0.15	0.15	0.13	0.12	0.05	0.06	0.07
设计高程	32.66	32.40	32.13	31.87	31.61	31.35	31.28	31.03
原地面高程	32.83	32.53	32.28	32.00	31.73	31.40	31.32	31.10
桩号	K0+000	K0+020	K0+040	K0+060	K0+080	K0+100	K0+105	K0+124

说明：

1. 本图尺寸以米计，高程系统采用黄海高程系统；
2. 本图比例：横向：1:1000；纵向 1:100。

图 1-17　道路纵断面图

（E）地质勘探资料是否齐全，对不良地基采取的处理及对水土流失，环境影响的处理措施是否合理；

（F）设计文件所依据的地质、规划等资料是否准确、可靠、安全；

（G）路线或构造物与农田、水利、铁路、电讯、管道、公路、航道及其他建筑物的相互干扰情况和解决办法是否恰当，干扰可否避免；

（H）路线中线、主要控制点、转角点、三角点、基线等是

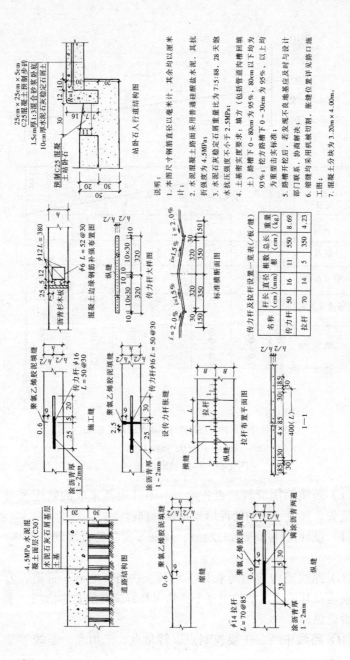

图 1-18 标准横断面及路面结构图

否准确无误；重要构造物的位置、尺寸大小、孔径等是否恰当，能否采用先进的技术或使用新型材料；

（I）施工安全能否有保证；

（J）管线综合排列位置、高程是否合理；

（K）设计图纸的要求与施工现场能否保证施工需要；

（L）监理规划及施工组织设计中所提的质量目标设计的描述与设计图纸的要求是否一致等；

（M）工程量计算是否准确；

（N）对完善设计和施工方案的建议。

3）会审方法

（A）会审前施工单位应指定专人（含高级筑路工）认真读识熟悉图纸，发现问题摘记清楚，归纳成条，在会审时或事先提出。

（B）会审由业主（甲方）主持，邀请有关施工单位、监理参加。

（C）会审开始是由设计人员进行设计交底，主要有设计意图、工艺流程、结构特点、特殊材质要求，以及施工步骤、方法的建议等。

（D）会审后，各方面提出的修改意见和修改方案，由有关部门整理写成文件，最后由设计部门签发作为正式施工依据。

思 考 题

1. 工程识图的方法和步骤。
2. 我国城市道路的分类、分级及组成。
3. 我国城市道路路面的分类、分级及组成。
4. 三面投影图的概念。
5. 我国城市道路中的平、纵、横、结构图中要表达的要素主要有哪些；各要素的含义。

二、施工前的准备与测量工作

(一) 施工前的准备工作

城市道路工程与其他工程一样,在开工前都必须进行必要的准备,方可正式动工,这种必须的准备,称为施工前准备工作,简称准备工作。

施工准备工作的主要内容:

1) 熟悉设计意图。查对图纸文件资料并作记录。

2) 现场踏勘。调查研究主要事项并对相关内容进行较全面的了解。

3) 编制施工大纲。小型道路工程开工前可根据调查情况,编制施工大纲,按工程特点和具体条件,确定施工程序、施工方法、采取的技术措施以及工、料计划与施工进度等。

4) 编制施工组织设计。大、中型规模的工程应编制施工组织设计,它是根据施工现场情况和调查研究,经过综合分析而编制的,其主要内容包括:工程概况及其特点(着重施工特点)、施工方法、施工程序、针对关键性部位所采取的组织措施和技术措施(包括安全技术措施)施工进度、工程量、工作量、机料设备、劳力计划、施工总平面布置等。

5) 编制预算

6) 测量控制。对建设单位所交付的道路中线位置桩、水准基点桩等及其测量资料进行检查核对,若发现标志不足、不稳妥、被移动或测量精度不符合要求时,应按施工测量要求进行补测、加固、移设或重新校测,并通知建设单位。

7) 协作配合。对相关部门应事先联系,加强协作,签订协议。

8) 专业施工。施工范围内若有混凝土构筑物需采取爆破方法拆除时,除应制定相应的安全措施外,必须由持有执照的专业单位实施,并报请有关单位审批。

(二) 道路工程施工测量

1. 测量工作的基本内容与要求

测量工作的实质,就是用距离丈量、角度观测和水准测量来确定地面点的平面位置和高度位置,其目的是为各种工程建设、国防建设和科学研究服务。

工程测量按其任务的性质可分为两类:一是测定地面点的平面位置和高程,称为测定;二是按照设计要求,将图纸上的建(构)筑物以一定的精度在施工场地标定出来,作为施工的依据,称为测设。

(1) 测量工作的基本内容

地面点的位置,是用它在投影面上的坐标(x、y)和高程(H)来表示的,如果一个点为已知点,则它的坐标和高程就是已知点。确定地面点的位置,就是用测量的方法来测定地面点的坐标和高程。但是,坐标和高程不是直接测定的,而是测量其他的值,用计算的方法求出来的。

测量工作的主要内容就是距离丈量、角度观测和水准测量,这三项工作也称为三大要素。

(2) 测量工作的基本准则和要求

测量工作是各类工程的先导工序,测量工作的质量直接关系到工程的质量与工期。从事测量工作,首先要遵守国家法律、法令和法规。如《中华人民共和国计量法》、《中华人民共和国建筑法》、《计量法实施细则》以及钢尺仪器的检验、检定规范和操作规程。为了保证放线定位的准确,必须遵守有关测量规程、规范和操作规程,防止误差的积累,在测量过程中必须遵守先整体后局部，高精度控制低精度的原则。

2. 测量标志

测量导线点选定后，根据性质及用途埋设临时性或永久性标志。

图根点一般只做临时性标志，可在地面钉一木桩，木桩周围浇筑混凝土，顶上钉一铁钉，如图2-1所示。也可在水泥地面用红油漆画一圆圈，圆圈内点一小点。此外，还可用竹桩、道钉等作为临时标志。

对于需要长期保存的点，可以埋设混凝土桩或石桩，桩顶埋设金属标志，或在桩顶标一"+"字作标记，如图2-2所示。也可将标志嵌入石中或直接刻在岩石上，作为永久性标志。

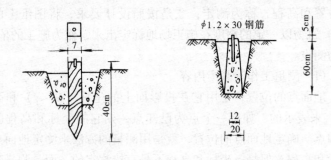

图2-1 木桩　　　　　图2-2 混凝土桩

标志点埋设后为便于寻找，应按等级编号建立"点之记"即将导线点至附近明显地物的距离、方向标注在图上，如图2-3所示。

3. 水准测量

(1) 水准测量原理

水准测量是利用水准仪提供的水平视线，直接测出地面上各点间的高差，然后根据已知点高程推算出另一点的高程。如图2-4所示，在 A、B 两点上分别加竖立有刻划的尺子——水准尺，A、B 两点中间安置一台能够提供水平视线的仪器——水准仪。

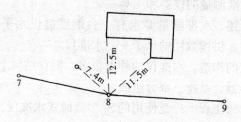

图 2-3 点之记

根据水准仪提供的水平视线,在 A、B 两点尺子上的读数分别为 a、b;则 A、B 两点间的高差为:$h_{AB} = a - b$。

如果已知 A 点高度,欲求 B 点高度,则已知点(A 点)上的尺子读数为 a,称为后视读数,欲求高程点(B 点)上的尺子读数为 b,称为前视读数。

则高差 = 后视读数 - 前视读数

若已知 A 点的高程为 H_A,则

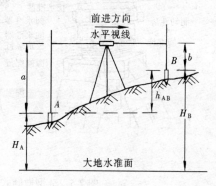

图 2-4 水准测量

$$H_B = H_A + h_{AB} = H_A + a - b \qquad (2-1)$$

这种先计算高差,再计算待定点高程的方法称高差法。

水平视线到大地水准面(或假定水准面)的距离称视线高,用 H_i 表示。

视线高 = A 点高程 + 后视读数 = B 点高程 + 前视读数

即

$$H_i = H_A + a = H_B + b \qquad (2-2)$$
$$H_B = H_i - b \qquad (2-3)$$

这种先计算视线高(H_i),再计算待定点高程的方法称为视线高法。

(2) 水准测量的仪器和工具

如前所述,水准测量要求有一台能够提供水平视线的仪器——水准仪,供读数用的尺子——水准尺。

水准仪的构造。水准仪的种类很多,但在结构上一般都由望远镜、水准器、基座三部分组成。

下面介绍工程上广泛使用的 S_3 型微倾式水准仪,如图2-5所示。

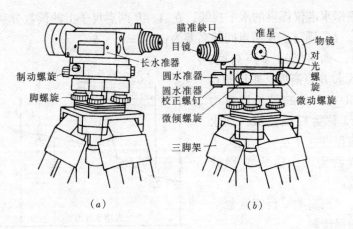

图 2-5 S_3 型微倾式水准仪

1) 望远镜

望远镜的作用是瞄准水准尺并提供水平视线进行读数。它由物镜、目镜、对光透镜和十字丝分划板等四部分组成。

物镜和目镜多采用复合透镜组,十字丝分划板上刻有两条互相垂直的长丝。竖直的一条称为竖丝,横的一条称为中丝,用于瞄准目标和读数,中丝的上下还有两根对称的短横丝,可用来测定仪器至目标间的距离,称为视距丝。

十字丝中央交点与物镜光心的连线,称为视准轴。水准测量时,要求视准轴水平(即视线水平),用中丝在水准尺上读取前、后视读数。

2）水准器

水准器是仪器整平的装置，有圆水准器（水准盒）和长水准器（水准管）两种。

（A）圆水准器。如图2-6所示，当气泡居中时，表示该轴线处于竖直位置。圆水准器只用于仪器的粗略整平。

（B）长水准器。如图2-7所示，当气泡居中时，水准管轴处于水平位置。

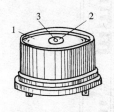 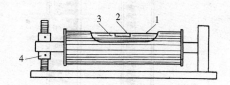

图2-6 圆水准器
1—球面玻璃；2—中心圆圈；3—气泡

图2-7 长水准器
1—玻璃管；2—气泡；3—分划线；4—调整螺钉

3）基座

基座的作用是支承仪器的上部并与三脚架连接。它主要由轴座、脚螺旋、底板和三角压板等组成。

4）水准尺

水准尺是水准测量时使用的标尺，用干燥的优质木材或铝合金制成。普通水准测量常用的水准尺有塔尺和双面水准尺两种，如图2-8所示。

塔尺由二节或三节套接在一起，尺的底部为零点，尺上黑白格相间，每格宽1cm或0.5cm，每1cm和1dm处均有注字，注字一面为正向，另一面为倒向。

双面水准尺是两面均有刻划的标尺：一面为红白相间，称为红面尺；另一面为黑白相间，称为黑白尺。两根尺为一对；黑面均由零开始；而红面，一根尺由4.687m开始至7.687m，另一根由4.787m开始至7.787m。双面水准尺多用于三、四等水准测

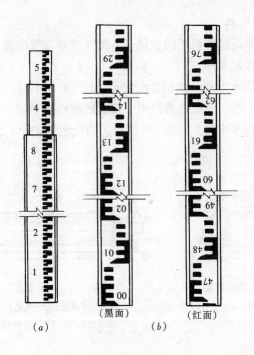

图 2-8 水准尺
(a) 塔尺；(b) 双面水准尺

量。

(3) 水准仪的使用

水准仪的使用包括安置仪器、粗略整平、瞄准水准尺、精密整平和读数等基本操作步骤。

1) 安置仪器

打开三脚架并使高度、三只脚分开的跨度适中，用目估法使架头大致水平，将脚架安放稳固后，从仪器箱中取出仪器，用连接螺旋将仪器连接在三脚架头上。

2) 粗略整平

调整脚螺旋，使圆水准器气泡居中。如图 2-9 所示，气泡未居中时，先用两手按图 2-9 所示方向旋转脚螺旋，使气泡调到图

2-9（c）的位置后，再用第三只脚螺旋，使气泡调到中心圆圈内，气泡移动的方向，总是与左手大拇指旋动一致。

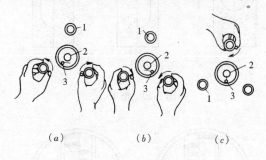

图 2-9　粗略整平
1—脚螺旋；2—中心圆圈；3—气泡

3）照准目标

首先进行目镜对光，即调整目镜对光螺旋，使十字丝清晰，旋转望远镜，用望远镜上的瞄准缺口和准星瞄准水准尺，拧紧制动螺旋，然后调整望远镜对光螺旋，使从望远镜中观察目标清晰，再用微动螺旋，使望远镜左右缓慢移动，让十字丝的竖丝与水准尺中心线基本重合。

检查有无视差现象。当眼睛在目镜处上下移动时，若发现目标与十字丝有相对晃动现象，这一现象被称为视差。如果存在视差，应予以消除，否则影响读数。消除的方法是重新仔细地进行对光，直到眼睛上下移动时读数不变为止。

4）精密整平

眼睛通过目镜左上方符合气泡观察窗看水准管气泡，若气泡不居中，如图 2-10（b）、（c）所示，则用右手转动微倾螺旋，使气泡两端的影像吻合，如图 2-10（a）所示，即表示水准仪的视准轴已精密整平。

5）读数

水准仪望远镜成像有正像和倒像之分，目前根据国家有关技术标准规定，生产和销售的水准仪应成正像。因此，通过正像望

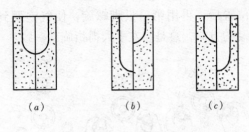

图 2-10 整平

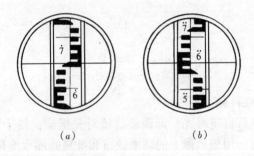

图 2-11 读尺

远镜读数时应与直接从水准尺上读数方法相同,即自上而下进行。如图 2-11 所示,(a) 图读数为 1.708m,(b) 图读数为 2.625m。

读数前后应检查水准管气泡是否居中,初学者要注意养成良好的习惯。

(4) 普通水准测量

1) 水准点

水准点是由测绘部门在全国各地测设的高程控制点,它是引测高程的依据。水准点分为永久性水准点和临时性水准点两种,如图 2-12 所示。

2) 水准测量的记录和计算

实际工作中,往往遇到地面上 A、B 两点相距较远或者高差较大,如图 2-13 所示,安置一次仪器不能测出两点的高差时,需分成若干段,连续测出各分段的高差,再将各段高差累计,得

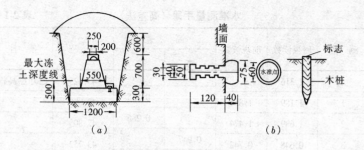

图 2-12 水准点

(a) 永久性水准点；(b) 临时性水准点

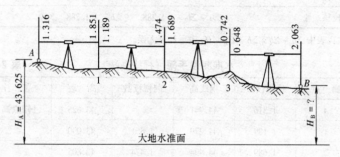

图 2-13 水准测量

出 A、B 两点间的高差。

例：$h_1 = a_1 - b_1 = 1.316 - 1.851 = -0.535\text{m}$

$h_2 = a_2 - b_2 = 1.189 - 1.474 = -0.285\text{m}$

$h_3 = a_3 - b_3 = 1.689 - 0.742 = +0.947\text{m}$

$h_4 = a_4 - b_4 = 0.648 - 2.063 = -1.415\text{m}$

Σh（高差总和）$= \Sigma a$（后视读数总和）$- \Sigma b$（前视读数总和）

$= H_B$（终点高程）$- H_A$（始点高程）

由上述可知，在观测过程中的 1、2……等点起传递高程的作用，这些点称为转点。转点既有前视读数，又有后视读数。水准测量的记录有视线高法和高差法，见表 2-1、表 2-2。

水准测量手簿（高差法） 表 2-1

测 点	后视读数	前视读数	高差 +	高差 -	高程	备 注
A	1.316				43.625	已知点高程
1	1.189	1.851		0.535	43.090	
2	1.689	1.474		0.285	42.805	
3	0.648	0.742	0.947		43.752	
B		2.063		1.415	42.337	欲求点高程
计算	Σa = 4.842 Σb = 6.130		+ 0.947	- 2.235	$H_B - H_A$ = - 1.288	
校核			$\Sigma a - \Sigma b$ = - 1.288	Σh = - 1.288		

注：表中 $\Sigma a - \Sigma b = \Sigma h = H_B - H_A$ 表示计算无误。

水准测量手簿（视线高法） 表 2-2

测 点	后视读数	视线高	前视读数	高程	备 注
A	1.316	44.941		43.625	已知点高程
1	1.189	44.279	1.851	43.090	
2	1.689	44.494	1.474	42.805	
3	0.648	44.400	0.742	43.752	
B			2.063	42.337	欲求点高程
计算	Σa = 4.842	Σb = 6.130		$H_B - H_A$ = - 1.288	
校核	$\Sigma a - \Sigma b$ = - 1.288				

注：表中 $\Sigma a - \Sigma b = H_B - H_A$ 表示计算无误。

3）水准测量的注意事项

水准测量，要求全组工作人员密切配合，如果有一项操作疏忽大意，会导致整个测量工作的返工。下面分别介绍各项工作应注意的事项。

（A）双测

a. 前后视线（仪器距前后视尺子的距离）应尽量等长；

b. 每次读数前后要检查长水准管气泡是否居中，以确保读数时视线水平；

c. 读数时，要尽量消除视差，准确迅速读数。

（B）记录

a. 记录员听到读数后要复述读数，再记入表格，如读错、记错，可将错数用斜线划掉，在其上方填上正确读数或重测，不允许先写在草稿纸上而后转抄；

b. 记录过程中的简单计算，如加、减、取平均值应随记随算，做好校核。

（C）扶尺

a. 扶尺要垂直，防止前、后、左、右倾斜；

b. 使用塔尺时要注意接口处，防止上截尺下滑造成读数错误；

c. 转点的选择要牢靠。

4. 角度测量

（1）水平角测量原理

水平角是地面上一点到两目标点的方向线在水平面上的投影线的夹角，如图 2-14 所示，O、A、B 是地面上不等高的三点，将 OA、OB 沿垂直方向投影到水平面 P 上，得 O_1A_1、O_1B_1 方向线，两方向线间的夹角即为水平角 β。欲测量 β 值，可在 O 点放置一水平圆形刻度盘，O_1A_1、O_1B_1 的方向线在度盘上对应的读数分别为 a 和 b，则水平角为：

$$\beta = b - a$$

式中 b、a 分别称为前视读数、后视读数。

（2）光学经纬仪的构造和使用

工程测量中经常使用 J6 型光学经纬仪。当精度要求较高时，可采用 J2 型光学经纬仪。本节主要介绍光学经纬仪的构造和

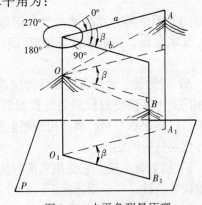

图 2-14 水平角测量原理

使用。

1）光学经纬仪的构造

光学经纬仪一般由照准部、水平盘和基座三部分组成。图2-15是我国北京光学仪器厂生产的DJ6-1型光学经纬仪的外形。

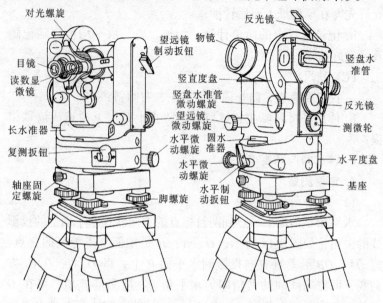

图2-15　DJ6-1型光学经纬仪

（A）照准部。照准部主要由望远镜、读数显微镜、竖直度盘、长水准器、圆水准器等组成（有些仪器的圆水准器在基座上）。

A）望远镜。经纬仪望远镜的构造与水准仪望远镜的构造基本相同，十字丝分划板刻划设置如图2-16所示。竖丝为瞄准目标用，以测定水平角；横丝用来测定竖直角；视距丝可用来测定经纬仪至目标的距离。

B）读数显微镜。它是用来准确读取度盘最小刻划值以下数值的读数装置，位于望远镜旁，如图2-15所示。

C）长水准器与圆水准器。

D）竖直度盘。它是由光学玻璃制作的盘边刻有 0°～360°分划线的圆形度盘，用来测量竖直角。

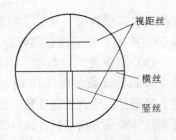

图 2-16　十字丝分划板刻划示意图

图 2-15 的复测扳钮（亦称离合器）扳下时，照准部与水平度盘联动，水平度盘读数不变；当复测扳钮扳上时，照准部转动，度盘不动，水平盘的读数随照准部转动而变化。复测扳钮用以变换水平度盘的位置。有的经纬仪直接使用度盘变换手轮，以变换水平度盘的位置。长水准器操作示意如图 2-17。

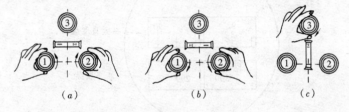

图 2-17　长水准器操作示意图

（B）基座。基座用来支承仪器的底部。

2）度盘的读数

经纬仪测角的读数方法按仪器类型分为测微尺式读数法和测微轮式读数法。

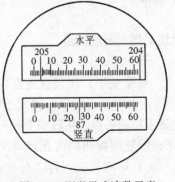

图 2-18　测微尺式读数示意

（A）测微尺式读数法望远镜照准目标以后，从读取显微镜内进行读数如图 2-18 所示。读数时，将度盘分划线上读数及分划线对准的测微尺读数相加，即为度盘读数。水平度盘读数在测微尺上显示"水平"字样，竖直度盘读数在测微尺上显示"竖直"字样。图 2-18 中水平度盘读数 205°04′00″，竖直度盘读数为 87°27′00″。

(B) 测微轮式读数法。当望远镜照准目标时，从读数显微镜中看到的读数如图 2-19 所示：测微尺与竖直度盘配合读数，得出观测目标竖直方向读数；测微尺与水平度盘配合读数，得出观测目标水平方向读数。读数时，旋转测微轮，使指标双线卡住度盘（水平或竖直）分划线。在图 2-19 中，水平度盘读数为 299°30′，与测微尺上的读数 18′30″相加，即为水平方向的读数 299°48′30″。

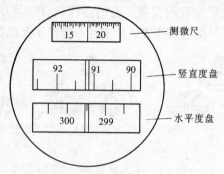

图 2-19 测微轮式读数示意

3）安置经纬仪

(A) 对中；(B) 整平；(C) 瞄准。

(3) 水平角的观测记录

常用的水平角（图 2-20）测法采用测回法观测。

1) 观测

(A) 将经纬仪安置于测点 O，对中整平，使竖直度盘位于望远镜的左侧（称为"盘左"位置，也叫"正镜"位置）。瞄准 A 目标，配置度盘（带有度盘变换手轮的可以直接转动手轮配置度盘，使水平度盘读数略大于 0°；带复测扳钮的可先转动测微轮，使测微尺读数略大于 0′00″，扳上复测扳钮，转动照准部，观察读数窗，使指标双线夹住水平度盘的 0°线，再扳下复测扳钮，使度盘与照准部结合瞄准 A 目标，再扳上复测扳钮）。读 A 目标盘左位置的水平方向读数 a_1。

(B) 松开水平制动扳钮，照准 B 目标，读数 b_1。

(C) 望远镜绕横轴倒转 180°，竖直度盘位于望远镜的右侧（称"盘右"或"倒镜"位置），依次瞄准 A、B 目标，读数为 a_2、b_2。

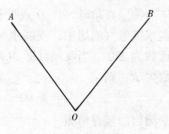

图 2-20 水平角

2) 计算

当"盘左"瞄准 A、B 目标时，测得水平角 $\angle AOB = b_1 - a_1$，称上半测回值；"盘右"测得的水平角 $\angle AOB = b_2 - a_2$，称为下半测回值。当上、下半测回值之差小于 ±40″时，取其平均值作为观测的水平角值，也称一个测回值。

3) 水平角观测注意事项

(A) 仪器高度要适中，对中要准确，严格整平，仪器安置要稳固；

(B) "盘左"、"盘右"瞄准目标时，要选择同一部位；

(C) 记录要清楚，观测要用"盘左"、"盘右"进行，结果取上、下半测回平均值。

(4) 竖直角观测和记录

1) 竖直角测量原理

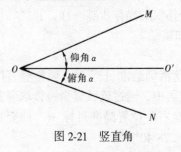

图 2-21 竖直角

竖直角是同一竖直面内视线与水平线间的夹角，如图 2-21 所示，OO' 为水平线，视线 OM 向上倾斜，竖直角为仰角，用正号表示，视线 ON 向下倾斜，为俯角，用负号表示。

测竖直角时，在 O 点处设一竖直度盘，如图 2-22 所示，竖盘水准管气泡居中，视线水平时，"盘左"读数为 $90°$，"盘右"读数为 $270°$。当观测目标 M 时，"盘左"读数为 L，"盘右"读数为 R，则

$$\alpha_\text{左} = 90° - L; \alpha_\text{右} = R - 270°$$

一测回的竖直角为

$$\alpha = \frac{1}{2}(\alpha_\text{左} + \alpha_\text{右})$$

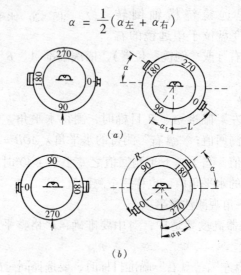

图 2-22 竖直度盘
（a）盘左；（b）盘右

2）观测记录

（A）安置仪器，对中、整平

如同水平角观测方法安置经纬仪的操作步骤一样，将经纬仪安置于测站点 O 上，进行对中和整平。

（B）照准目标并读数

"盘左"位置，以十字丝横丝精确瞄准目标 M，调整竖直度盘水准管微动螺旋使水准管气泡居中，通过读数显微镜读取竖直度盘读数为 $81°19'45''$，同理，"盘右"位置瞄准目标 M，使竖直度盘水准管气泡居中，读取数为 $278°40'30''$。

（C）记录和计算

将"盘左"、"盘右"的竖直度盘读数分别填入记录表格中，并按照 $α_左$、$α_右$ 的计算公式分别计算出半测回竖直角值。当上、下测回值之差小于 ±40″时，取其平均值作为观测的竖直角值，即一个测回值。

5. 距离测量

（1）丈量距离的工具

1）钢尺

钢尺是用钢制成的带状尺，长度有 2m、3m、5m、20m、30m、50m 等几种，卷放在圆形盒内或金属架上，如图 2-23 所示。钢尺刻划到毫米，丈量精度较高，由于尺上零点的位置不同，又有端点尺和刻划尺之分，如图 2-24 所示，使用前，要看清楚属于哪种刻划。

图 2-23 钢尺

2）皮尺

皮尺是用麻线加金属丝制成的带状尺，尺长有 20m、30m、50m 等几种，如图 2-25 所示。皮尺刻划到厘米，一般用于较低精度的距离丈量。

3）花杆

花杆也称标杆，常用木料制成，长度分别为 2m、3m 等，杆

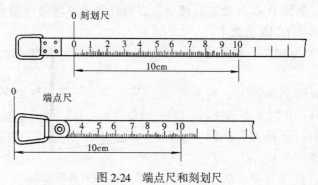

图 2-24 端点尺和刻划尺

图 2-25 皮尺

上每 20cm 用油漆涂成红白相间的色段,以便于寻找目标。

4) 测钎

用粗钢丝制成,长度约 30cm,用于标记所量尺段端点位置和计算丈量过的尺段数。

5) 垂球

又称线坠,上大下尖呈圆锥形。吊垂球时,要求系绳、垂球尖和所对目标点在一条垂线上。

6) 水平尺

水平尺有木制和铝制两种,在水平及竖直方向上,均嵌有长水准器,可用来找水平位置和竖直位置。

(2) 直线定线

当地面两点距离较远或地面起伏较大时,为使距离丈量沿一直线方向进行,需在丈量距离两点之间,再定出几个点,这些点要求在一条直线上,这项工作称直线定线。下面介绍几种常用直线定线方法。

1) 用花杆目测定线 (图 2-26)。

2) 用经纬仪定线

如图 2-27 所示,将经纬仪安置在 A 点,对中、整平、瞄准 B 点,十字丝中点对准 B 点后固定水平制动螺旋,然后一测量员拿一测钎于 C 点处左右移动,当测钎与十字丝竖丝重合时,说明 C 点在 AB 直线上。

3) 两端点不通视的定线

如图 2-28 所示,两端点 A、B 间互不通视。定线时,选择 C、D 两点,使 A、C、D 三点通视,且 C、D、B 三

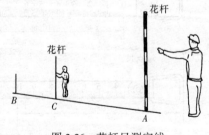

图 2-26 花杆目测定线

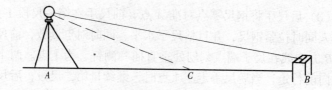

图 2-27 经纬仪定线

点也通视。这样，A、C、D、B 就在一条直线上了。

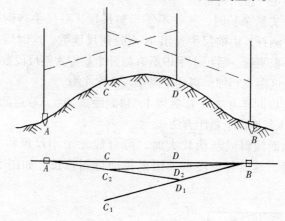

图 2-28 两端点不通视的定线

(3) 钢尺丈量距离

1) 在平坦地面上丈量两点间水平距离

水平距离是指地面上两点在水平面上的投影点之间的距离，它是距离测量的最终成果。

(A) 量距一般需三个人，前、后尺手各一人，记录员一人。量距时，先在 AB 方向上定出略小于整尺段的分段点（1′、2′……），如图 2-29 所示。

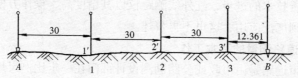

图 2-29 平地丈量

（B）后尺手将钢尺零点对准 A 点，前尺手在第一尺段 1′点，两个人同时拉紧钢尺，并目估尺子水平，同时对点读数，前尺手沿 AB 方向线在尺子端点刻划处垂直插一测钎，为 1 点。两个人同时向前行走，当后尺手走至 1 点时，继续量第二尺段，后尺手将零点对准 1 点的测钎，前尺手再插第二个测钎，为 2 点。当后尺手前进时，必须拔走靠近自己的测钎，如此继续向前，直到最后距离不足一整尺为止。

（C）丈量余长时，往往不等于整尺段，后尺手将钢尺零点对准地上测钎，由前尺手读出 B 点处钢尺读数。这时后尺手拔掉最后一根测钎，后尺手手中所有测钎个数即为整尺段数。将各整尺段长度距离相加，得到距离 D_{AB}，称往测。

（D）以同样方法从 B 量到 A，得到距离 D_{BA}，称返测。

2）倾斜地面上量距方法

当地面倾斜或起伏较大时，可分成几个小尺段将尺抬平进行丈量，然后各小段水平距离相加得到总长，如图 2-30 所示。

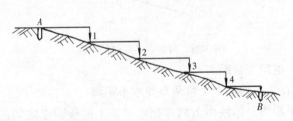

图 2-30　倾斜地面丈量

在倾斜地面上进行往返丈量比较困难，为了校核丈量的成果，提高量距精度，可采取两次往测。

随着技术的进步，红外线测距仪以其精度高、操作方便在工程中得到广泛应用，这里不再赘述。

6. 道路测量的基本工作

城市道路是由市政或公路勘测设计部门在一定比例尺地形图上设计完成，再在地面进行实际标定，然后由施工单位组织施工。现代城市的道路等级都比较高，除少部分直线外，多为半径较大的曲线，道路交叉的地方一般设计为立交系统。

施工单位的测量工作主要包括：中线测量、纵横断面测量及施工测量等。

（1）中线测量

中线测量之前，首先要熟悉图纸，道路等级，曲线的组成，更要了解沿线城市导线点和水准点的位置、数量和具体资料。

1）主点测设

按照设计图纸给定的主点坐标，利用城市导线点，用极坐标法，将主点测设在实地。

测设点位的精度如果是架空或埋设在沟槽内，应不超过±10mm，如为埋地，则不应超过±25mm。量距离相对误差不大于1/2000。检查无误后，将主点做好护桩，护桩要设置在施工范围以外，最好将护桩设置在附近的永久性建筑物上，便于将来恢复。

道路的主点主要包括起终点、交点，曲线的始点、中点、终点，还有许多构筑物。

2）中桩测设

用经纬仪和钢尺测道路从起点每20~50m标定桩位，并注明里程桩号。里程桩号是线路起点到该点的距离，道路的里程是从起点算起。除整里程桩号外，在地形变化点、道路交叉点和构筑物的中心位置，都应钉上加桩。钢尺量距误差应不大于1/2000。

（2）纵断面测量

首先利用甲方或设计单位提供的城市水准点在沿线布设临时水准点，水准测量的精度应不低于四等的要求，水准点应在线路沿线的施工范围之外布置，密度约每150m一点。水准测量经符合测法合格后将闭合差反号按与距离或测站数成正比例分配在各测段高差中。

纵断面测量每安置一次水准仪，可以观测许多点，其内容就是测定中线桩的地面高程,如图 2-31 所示。因为在观测时所观测的点都是间视点,无法校核,所以一定要细心,不能出错,一个测站观测完后一定要与另一水准点闭合,进行必要的校核。全线测完后要将测量成果绘制成纵断面图。在纵断面图上,为了能反映地面起伏的情况,高程的比例尺比距离的比例尺要大。在纵断面图上还能反映出距离、桩号、周围的地物情况、道路设计坡度、平曲线的主点里程及曲线要素等内容。

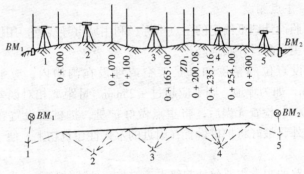

图 2-31 纵断面测量

(3) 横断面测量

横断面测量是在每个中线桩处,用水准测量测定与线路成垂直方向的地面高程。道路的横断面测量范围视其设计宽度而定,特别是市政道路两侧的构筑物都比较多,在施工过程中还要有施工便道占用道路外一部分场地,所以在进行横断面测量时,每侧要测量路边以外 15~20m 宽度。将观测的外业资料绘制在方格纸上,如图 2-32 所示。

(4) 圆曲线测设

圆曲线的主点有交点 (JD)、曲线起点 (ZY)、曲线中点 (QZ) 和曲线终点 (YZ),这些点除交点外,也分别称为直圆点、曲中点和圆直点。在设计图纸上,将给定曲线的半径 R 和转向角 α,而其他的曲线要素则需计算出来。其计算的要素有:切线长 (T)、曲线长 (L)、弦长 (C)、外矢距 (E)、中央纵距

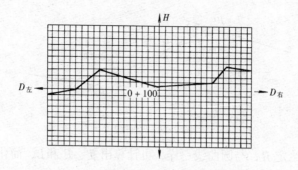

图 2-32 横断面测量

（M）和切曲线（Q），见图 1-14。

1）曲线要素计算和曲线里程桩计算：可参考相关资料

2）曲线主点测设

在曲线交点 JD 安置经纬仪，观测前后相临的两个交点或直线上的方向点，检测转向角是否与设计值一致，然后沿检测后的方向用钢尺或测距仪测定出曲线的起点 ZY 和终点 YZ。再后视其中任一直线方向，旋转（$180° - \alpha$）$/2$ 的角度，向曲线内侧量取外矢距 E 定出曲中点 QZ。主点测设完毕后将经纬仪安置在 ZY 点，观测交点 JD 与曲中点 QZ 的夹角为转向角的 1/4，交点 JD 与曲终点 YZ 的夹角为转向角的 1/2。角度检测也可以将经纬仪安置在曲线的终点 YZ 进行如图 2-33、图 2-34 所示。如果曲线较小，或有测距仪，可量取曲线的弦长以便进行校核。

3）圆曲线辅点测设

圆曲线辅点测设的方法很多，但常用的方法有偏角法和直角坐标法。其计算和测设参照相关资料。

（5）竖曲线的测设

线路有上坡与下坡之分，在坡度的变化处需要用竖曲线将前后两个坡度连接起来。竖曲线一般都用圆曲线，竖曲线分为凹曲线和凸曲线两种，如图 2-33 所示。

图 2-34 为竖曲线要素示意图。相临两个坡度为 i_1 和 i_2，两个坡度之差为 α，切线长为 T，曲线长为 L，外矢距为 E。在设

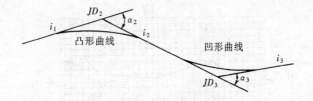

图 2-33 竖曲线

计中只给定 R，与圆曲线一样，可计算出 T、E 和 L，简化为

$$\left.\begin{array}{l} T = \dfrac{1}{2}R(i_1 - i_2) \\ L = R(i_1 - i_2) \\ E = \dfrac{AC \times AF}{2R} = \dfrac{T^2}{2R} \end{array}\right\} \qquad (2\text{-}4)$$

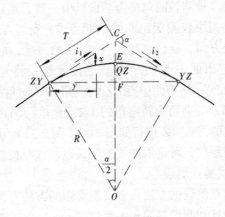

图 2-34 竖曲线要素

也是由于 α 角度很小，水平方向认为是 y 轴，垂直方向认为是 x 轴，y 值是从竖曲线起点到某一点的距离，x 为竖曲线的改正数。当竖曲线为凸形时，x 规定为"-"，当竖曲线为凹形时 x 规定为"+"。

$$x = \pm \frac{y^2}{2R} \qquad (2-5)$$

如在图 2-34 中。$i_1 = +0.02$，$i_2 = -0.03$，$R = 5000$m，用公式求得 $T = 125.00$m，$E = 1.562$m，$L = 250.00$m，又有一点 K 距 A 点的水平距离为 13.5m，用公式可求得该点的 $x = -0.018$m。因为该竖曲线为凸形，所以用"$-$"值。

（6）施工放线

测设施工控制桩：

线路上的中线桩在施工过程中都要挖掉或掩埋，所以在道路两侧各钉一系列的指示桩，标明施工的边线位置，而这些桩位还要离开施工边线一定的距离，防止破坏，如图 2-35 所示。

施工控制桩就是按照路面的宽度和边坡的坡度及两侧排水沟的宽度，与线路成垂直的方向，在线路中线两侧各钉一木桩。

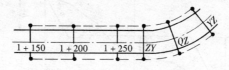

图 2-35 施工控制

路面的形式，可分为路堤、路堑和半堤半堑三种情况桩。如图 2-36、图 2-37 和图 2-38 所示。

（1）路堤放线。在图 2-36 中，路面的宽度为 b，边坡的坡度为 $1:m_1$，路堤比地面高 h，路堤下口的宽度为 B，则 $B = b + 2m_1h$

（2）路堑放线。在图 2-37 中，路面宽度为 b，路堑边坡的坡度为 $1:m_2$，排水沟的宽度为 b_0，路堑开挖深度为 h，路堑上口宽度为 B，则 $B = b +$

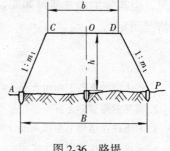

图 2-36 路堤

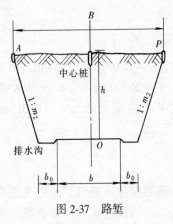

图 2-37 路堑

(3) 半堤半堑放线。在图 3-38 中，由于半堤半堑是在山坡上修筑，填挖的高度并不能用线路中间的高度去计算，必须用坡口实际填挖的高度 h_1 和 h_2 分别计算，路堤边坡的坡度为 $1:m_1$，路堑边坡的坡度为 $1:m_2$，路堤下口距中线的距离为 B_1，路堑上口距中线的距离为 B_2，排水沟宽度为 b_0，路面宽度为 b，则

$$\left.\begin{array}{l}B_1 = b/2 + m_1 h_1 \\ B_2 = b/2 + b_0 + m_2 h_2\end{array}\right\} \tag{2-6}$$

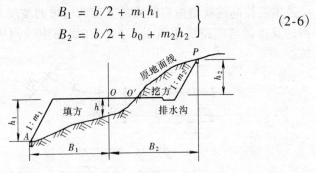

图 2-38 半堤半堑

上述公式是在地面平坦地区路堤下边沿和路堑上口边放线的情况，但实际地面并非都如此，而是高低不平，这时就要根据具体情况而定。

思 考 题

1. 施工前的准备工作包含哪些内容？
2. 常见的测量标志有哪些？
3. 水准仪在结构上由哪几部分组成？各有什么作用？
4. 水准仪操作有哪几个步骤？

5. 水准测量应注意些什么问题？
6. 光学经纬仪有哪两种读数方式？
7. 距离测量的工具有哪些？
8. 道路测量的基本工作包括什么内容？

三、道路工程的施工

(一) 路基施工

1. 土

(1) 土的形成

土是地壳表面的岩石长期受到大自然的侵蚀而形成的,其成因有:

1) 风化,即物理分裂或化学分解;

2) 搬运,即因水流和风力腐蚀沉积作用形成的微细颗粒。

土中因含腐化的有机物而呈黑色;含石英石、高岭石呈白色;含氧化铁则呈红色。

(2) 土的组成及物理指标

1) 天然土体是由固体颗粒、颗粒周围的水分和颗粒与颗粒之间为气体充满的孔隙所组成的,即土的三相:固相(土粒)、液相(水溶液)和气相(空气)。

2) 土的物理性质指标包括天然密度,天然含水量,颗粒的密度,孔隙比,干密度及黏性土的液限、塑限及塑性指数等。

(A) 液限 ω_L。土从液体状态向塑性体状态过渡的界限含水量称为液限 ω_L。

(B) 塑限 ω_P。土塑性体状态向脆性固体状态过渡的界限含水量称为塑限 ω_P。

(C) 塑性指数 I_P。黏性土的塑性大小,可用土处于塑性状态的含水量变化范围来衡量。

这范围即液限与塑性之差值,称为塑性指数 I_P。塑性指数越大表示土越具有高塑性。

$$I_\text{p} = \omega_\text{L} - \omega_\text{P}$$

(3) 路基土的分类和鉴别方法

土是自然地质历史的产物,按土颗粒大小为主要依据进行分类:见图 3-1 和表 3-1。

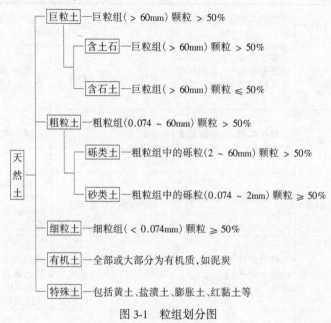

图 3-1 粒组划分图

注:粗粒土与细粒土的分类以 <60mm 颗粒为 100%。

粒 组 划 分　　　　　　　表 3-1

巨 粒 级		粗 粒 级						细 粒 级	
漂石(块石)	卵石(碎石)	砾 粒			砂 粒			粉 粒	黏 粒
		粗砾	中砾	细砾	粗砂	中砂	细砂		
粒径界限值(mm)	200	60	20	5	2	0.5	0.25	0.074	0.002

(4) 土的野外鉴别方法:在野外主要鉴别砂土、砂性土(粉砂土、亚砂土、细亚砂土)、粉土(粉土、粉质黏土、粉质亚黏土)、重亚黏土、黏土。土的分类如表 3-2。

土 的 分 类　　　　表 3-2

序号	土的名称	鉴别方法				搓成土条
		在手掌中搓捻的感觉	用放大镜看及用眼看的情况	土的情况		
				干	湿	
1	砂土	感到是砂粒	仅看到砂粒	散体	无塑性	搓不成土条
2	粉砂土	在手掌中揉搓时黏有很多粉土颗粒	看到的砂较粉土多	散体	无塑性	搓不成土条
3	亚砂土	含有粗粒颗粒较多	砂粒较黏土多	土块用手挤压以及在铲上抛掷时易碎	无塑性	搓不成土条
4	细亚砂	含有细粒颗粒较多	砂粒较黏土多	无胶结性	无塑性	难搓成条,而成为 $d=3\sim 5mm$ 的短条
5	粉土	用手揉搓时有干粉末感觉	砂少,粉土颗粒多	无胶结性	流动的	土球经振动则成为饼状,表面有毛细水析出,能搓成条
6	粉质黏土	用手揉搓时感到有砂粒,土块易于压碎	明显看出细粒粉末中有砂粒	需要用力来压碎	塑性和黏性均小	搓不成细长条
7	粉质亚黏土	揉搓时感到砂粒很少,土块易于压碎	可看到细粉土颗粒	有土块但不坚硬,用锤敲时易成细砂	有塑性和黏附性	不能搓成细长条,当 $d=3mm$ 时,易断成条段
8	重亚黏土	干时,手揉搓感到黏土中有砂粒存在,土块难压碎	可看到细粉土颗粒	有块但不坚硬,用锤敲时易成细砂	有塑性和黏附性,但程度较重	能搓成 $d=1\sim 2mm$ 的长条,球压成饼时周边有裂缝

续表

序号	土的名称	鉴别方法				搓成土条
		在手掌中搓捻的感觉	用放大镜看及用眼看的情况	土的情况		
				干	湿	
9	黏土	潮湿状态时手揉搓时不感到有砂粒，土块难压碎	同类的黏土细粒，不含有大于0.25mm的颗粒黏土	很坚硬，用锤敲时易成碎块	塑性和黏附性大，易于涂污	能搓成 $d<1mm$ 的坚实长条，易于团成球，压成饼时周边无裂缝

（5）土的密实度试验

1）击实试验

土的密实度是指土粒排列的密实程度，可用土的干密度（ρ_d）来表示，图3-2为土的击实实验绘制的密实度 ρ 与含水量 ω 的关系曲线。

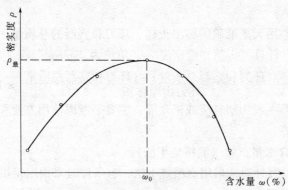

图3-2 击实试验曲线（$\rho-\omega$）

图中曲线表明：在一定的压实功能作用下，密实度 ρ 随含水量 ω 的增加而增加，当密实度达到最大时 $\rho_{最}$，相对应的有一个最佳含水量 ω_0，当含水量再增加时，其密实度会相应变小，因此，施工中必须要通过实验确定最佳含水量 ω_0，以达到最佳的压实效果。

2）土的压实度

密度试验有环刀法、灌水法、蜡封法、灌砂法。这里主要介绍环刀法和灌砂法。

（A）环刀法：

a. 试验设备：

(a) 环刀：内径 61.8mm 或 79.8mm，高度 20mm。

(b) 天平：称量 500g，最小分度值 0.1g；称量 200g，最小分度值 0.01g。

(c) 其他：修土刀、盛器（铝盒或塑料袋等）、锤、小铲、酒精等。

b. 试验步骤：

(a) 用环刀取土，用手锤将环刀击入土中，当土体高于环刀 2cm 后，挖去环刀四周土，小心从环刀下部挖起环刀，用修土刀轻轻修平环刀上下口。如有空隙可用原状土找平，放入已编号的盛器中。

(b) 用天平准确的称出土样、环刀和盛器的总质量。

(c) 计算（天然）湿密度 ρ_0，单位为"g/cm³"。

$$\rho_0 = \frac{（土样、环刀和盛器总质量）-（环刀和盛器总质量）}{环刀内净体积} \times 100\%$$

盛器一般为塑料袋或铝盒等，主要是考虑使用方便和防止水分蒸发等。

c. 含水量试验（酒精烧干法）：

(a) 野外通常采用酒精烧干法，有条件时采用烘箱烘干，从做完湿密度实验的土中取土样 15～30g（有机土、砂类土和整体状构造冻土为 50g 左右），放入铝盒中并称其总质量，准确至 0.01g。

(b) 将酒精倒入铝盒内，液面浸没土样，并将土样捣碎。

(c) 点火燃烧酒精，待火熄灭后，再倒入少许酒精再烧（一般烧三次，土样烧干为止，）燃烧完冷却后称出质量。

(d) 计算天然含水量 ω

$$\omega = \frac{(铝盒和湿土总质量)-(铝盒和干土总质量)}{(铝盒和干土总质量)-铝盒质量} \times 100\%$$

注：对于含有机质超过干土质量 5% 的土，应将温度控制在 65～70℃ 的恒温下烘至恒量。

d. 干密度 $\rho_d = \rho_0 /(1+0.01\omega)$。

(B) 灌砂法：

本试验方法适用于现场测定粗粒土的压实度。

a. 主要试验仪器设备：

(a) 密度测定器。如图 3-3 所示。

(b) 天平：称量 10kg，最小分度值 5g；称量 500g，最小分度值 0.1g。

(c) 标准砂：(密度需要进行测定) 粒径宜选用 0.25～0.50mm，密度 ρ_s 宜选用 1.47～1.61g/cm³。

图 3-3 密度测定器

b. 试验步骤：

(a) 按规定的试坑尺寸挖好试坑，并称试样质量 m_p。

(b) 向容砂瓶内注满砂，关阀门，称容砂瓶，漏斗和砂的总质量，准确至 10g。

(c) 将密度测定器倒置于挖好的坑口上，打开阀门，使砂注入试坑。在注砂过程中不应振动。当砂注满试坑时关闭阀门，称容砂瓶、漏斗和余砂的总质量，准确至 10g，并计算注满试坑所用的标准砂质量 m_s。

c. 试样的密度 ρ_0、干密度 ρ_d，按式 (3-1)、式 (3-2) 计算：

$$\rho_0 = \frac{m_p}{\dfrac{m_s}{\rho_s}} \tag{3-1}$$

$$\rho_d = \frac{\dfrac{m_p}{1+0.01\omega}}{\dfrac{m_s}{\rho_s}} \tag{3-2}$$

(C) 压实度:

土的压实度是现场土的干密度 ρ_d 与最大干密度 $\rho_{最}$ 的百分比。压实度:

$$n = \frac{\rho_0}{\rho_{最}} \times 100\%$$

2. 施工机械

(1) 土方机械

土方机械是在土方施工中能完成挖土或铲土、运土、装土、卸土等作业的机械,并具有减轻笨重的体力劳动,提高效率和质量,缩短工期,降低成本等效果,如常用的推土机、挖掘机、平地机等。

1) 推土机

推土机是土方施工中的主要机械之一,它由拖拉机与推土装置两部分组成。按行驶方式可分为履带式和轮胎式;按传动方式可分为机械传动和液压传动;按工作装置的操纵方式可分为液压操纵和机械操纵;按发动机功率大小可分为大型(240kW 或是 320 马力以上)、中型(75~240kW 或 100~320 马力之间)和小型(75kW 或 100 马力以下)等;按推土刀在拖拉机运行方向上的放置角度可分为直铲式(刀刃与前进方向成直角)和斜铲式(刀刃与前进方向不成直角)。

推土机具有构造简单、操纵灵活、转移方便、行驶速度快、所需作业面积小、适应性强等特点。既可挖土、松土,又可运土。其运土的经济运距是:大型 50~100m,中型 50~80m,小型 50m 左右。

图 3-4 是 T2-120 推土机的构造图。它采用履带式液压操纵结构,由发动机、主离合器、变速器、行走机构和推土装置等部分组成。

2) 平地机

平地机常用来担任平整土粒,路基整形,修整斜坡和边沟等主要作业,按行走方式可分为拖式和自行式两种;按传动方式可

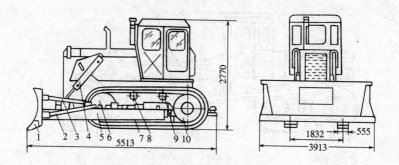

图 3-4　T2-120 推土机的外形构造示意图
1—推土刀；2—下撑臂；3—上撑臂；4—液压曲缸；5—"I"形架；
6—引导轮；7—支重轮；8—托带轮；9—后横轴；10—驱动轮

分为机械传动和液力传动两种；按牵引部分与工作装置的连接方式可分为铰接式和非铰接式两种。

平地机的工作装置主要是一把带转盘的刮土刀。刮土刀的作用有四种：左右升降、左右侧伸、水平回转和机外倾斜。这些调整可使刮土刀在不同的位置上完成平地、挖沟和刮坡等不同的作业。

现代平地机基本上是液压操纵的自行式平地机，机械操纵的拖式平地机逐渐被淘汰。各种型式的平地机构造大体相同。图 3-5 为国产 PZ-160 型平地机，它主要由发动机、传动系统、工作装置、行走装置、操纵机构和车架等部分组成。

3）挖掘机

目前，施工中常用的挖掘机为单斗液压挖掘机，它主要通过铲斗挖掘、装载土或石块，并旋转到一定的卸料位置（一般为运输车辆上方）卸载，为一种集挖掘、装载、卸料于一体的高效土方工程机械。一台斗容量为 $1m^3$ 的挖掘机，其台班生产率相当于 300~400 人的日工作量。

单斗挖掘机的铲斗类型有正铲、反铲、拉铲和抓铲四种。

图 3-6 为正铲液压挖掘机。正铲主要用来挖掘停机面以上的土，最大挖掘高度和最大挖掘半径是它的主要作业尺寸，正铲主

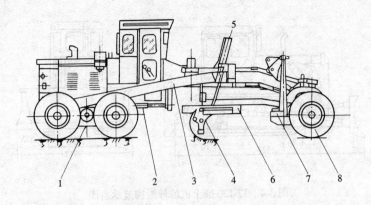

图 3-5 自行式液压平地机
1—平衡箱;2—传动轴;3—车架;4—刮土板;5—刮土板升降油缸;
6—刮土板回转盘;7—松土器;8—前轮

要用于挖掘土方量比较集中的工程和深、广的大型建筑基坑的开挖。

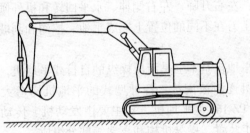

图 3-6 正铲液压挖掘机

图 3-7 为反铲液压挖掘机。反铲主要用来挖掘停机面以下的土,最大挖掘深度和最大挖掘半径是它的主要作业尺寸,反铲主要用于Ⅰ~Ⅲ级土的开挖,开挖深度一般不超过 4m,如开挖一般建筑基坑、路堑、沟渠等。

图 3-8 为拉铲挖掘机。拉铲适于挖掘停机面以下较松软的土,可挖掘较宽而深的基坑、沟渠和河床。

图 3-9 为抓铲挖掘机。抓铲适于抓取散状物料,如碎石、

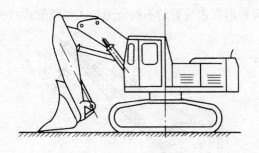

图 3-7 反铲液压挖掘机

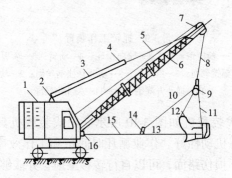

图 3-8 拉铲工作装置

1—机身；2—牵引架滑轮；3—动臂变幅钢丝绳；4—滑轮组；5—动臂悬挂钢丝绳；6—动臂；7—臂端滑轮；8—拉铲铲斗升降钢丝绳；9—吊挂连接装置；10—翻转钢丝绳；11—提升链条；12—拉铲铲斗；13—牵引链条；14—牵引连接装置；15—拉铲铲斗牵引钢丝绳；16—导向滑轮装置

砂、煤、泥及河底污物等，也可以用于冲抓表面窄而深的桩坑或连续墙等。抓斗的形式较多，分为液压抓斗和钢丝绳抓斗两大类。

4）装载机

装载机可用来进行散状物料的铲、挖、装、运、卸等作业，也可以用来清理或平整场地。更换相应的工作装置后还能完成棒料装卸，重物起吊和搬运集装箱货物等。在缺乏牵引车辆的场所，装载机又可作牵引动力之用。

装载机根据行走装置的不同分为轮式和履带式两种。

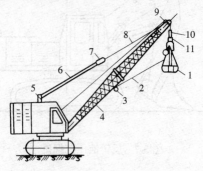

图 3-9 抓铲工作装置

1—抓斗；2—稳定钢丝绳；3—导向滑轮；4—动臂；5—牵引架滑轮；
6—动臂变幅钢丝绳；7—滑轮组；8—动臂悬挂钢丝绳；9—动臂滑轮；
10—抓斗升降钢丝绳；11—关斗钢丝绳

（A）轮式装载机如图 3-10 所示。轮式装载机具有自重轻、行走速度快、机动性好、作业循环时间短和工作效率高等特点。轮式装载机不损伤路面，可以自行转移工地，并能够在较短的运输距离内当运输设备用。所以，在工程量不大、作业点不集中、转移较频繁的情况下，轮式装载机的生产率大大高于带式装载机。因此，轮式装载机发展较快。我国铰接车架、轮式装载机的生产已形成了系列。定型的斗容量有 $0.5 \sim 5 m^3$。

（B）履带式装载机如图 3-11 所示。履带式装载机具有重心低、稳定性好、接地比压小，在松软的地面附着性能强、通过性好等特点。特别适合在潮湿、松软的地面，工作量集中，不需要经常转移和地形复杂的地区作业。但是当运输距离超过 30m 时，使用成本将会明显增大。履带式装载机转移工地时需平板拖车拖运。

装载机按卸料方式不同分为前卸式、回转式和后卸式三种。目前，国内外生产的轮式装载机大多数为前卸式，因其结构简单，工作安全可靠，视野好，故应用广泛。图 3-10 为前卸式装载机。

图 3-10 国产 ZL50 型装载机

图 3-11 国产 Z120 型
履带式装载机

装载机按铲斗的额定装载重量分为小型（小于 10kN）、轻型（10~30kN）、中型（30~80kN）、重型（大于 80kN）四种。轻、中型装载机一般配有可更换的多种作业装置，主要用于工程施工和装载作业。装载机型号数字部分表示额定装载量。例如 ZL50 表示额定装载量为 50kN。

(2) 压实机械

筑路工程中压实机械是必不可少的机具。利用各种压实机械将土方或路面结构层施行压实，以增大其密实度和强度，满足使用要求。

压实机械主要包括冲击式、静力式、振动式三大类。

1) 冲击式压实机械

冲击式压实机械的冲击能量一般较小，机身重量轻，通常不超过 200kg，体积小，结构简单，操作方便，目前主要的冲击式压实机械有蛙式打夯机、内燃打夯机、电动打夯机和压缩空气打夯机等。

H8-20 型蛙式打夯机如图 3-12 所示，该机主要由夯实、传动、操纵、动力源等部分组成。动力源为电动机，夯实部分主要由夯板、偏心块及前轴装置组成。工作时，启动电动机，动力通过皮带减速装置驱动前轴上的大皮带轮旋转。由于偏心块用键连接在前轴上，前轴旋转时将带动偏心块一同旋转。偏心块在旋转中产生周期变化的离心惯性力，打夯机在该力作用下，一次次被举起，在重力作用下又一次次落到地面，从而完成冲击土的工作。这种打夯机一般在跳跃夯实土方的同时还伴有向前移动的功能。

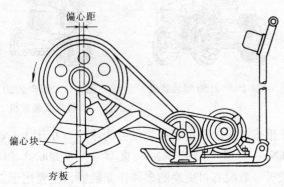

图 3-12 蛙式打夯机

2) 静力式压实机械

图 3-13 是静力式压实机械的工作原理图。它是以沉重的滚轮 Q，使被压黏土在静力作用下产生永久变形 h，而被压实。

静力式压实机械有凸爪、光面和轮胎三种形式，而以光面者用得最多最广。

（A）凸爪式压路机

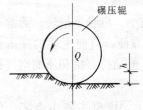

图 3-13 碾压式压实机械工作原理图

凸爪式压路机是在滚轮上装置许多向外凸出的爪，如图 3-14 所示，由于爪的形式与羊角相似，故称为羊足碾。羊足碾是压实土方的特种机械，安装羊足是为了减少滚轮与土面的接触面积，提高机械对土的压强，以增强压实效果。

图 3-14 羊足碾外貌

(B) 静力光面式压路机

光面压路机可以把路基与路面压实到足够的密实度与平整度。其工作装置就是几个由钢板卷成或铸成的中空滚轮，这些滚轮同时也是压路机的行走装置。

光面压路机种类很多，根据滚轮和轮轴的数目主要有四种基本形式：单轮单轴式、二轮二轴式、三轮二轴式、三轮三轴式；按其重量、单位线压力、发动机功率及应用，光面压路机又可分为表 3-3 中的五种。

光面压路机性能　　　　　　　　　　表 3-3

型式	重量 (t)	单位线压力 (kN/cm)	发动机功率 (kW)	应用范围
特轻型	0.5~2	80~200	~11	人行道压实及路面修补
轻型	3~5	200~400	15~18	一般道路、广场、车间和人行道的压实
中型	6~9	400~600	20~30	
重型	10~14	600~800	30~44	碎石路面、黑色路面的压实
超重型	15~20	800~1200	44 以上	

光面压路机主要由发动机、传动系统、行驶滚轮、操纵系统和机架组成。发动机多为柴油机。压实过程中所能达到的深度和被压层的密实度不仅与静压力的大小有关，也与作用时间长短，反复碾压的次数有关。因此对压路机来说，除了要求必要的重量和线压力之外，还要求工作过程中根据路面情况行驶速度能适当变化。为此，要求传动系统中应有一定的变速装置和换向机构。

(C) 轮胎式压路机

图 3-15 轮胎压路机

轮胎式压路机是一种新型静力式压路机，国内外已广泛使用，是以多个耐油、耐热、弧形光面或细花纹的特制轮胎来压实铺层材料的特种车辆。如图 3-15 所示，轮胎式压路机的轮胎前后错开排列，一般前轮为转向轮，后轮为驱动轮，前、后轮的轨迹有重叠部分，使之不致漏压。

轮胎式压路机有增减配重、改变轮胎充气的特性。与静力光面压路机相比，轮胎式压路机对被压实表面作用时间长、作用力均匀，对砂质土和黏性土都能得到较好的压实效果。轮胎式压路机压实时不破坏土和路面铺层原有的黏度，使各层之间有良好的结合性能。在压实碎石地基时，不破坏碎石的棱角，因而不致因压实而形成大量的石粉，并得到均匀的压实层。

3）振动式压实机械

振动式压实机械都有一个由一对偏心轮所组成的振动器作为振源。这对偏心轮高速旋转产生离心力使壳体振动。如果将这样的振动装置安装在平板上，构成仅仅靠振击力来振实的设备，称为振动平板夯；如果将这样的装置安装在压路滚轮上，使压路滚轮在滚动的同时又产生振动，这种机械称为振动式压路机。

（A）振动平板夯如图 3-16 所示，它最适用于含水量小于 12% 的各种砂质土、砾石及碎石路基、路面（小面积）的铺设、修补等压实工作。尤其在狭窄地段上工作，可充分发挥它的作用。

振动平板夯按其重量可分为轻型（0.1 ~ 2t）、中型（2 ~ 4t）和重型（4 ~ 8t）；按驱动方式可分为机械式、液力式、电动式和气动式。按其结构原理可分为单质量和双质量两种。单质量的平

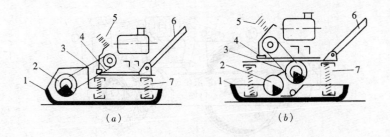

图 3-16 自移式振动平板夯简图
（a）非定向振动式；（b）定向振动式
1—工作底板；2—振动器；3—三角皮带传动；4—发动机底架；5—发动机；6—手柄；7—弹簧

板夯，全部质量参加了振动；而双质量平板夯仅下部振动，但对土有静压力；按移动的方式又可分为自移式和非自移式两种。

（B）振动压路机现有两种基本类型：光轮振动压路机和羊足轮振动压路机。前者使用最为广泛，后者常用于对含水量大的黏性土的压实。

光轮式振动压路机按其移动方式可以分为拖式和自行式两种。

自行式振动压路机是供修筑道路时压实碎石路、沥青混凝土路和干硬性水泥混凝土路之用，尤其适用于压实砂质土和砾石路基、路面。按其重量，光轮振动压路机又可分为轻型（0.5~2t）、中型（2~4.5t）和重型（8t以上）；按滚轮数及其布置可以分为手扶单滚轮式、二轮二轴式和三轮三轴式；按驱动轮数目可以分为单驱动轮、双驱动轮和全驱动轮式；按传动方式可分为机械式、液力-机械式和液压式。图 3-17 为轮胎驱动钢轮振动压路机。

振动压路机有生产率高，压实厚度大（振动力可传至 0.5~1m 深的料层），重量轻（在相同的压实效果下只有普通压路机重量的 1/3~1/5），机动灵活等优点。缺点是对于黏性较强的土压实效率低，高频振动易使操纵人员疲劳，但由于避振技术的发展及振动压路机的众多优点，目前世界上振动压路机发展很快。

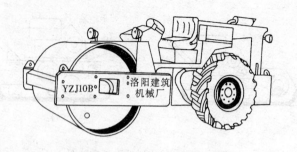

图 3-17 轮胎驱动钢轮振动压路机

3. 路基土方

(1) 调配的一般原则

城市道路路基多是低路堤、浅路堑或不填不挖的路基，除非城市地形特殊。一般城市道路路基土方量并不太大，但多数城市存在着土源和受到不允许随意弃土的限制，仍须对土方调配作详细的计划和安排，基本原则是"先横后纵，先近后远，先填后挖，先用后借"。

(2) 土基施工方法选择

根据工程土方量的大小、土质状况、施工条件、作业环境和工期要求等综合情况，结合施工机械的性能，选择一种或多种机械或人机结合的施工方法，完成土基的挖、运、填、压的施工作业，称为施工方法选择。

通常在土方量大且运距远、土源集中且不需大量借土或弃土、施工场地宽阔且不受外界干扰等条件下，宜选择多种机械联合作业。如组成以多台铲运机或挖掘机为主机，配以自卸汽车、平地机、推土机、洒水车和压实机械为辅机，进行施工作业。

通常土方量不大且运距短、土源分散、施工场地狭窄且常受外界干扰，宜选择单机或人机结合的施工方法。表 3-4 是常用土方机械适用作业范围表，可供参考。

1) 土基用土的工程性质

砾和砂质砾（G 和 GS）的工程性质是没有塑性、透水性好、强度高和稳定性好，是修筑路基的理想材料。但它缺乏黏结性或黏性太低，而易成松散体，常常添掺适量的结合料如黏土、石灰或水泥，而用于路面结构的垫层或底基层。

常用土方机械适用作业范围表　　　　　表 3-4

机械名称	基 本 作 业	辅 助 作 业
推土机	1. 路基高度在 3m 以下或路堑在 3m 以下且运距均在 20~100m 以内的土方挖运和填筑； 2. 一般性的土方压实	1. 平整场地、取土坑及弃土场； 2. 除草、伐树　清除障碍物及挖树根； 3. 摊铺土方或骨料； 4. 收拢土方或骨料； 5. 拖式铲运机的牵引动力
铲运机	1. 拖式铲运机；运距在 100~700m 以内的土方挖运和填筑； 2. 自行式铲运机；运距在 1000~5000m 以内的土方挖运和填筑； 3. 大面积的平整场地； 4. 不受路堤高度或路堑深度的限制	
挖掘机	1. 挖土与卸土，其作业半径视机型与规格而定； 2. 装载土方或骨料	1. 开挖沟槽与基坑； 2. 反铲挖掘机可作水中取土； 3. 作吊车使用
装载机	1. 挖Ⅲ级以下土方； 2. 装载土方或骨料	1. 载运物资
掘耕机	1. 松动Ⅳ~Ⅵ级土方； 2. 破碎冻土层	1. 破除旧路面； 2. 清理树根
平地机	1. 摊铺土方或骨料； 2. 修整路槽	修整路边

砂土（S）包括砾质砂（SG 和 S-G）、粗砂土、中砂土和细砂土（S-F），不能直接用于修筑路基。通常是采用"金包银"的办法，如图 3-18 所示。

各类黏土包括中、高和很高液限细粒土（FI、FH 和 FV）以及含中、高液限细粒土（SFI、SFH）的工程性质，不宜用于修筑土基。

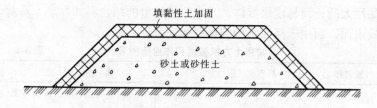

图 3-18 修筑路基的"金包银"法

含低液限细粒土的砂土（SFL），其工程性质介于砂土和黏土之间，是较理想的路基用土，但其中低液限细粒土（FL）的工程性质最差而它含有较多的粉状颗粒，虽有黏性但不稳定，遇水变成"面糊"，失水变成"面粉"，毛细水上升速度快，不宜用于修筑土基。

2）路堤填筑及其他填土施工方法

路堤填筑是道路工程中最基本的施工项目之一。它是根据不同的施工条件、施工环境和施工对象等情况，按照技术要求，填筑成一条符合质量标准的路基。

（A）填筑前的基底处理

A）将基底上的树木、树根、草皮、残存农作物、腐殖土和淤泥等有害杂物清除干净。

B）对基底上的树穴、基穴、坑洞和沟渠等进行处理，其方法是分层填土填筑到基底标高并应分层压实。

C）如果基底表层是耕植土或松散土时，应经碾压密实，或翻挖松动将土块打碎摊平后碾压密实，方可进行路基填土。

D）当填方路段是水田或池塘时，应根据实际情况或采取抽干蓄水和清除淤泥，逐层填土压实，或采取不排水清淤，而用抛石（或工业废料）或沉排挤淤，直至填出水面后，再进行正常的填土作业。

E）基底横向坡度不大于 1∶10，且土质好，清理后，可直接在自然地面上填土。否则应按接合面的方法进行处理，如图 3-19 所示。

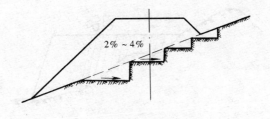

图 3-19

（B）对不同土类的填筑要求

用同类的土，填筑在同一的路段上，这是正确使用土源的基本要求。若确有困难，应尽可能做到分类分段填筑，或将透水性小的土用于上层，透水性大的土用于下层，切不可将透水性相差悬殊的两种土，逐层相间填筑。

（C）填筑方式

A）纵向分层填筑。纵向分层填筑是在路基全幅内，沿道路纵向分层填筑，也是常用常见的填筑方式。如图 3-20 所示。

B）横向填筑。原地面横向坡度很陡的路段，填筑高路堤土方，因受地形限制，运土车辆难于通行，就需要采取沿道路纵向的横向卸土的办法，将土倾卸在路堤底部，逐渐向外拓展至路基幅宽，如图 3-21 所示，这种方式的缺点是填土太厚，不易压实，应尽可能地选用砂性土和高效能的压实机具如振动压路机。

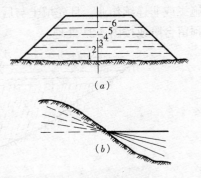

图 3-20　纵向填筑
（a）水平分层纵向填筑；
（b）纵向分层纵向填筑

C）联合填筑。为了减少路基的不均匀沉陷和提高路基的稳定性，克服横向填筑方式的缺点，在原地面横向坡度很陡路段，采用横纵向联合填筑方式，即路基下都用横向填筑，路基上大约

83

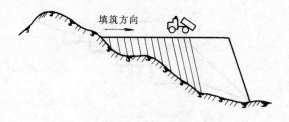

图 3-21 横向填筑

相当于路基持力层深度范围,都采用纵向填筑,如图 3-22 所示。

(D) 路基填土接合面的处理

在路基填土和施工中,必须对新填土和先后填土接合面进行处理。对于原路基加宽的接茬处理,在清除边坡草皮和杂物后,将原路基边坡挖成台阶,再进行填土。台阶宽度常为 30cm,高度为 20cm,如图 3-23 所示。

对于路基填土连续作业的纵横接合面的处理,一般是将先填土的接合处挖松 30cm,作为与新填土的搭接长度。当采取半幅施工或非连续作业,且先填土与后填土接合面高差悬殊时,则应预留台阶或按图 3-23 处理。

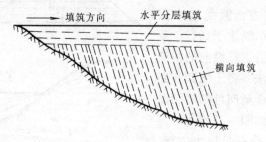

图 3-22 联合填筑

(E) 地下构筑物沟槽填土

沟槽填土前,必须将积水和被水浸湿的软土清除干净,在构筑物两侧或四周分层、均匀和对称地同时进行填土,并采取薄铺和对称轻夯的施工方法,直至构筑物顶面以上 50cm 为止,而后与路基同步进行填筑施工。

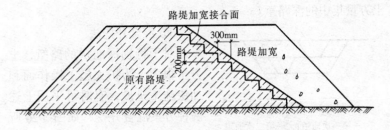

图 3-23 原路基加宽时接合面处理

（F）构筑物墙身填筑

当构筑物墙体结构具有足够抵抗侧压力的强度和稳定性时，方可进行墙背填筑和压实。填筑材料宜选用透水性强、稳定性好的粗粒料。当有锥坡的构筑物时，基锥坡填土应与墙背填土同时进行和压实。

（3）路堑挖土及取土场挖土施工

1）横向全宽开挖法

此方法是对路堑整个宽度，沿路线纵向一端或两端向前掘进，其法适用于较短的路堑，如图 3-24 所示。在实际操作中，为了增加工作面，可分成几个台阶，同时在几个不同标高的台阶上进行开挖，台阶的高度，视施工操作的方便和安全而定，一般为 2m 左右。每一台阶均应有单独的运土路线和临时排水沟渠，以免相互干扰，影响工效。

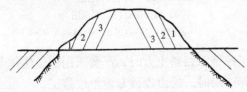

图 3-24 横向全宽开挖法

2）纵向开挖法

此法是先沿路堑纵向挖出一条通道，然后再沿此通道两侧进行拓宽，以扩大施工操作面，如图 3-25 所示。此法适用于挖掘土方量集中的深路堑。

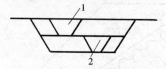

图 3-25 纵向开挖法
1—第一次通道；2—第二次通道

3）混合开挖法

对于特别深而伏的路堑，土方量很大，为扩大施工操作面和加快施工进度，有时可采用上述两种方案混合开挖，如图 3-26 所示。即先沿路堑纵向挖出通道 1，然后再沿横向两侧，挖出若干条辅助通道 2、3 等，这样就可集中较多的人力和机具，沿纵横向通道同时挖土。混合开挖时要特别注意运土与临时排水的统一安排，以保证施工操作的方便与安全。

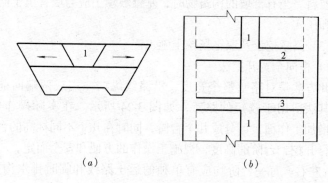

图 3-26 混合开挖法
(a) 剖面图；(b) 平面图
1—通道 1；2—通道 2；3—通道 3

当用人工挖掘深路堑土方时，严禁采用崩土法作业。当要采用爆破法松碎土层时，应由爆破专业单位施工。

各种开挖方案的选择，应根据设计断面考虑当地的地形条件、工程量的大小、施工工期以及采用的机具等因素。此外，尚需考虑土层的利用，如利用挖方填筑路堤时，则应按不同的土层分层开挖，以满足路堤填筑的要求。

4）取土场挖土

取土场一般有两种形式，平地挖坑取土和挖山或土堆取土。

对于挖山取土，当确定取土范围后，根据竣工高程、护砌和其他要求，结合地形地貌状况，以确定采用分层取土法或采用从山脚开始向前推进取土为宜。

在地下水位高和丰富的地点取土，应采取降水措施，如采用井点降水等，以保证取土的顺利进行和土的天然含水量的适当。取土坑内应设置纵横排水沟和集水井，配足排除坑内积水的抽水设备，不可使坑内长期积水，而延误取土。

（4）路基压实

路基压实是指采用碾压设备（机具）对路基进行的压实。路基的压实，可以提高路基土土体的密实程度，降低填土的透水性，防止水分聚积和浸蚀，避免土基软化及因冻胀而引起不均匀的变形，提高路基土的强度，为减薄路面结构层创造条件。

1）影响压实的因素

影响土基压实的因素包括内因及外因两个方面。内在因素主要是土的含水量及土的性质，外在因素则包括压实功能、压实工具和方法等。

（A）压实时土的含水量对压实的影响

判断土的含水量是否达最佳含水量的简易方法是"手捏成团、但不沾手、落地开花"。

（B）土质对压实的影响

通过对不同土质进行击实试验，结果表明不同的土类，有不同的最佳含水量及最大干密度，表3-5列出了几种土的最佳含水量及最大干密度。

（C）压实功能对压实的影响

对同类土，压实功能增加，其最佳含水量减少，而最大干密度增大；当含水量一定时，压实功能越大则干密度越高。在施工中如果土的含水量低于最佳含水量，而加水又有困难时，可用增加压实功能的办法来提高其干密度，即采用重型压路机或增加碾压次数等。

(D) 压实工具和方法对压实的影响

各类土的最佳含水量和最大干密度的参考值 表 3-5

分类符号	S、S-F	SFL	FL	FI(CI、MI)	SFI(SCI、SMI)	FH(CH、MH)	SFH(SCH、SMH)
统一分类法名称	砂、微含细粒土的砂	含低液限细粒土的砂	低液限细粒土	中液限细粒土	含中液限细粒土的砂	高液限细粒土	含高液限细粒土的砂
土 名	砂土（粗、中、细、极细砂土）	砂性土（粉质、粗亚、细亚砂土）	粉性土（粉质亚砂土）	粉性土（粉）	黏性土（粉质黏土）	黏性土（重亚黏土）	黏性土（轻黏土）
最佳含水量(%)	8~12	9~15	18~21	16~22	12~15	16~20	19~23
最大干密度(kg/m³)	1.85~1.88	1.85~2.08	1.65~1.74	1.61~1.80	1.85~1.95	1.67~1.79	1.58~1.70

压实工具不同，压力传递有效深度也不同。夯击式机具压力传递最深，可达 0.6~0.7m；振动式机具次之，为 0.4~0.6m；碾压式机具最浅，为 0.15~0.4m。

2）土基压实施工

(A) 土基压实标准

《城市道路路基工程施工及验收规范》（CJJ 44—91）规定，管、涵顶面填土厚度必须大于 30cm 方能上压路机。桥涵、管道沟槽、检查井、雨水口周围的回填土应在对称的两侧或四周同时均匀分层回填压（夯）实，填土材料宜采用砂、砾等透水性材料或石灰土。

若机动车车道下的管、涵、雨水支管等结构物的埋深较低，回填土压实度达不到表 3-6 中数值时，可按表 3-7 的要求处理。

(B) 压实工作组织

土基的压实要以尽可能小的压实功能获得良好的压实效果为

目的。

土质路基最低压实度表　　　　表 3-6

填挖深度	深度范围 (cm)	最佳压实度（%）		
		快速路及主干路	次干路	支路
填方	0~80	95/98	93/95	90/92
	80~150	93/95	90/92	87/90
	>150	87/90	87/90	87/90
挖方	0~30	93/95	93/95	90/92

注：①表中数字，分子为重型击实标准的压实度，分母为轻型击实标准的压实度，两者均以相应的标准击实试验求得最大干密度为 100%；
②表列深度均由路槽底算起；
③填方高度小于 80cm 及不填不挖路段原地面以下 0~30cm 范围内，土的压实度不应低于在表列挖方要求。

管涵、沟槽、雨水口等结构物周围回填土的填料和压实度要求　　　　表 3-7

部　位			填料	最佳压实度（%）
胸腔	填料距路床顶 <80cm		石灰土	90/95
			砂、砂砾	93/95
	填料距路床顶 >80cm		素土	90/95
管顶以上至路床顶	管顶以上至路床顶 <80cm	管顶上 30cm 以内	石灰土	85/88
			砂、砂砾	88/90
		管顶上 30cm 以上	石灰土	92/95
			砂、砂砾	95/98
检查井及雨水口周围	路床顶以下 0~80cm		石灰土	92/95
			砂	95/98
	路床顶以下 0~80cm		石灰土	90/92
			砂	93/95

注：①表中压实度数值，分子为重型击实标准的压实度，分母为轻型击实标准的压实度；
②管顶距路基顶小于 30cm 的雨水支管可采用水泥混凝土包封。

对于土基的压实，在任何情况下，都应坚持"先轻后重、先慢后快、主轮重叠"以及直线段"先边后中"和平曲线段"先内侧、后外侧"的压实方法。同时，应注意压实机具的作业安全，如采用大型压实机具碾压高路堤时，应距堤边50cm，以防机具翻滚。

压实机具的工作路线，一般应先两侧后中间，以便形成路拱，在弯道部分设有超高时，由低的一侧向高的一侧边缘碾压，以便形成单向超高横坡。当路基设有纵坡时，宜由低处向高处碾压。

路基碾压时，相邻两次的轮迹应重叠1/3左右，使各点都得到压实，避免土基产生不均匀沉陷，路基土碾压机械选择如表3-8。

(C) 压实机具的选择

A) 压实机具的种类。常用的压实机具可分为静力式、夯击式和振动式三大类。静力压路机械有光面碾（普通压路机）、羊足碾和气胎碾等。夯击式压实机具包括各种夯锤、夯板和内燃式火力夯、风动夯等；振动式压实机具包括振动器和振动压路机。压实机具的类型和数量选择是否恰当，直接关系到压实的质量和工效，选择时应综合考虑各种因素。

B) 压实机具的选择。见表3-8。不同的压实机械，适用于不同的土质压实，其压实效果也各异。一般来说，对砂性土，用振动式机械压实效果最好，夯击式次之，碾压式较差；而对黏性土，则以碾压式和夯击式压实效果较好，而振动式较差甚至无效。

在选择压实机具时还应考虑土的状态、层厚和碾压遍数，以充分发挥机械的效率，获得最佳压实效果。各种压实机具压实的分层厚度和碾压遍数可参照表3-9。

3) 高填方路堤

高填方路堤的基底承受路堤土本身的荷载很大，因此对基底应进行场地清理，并按照设计要求的基底承压强度进行压实。设计无要求时，基底的压实度不应小于90%。当厚土压实不能满足设计要求的承压强度时,应进行地基加固处理。当基底处于陡峻山坡上或谷底时,应作挖台阶处理。当场地狭窄时,压实工作应采用小型的手扶式振动压路机或振动夯进行。当场地较宽广时应采用自行式 12t 以上的振动压路机碾压。

路基土碾压机械选择　　　表 3-8

碾压机械名称	块石圆石砾石	砂石土	砂	砂质土	黏土、黏性土	混杂砾石的黏土、黏性土	非常硬的黏土、黏性土	备注
钢质光轮压路机	☆	★	★	★	☆	×	×	利用路基的平整
自行式轮胎压路机	☆	★	★	★	★	×	☆	最常用
牵引式轮胎压路机	☆	★	★	★	☆	×	×	用于坡面,坡长 5~6m 时最有效
振动压路机	★	★	★	★	☆	×	×	适用路基、基层
夯实机	★	★	★	★	☆	×	×	适用狭窄地点的碾压
夯锤	☆	★	★	★	☆	×	×	适用狭窄地点的碾压
推土机	★	★	★	★	☆	×	★	被用于摊铺
夯式压路机	×	☆	☆	☆	☆	☆	★	破碎作用大
沼泽地区压路机	×	×	×	☆	☆	★	×	常用含水较高的土

注:★—适合使用;☆—可使用;×—不适用。

(5) 软土路基处理

我国交通部行业标准《公路软土地基路堤设计与施工技术规范》(JTJ 017—96) 将软土定义为"滨海、湖沼、谷地、河滩沉积的天然含水量高、孔隙比大、压缩性高、抗剪强度低的细粒土"。其鉴定标准见表 3-10。

各种压实机具压实的分层厚度和碾压遍数　　　　表 3-9

压实机具		每层松铺厚度(cm)	有效碾压(夯击)遍数		合理选用压实机具的条件
			非塑性土	塑性土	
羊足碾	6~8t	20~30	4	8	碾压长度不宜小于100m;宜于压实塑性土;钢质光轮压路机适用于压实非塑性土
钢质光轮压路机	轻型(6~8t)	15~20	4	8	
	中型(9~12t)	20~30	4	8	
	重型(13~15t)	25~35	4	8	
轮胎压路机	16t	30~35	4	8	
振动压路机	2t	11~20	3	5	碾压长度不宜小于100m;宜于压实塑性土;也可用于压实非塑性土
	4.5t	25~35	3	5	
	10t	30~50	3	4	
	12t	40~55	3	4	
	15t	50~70	3	4	
重锤(板夯)	1t 举高 2m	65~80	3	5	用于工作面受到限制时;宜于压实塑性土;也可用于压实非塑性土
	1.5t 举高 1m	60~70	3	5	
	1.5t 举高 2m	70~90	3	5	
机夯人力夯	0.3t	30~50	3	4	用于工作面受到限制及结构物接头处
	0.04t	20~25	3	4	
振动器	2t	60~75	1~3min	3~5min	宜用于压实非塑性土

注:①非塑性土是指砂、砂砾无塑性的土;
②非塑性土的每层松铺厚度可取稍高的值;反之塑性土的每层松铺厚度可取稍低的值。

软土鉴定表(JTJ 017—96)　　　　表 3-10

特征指标名称	天然含水量(%)	天然孔隙比	十字板剪切强度(kPa)
指标值	≥35 与液限	≥1.0	<35

软土路基处理施工前,应完成以下工作:

a. 收集并熟悉有关施工图、工程地质报告、土工试验报告和地下管线、构筑物的布设等资料;

b. 编制施工组织设计或施工方案;

c. 原材料、半成品、成品的检验;

d. 施工机械设备的调试;

e. 成桩试验。

总之,在施工前应遵循"按图施工"的原则和"边观察、边分析"的方法,做到经济、可行、安全、创新并有利于环保。

1) 表层排水法

这种方法是在路基填筑前,在地面开挖水沟,以排除地表水,同时降低地基表层的含水量,确保施工机械的作业条件。为了使开挖水沟在施工中发挥盲沟作用,常用透水性良好的砂砾回填。

水沟布设应全面考虑地形与土质情况,使排水畅通,如图3-27所示。水沟尺寸一般可取宽0.5m,深0.5~1.0m左右,路堤填筑前,宜用砂砾回填成盲沟,若埋设管道,必须用良好的过滤材料保护。

2) 垫层与浅层处理

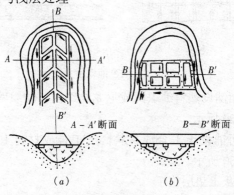

图3-27 地形与土质
(a) 路堤与水流方向平行;(b) 路堤与水流垂直

垫层是指地面上设置的砂垫层、砾砂垫层、碎石垫层、灰土或素土垫层、矿渣垫层以及其他性能稳定、无侵蚀性材料垫层。垫层的厚度以保证不会因沉降发生断裂为宜,一般为0.3~0.5m,以0.5m居多。垫层的宽度适当大于路堤底宽,以防在施工过程中由于机械的破坏影响垫层的有效作用。

浅层处理一般指在地表0.3~1.5m间,用浅层拌合,换填抛石等方法进行处理。

(A) 砂垫层

当地基表层具有一定厚度的硬壳层,其承载力较好,能上一般运输机械时,一般采用机械分堆摊铺法,即先堆成若干砂堆,然后用机械或人工摊平。当硬壳层承载力不足时,一般采用顺序推进摊铺法。砂垫层宽度应超出路堤边脚0.5~1.0m,两侧墙以片石护砌或采用其他方式防护,以免砂料流失。碾压法施工时,砂垫层的最佳含水量一般控制在8%~12%。

当软土地基表面的持力条件,使其不能上施工人员和轻型运输工具时,工程上常采用如下措施:

A) 地基表面铺荆笆,如图3-28所示。

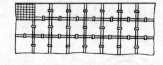 

图3-28 荆笆铺设示意图

B) 表面铺设塑料编织网或尼龙纺织网,纺织网上再做砂垫层,如图3-29所示。

C) 表面铺设土工合成材料,土工合成材料上再铺排水垫层,如图3-30所示。

(B) 石灰土垫层施工

石灰土在原地面上用一定体积比拌合在最佳含水量情况下压实,它能提高地基承载力,减少沉降,当软弱土层的厚度不大

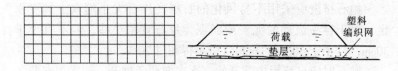

图 3-29 塑料编织网铺设示意图

图 3-30 土工合成材料铺设示意图

(1~3m) 时，能取得较好效果。

灰土中石灰的用量，一般情况下灰土比为 2:8 或 3:7 可作为最佳配比，而 1:9 的灰土，虽然强度低一些，但也能改善土的压实性能。采用石灰、粉煤灰按适当比例加水拌合，分层碾压的垫层，称"二灰垫层"。它和灰土垫层相似，但强度较灰土垫层高，最佳含水量较灰土大，干土密度较灰土小。压实系数在 0.94~0.97 时，干土密度为 $940\sim970 kg/m^3$。施工最佳含水量为 50% 左右，石灰掺入量以 15%~20% 为宜。

灰土垫层施工前必须对下卧地基进行检验，如发现局部软弱土坑，应挖除，用素土或灰土填平夯实。

灰土垫层分层松铺厚度，按采用的压实机具现场试验来确定，一般情况下松铺 30cm，分层压实厚度为 20cm。压实后的灰土应采取排水措施，3d 内不得受水浸泡。铺筑完毕后，要防止日晒雨淋，及时铺筑上层。

（C）抛石挤淤

抛石挤淤为强迫换土的一种形式，采用这种施工方法，不用抽水、不用挖淤，施工简单，一般用于泥沼及软土厚度小于 3.0m，其软层位于水下，表层无硬壳，软土液性指数大，呈流动状态。一般来说，抛石比较经济，但技术上缺少把握，当淤泥较厚时须慎重。

抛石挤淤应采用不易风化的石料,片石大小随软土稠度而定。对于容易流动的泥炭或淤泥,片石宜稍小些,但不宜小于30cm,且小于30cm的粒料含量不得超过20%。

抛石时应自路堤中部开始,逐次向两旁展开,使淤泥向两旁挤出。在片石露出水面后,用较小石块填塞,用重型机械碾压紧密,然后在其上铺设反滤层再进行填土,换填片石如图3-31。

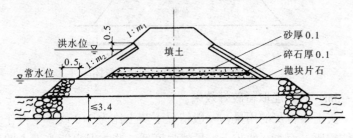

图3-31 换填片石

下卧岩层面横坡陡于1:10时,抛石时应从下卧层高的一侧向低的一侧扩展,并使低的一侧在适当高度范围内多抛一些,并使低侧边约有2m宽的平台顶面,以增加其稳定性,如图3-32所示。

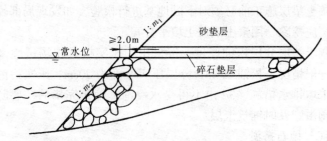

图3-32 抛片石挤淤

3) 土工合成材料施工

土工合成材料加筋路堤的施工,主要在于保证合成材料能充分发挥作用。作为路堤,其边坡滑动多表现为侧向移动,将土工合成材料强度高的方向置于垂直于路堤轴线方向更有利于发挥其优势。

土工合成材料的连接有绑扎、缝合、粘合等方法,一般对土工格栅及土工网采用绑扎方法,而对土工织物多采用缝合法和粘合法。当采用绑扎法时,一般每隔 10~15cm 应有一绑扎节点,且为使搭接处的强度满足要求,搭接长度一般不小于 10cm,在受力方向搭接至少应有两个绑扎节点。当采用缝合法时,一般采用工业缝纫机,缝接长度在 20cm 左右。粘合法很难保证连接质量,因此在工程中最好少采用。在铺设时,通常采用插钉法固定。

在铺设土工合成材料前,应先将场地平整好。在距土工合成材料层 8cm 以内的路堤填料,其最大粒径不得大于 6cm。土工合成材料摊铺好后应立即用土料填盖,填料不允许直接卸在土工合成材料上面,必须卸在已摊铺完毕的土面上。第一层填土摊铺宜采用轻型推土机或装载机,卸土高度以不大于 1m 为宜,以免造成局部承载能力不足。卸土后立即摊铺,以免出现局部下陷。只有当已填筑压实的垫层厚度大于 60cm 后,才能采用重型压实机械压实。

4) 竖向排水体施工

竖向排水体法由排水系统和加压系统两部分组成,如图 3-33 所示。设置排水系统主要在于改变地基原有的排水条件,增加孔隙水排出的途径,缩短排水距离。该系统是由水平排水垫层和竖向排水体构成。

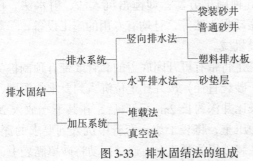

图 3-33 排水固结法的组成

竖向排水体在工程上的应用有以下几种：30~50cm 直径的普通砂井，7~12cm 直径的袋装砂井和塑料排水板。

（A）普通砂井

砂井施工通常采用以下几种方法：

A）套管法

套管法是将带有活瓣管尖或套有混凝土端靴的套管沉到预定深度，然后在管内灌砂，拔出套管形成砂井。根据沉管工艺的不同，又分为静压沉管法、锤击沉管法、锤击与静压联合沉管法、振动沉管法等。

B）水冲成孔法

水冲成孔法是通过专用喷头，在水压力作用下冲孔，成孔后经清孔，再向孔内灌砂成形，较适用于土质较好且均匀的黏性土地基。

水冲成孔法设备比较简单，对土的扰动较小，但易出现塌孔、颈缩、串孔等现象，同时，在泥浆排放和灌砂质量方面还存在一定的问题。

C）螺旋钻成孔法

螺旋钻成孔法以动力螺旋钻钻孔，提钻后向孔内灌砂成形。此法适用于砂井长度在 10m 以内，土质较好，不会出现颈缩、塌孔现象的软弱地基。该工艺所用设备简单而机动，成孔比较规整，但灌砂质量较难掌握，对很软弱的地基也不太适用。

（B）袋装砂井

袋装砂井有五种施工方法：即锤击沉入法、射水法、压入法、钻孔法以及振动贯入法等，且均有专用的施工设备，一般为导管式的振动打设机械。

袋装砂井施工是将带有可开闭底盖的套管或带有预制桩尖的套管（内径略大于砂袋直径）按井孔定位沉入到要求的深度，然后扎好砂袋（袋长比井深约长 2m）下口后，在其下端放入 20cm 左右高的砂子作为压重，将袋子放入套管中沉入到要求的深度，最后将袋口固定在装砂用的漏斗上，通过振动将砂填满袋中，卸下砂袋，拧紧套管上盖，然后一边把压缩空气送进套管，一边提升套管至地面。也可预先在袋内装满砂料，扎好上口，成为预制砂袋，运往现场，弯成圆形，成圈堆放，成孔后将砂袋立即放入孔内。

（C）塑料板排水法施工

塑料板排水法是将塑料排水板打入土中，作为竖直排水通道。其优点是：滤水性好，可确保排水效果；塑料排水板具有一定的强度和延伸率，适应地基变形的能力强；板截面尺寸不大，插入时地基扰动小，施工方便。

A）塑料排水板的性能及规格

塑料排水板由芯板和滤膜组成。芯板是由聚丙烯和聚乙烯塑料加工而成，且两面有间隔沟槽的板体，土层中固结渗流水通过滤膜渗入到沟槽内，并通过沟槽从排水垫层中排出。工程上所应用塑料排水板的结构，主要有图 3-34 所示的几种。

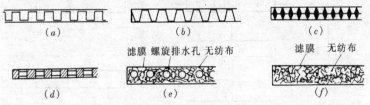

图 3-34　塑料排水板的结构

（a）Ⅱ槽形塑料板；（b）梯形槽塑料板；（c）△槽塑料板；（d）硬透水膜塑料板；（e）无纺布螺旋孔排水板；（f）无纺布柔性排水板

B）塑料板排水法的施工工艺

（a）塑料板排水法的施工机械，基本上可与袋装砂井打设机械共用，只是将圆形导管改成矩形导管。

（b）塑料排水板导管靴与桩尖。塑料排水板通过导管，从导管靴穿出并与桩尖相连，导管连同塑料板顶住桩尖压入土中。

（c）塑料排水板的插入。塑料排水板打设顺序：定位→塑料板通过导管从管靴穿出→塑料板与桩尖连接贴紧管靴并对准桩位

→插入塑料板→拔管剪断塑料板等。

5) 深层搅拌桩法

深层搅拌桩是利用水泥、石灰等材料作为固化剂的主剂,通过特制的深层搅拌机械,在地基深处就地将软土和固化剂(浆体或粉体)强制搅拌,利用固化剂和软土之间所产生的一系列物理-化学反映,使软土结硬成具有整体性、水稳定性和一定强度的良好地基。根据固化剂的状态和施工方法,可分为干法和湿法两类。干法是采用干燥状态的粉体材料作为固化剂,如水泥、石灰等;湿法是利用水泥浆等浆液材料作为固化剂。

粉喷桩就是深层搅拌桩中干法施工的一种形式,其施工工艺流程如图 3-35 所示。

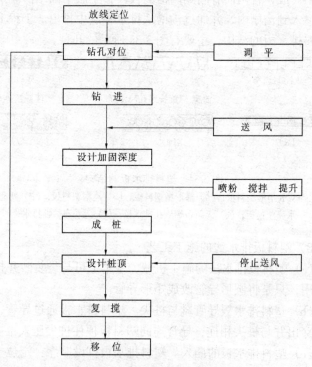

图 3-35 粉喷桩施工工艺流程

粉喷桩施工机械主要有钻机、空气压缩机、发送器等。一般采用由里向外或一边推向另一边的成桩方式，也可以采用隔桩跳打的成桩方式。

粉喷桩桩体检测一般在成桩 7d 内用轻便触探仪检查桩的质量，抽查频率为 2%；桩身无侧限抗压强度试验应在成桩 28d 后在桩体上部（桩顶以下 0.5m，1.0m，1.5m）截取三段桩体进行现场实测，检查频率为 2%，每一工点不得少于 2 根。

湿法施工中浆体材料通常分为粒状浆材和化学浆材两大类，按物化性能进一步分为稳定的粒状浆材、不稳定的粒状浆材、无机化学浆材和有机化学浆材等几类，如图 3-36 所示。

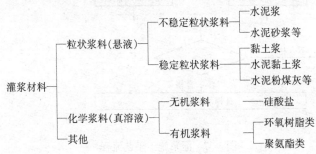

图 3-36　灌浆材料分类

灌浆施工方法包括：钻杆灌浆法、花管灌浆法、袖阀管法等，以花管灌浆法为例。

花管灌浆适用于大孔隙或溶洞加固和防渗灌浆，软土劈裂、砂砾石基础的防渗加固灌浆，其施工工艺流程见图 3-37 所示。

灌浆是通过灌浆设备、输浆管路，将浆液注入到目的层中。用于软弱地基处治工程的灌浆方法有：

（A）自下而上式孔口封闭灌浆法。这种工序一次成孔，孔口用三角模止浆塞封口，分段自下而上灌浆，灌浆段高度在 1.5～2.0m 之间。该方法对于黏性土层较多或地层下部具有少量中粗粒砂土层的软弱土层较为适用。

（B）自上而下式孔口封闭灌浆法。这种方法一次只钻成一

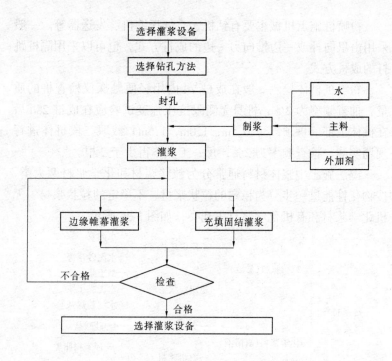

图 3-37 灌浆施工工艺流程

段灌浆孔，孔口用三角模止浆塞封口，分段自上而下灌浆，灌浆段在 1.5~2.0m 之间。该方法对于上部中粗粒砂土层较多的软弱土层较为适用。

在开始灌浆前，应进行现场灌浆试验，确定单孔灌浆量，然后按照所采用的灌浆工艺施工。在灌浆顺序上，先施工边缘帷幕孔，再施工加固孔，并宜按序次施工，即先注第 1 序次孔，再注第 2 序次孔，其次注第 3 序次孔。当灌浆量达到设计要求时可终止灌浆。边缘帷幕孔孔距应为一般灌浆孔孔距的 1/2，以确保灌浆工程的质量。

在边缘帷幕孔施工后，应根据处治段水文地质情况决定是否施工排水孔。在地下水位较高地区，应在处治范围内用钻机钻成 1~3 个排水孔，其目的是将边缘帷幕孔所围范围内的地下水随灌浆施工排出，以便能更有效地保证灌浆质量。当排水孔周围灌浆孔施工时，排水孔内见到灌浆浆液时，可将该排水孔用灌浆浆液灌实，并封孔。

6）开挖换填法

即在一定范围内，把软土挖除，用无侵蚀作用的低压缩散体材料置换，分层夯实。按软土层的分布形态与开挖部位，有全面开挖换填和局部开挖换填两种。如图3-38所示是开挖换填工程施工实例。

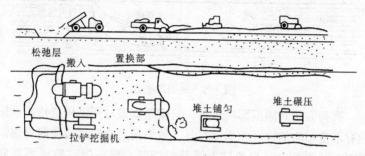

图 3-38　开挖换填法施工实例

选择填料时，要考虑路堤高度、软土层厚度及地下水位等因素，宜用排水性能好，即使以后处于地下水位以下也能保持足够承载力的砂、砂砾及其他粗粒料。

根据开挖的深度与土的抗剪强度确定合理的边坡坡度，开挖时若用水泵排水，边坡容易被破坏，从而增加挖方量，因此如果有不需要压实的良好换填材料（以不排水为宜），为防止边坡塌落，应随时开挖随时填料。

7）强制换填法

按施工方法分为路堤载荷强制换填和爆破换填法两种，如图3-39所示。

（A）路堤强制换填法

强制换填法就是依靠路堤载荷将部分软土层强制挤出，用良好的填筑材料置换。施工时，应从中线起逐渐向外侧填筑，但是，对于宽路堤，由于沉降不一致，从而在路堤下面残留部分软土，完工后会发生不利的不均匀沉降，应引起注意。

（B）爆破换填法

这种方法就是把炸药装入软土层，通过爆破作用将软土挤出的方法。

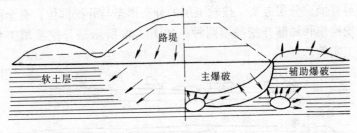

图 3-39　强制换填法

这种方法对周围影响很大，只限于爆破对周围构造物或设施没有不良影响的地区使用。并且一般要通过几次爆破使路堤逐渐下沉，两侧挤出隆起的软土要及时挖除，保证爆破效果不致降低。

8）反压护道法

主要用于当路堤在施工中达不到要求的滑动破坏安全系数时，反压路堤两侧以期达到路堤稳定的目的。

施工时，应按如图 3-40 所示顺序进行，先填包括反压护道在内的砂垫层Ⅰ及路堤Ⅱ，最后填筑主路堤Ⅲ。必须注意：

（A）避免过高堆填，而应分层铺平，充分压实，并应有一定横坡度，以利于排水；

（B）反压护道的填筑速度不得低于主路堤。

主路堤在施工中或完工后，如能确定反压护道下面的地基强度已增长到要求的值，则可以将反压护道设计高度以上的部分挖除，利用这些材料填筑主路堤，如图 3-41 所示。

9）慢速加载法

这种方法类似于一般路堤的自然沉降，但要根据土质的剪切

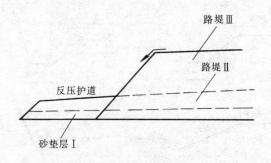

图 3-40 反压护道法施工顺序

破坏情况，控制填土速度，用较长的时间完成填土。在工期充裕的情况下，采用此法最为经济。

为了安全稳妥地进行施工，应随时了解和掌握地基稳定和团结程度，或加快施工速度，或缩短放置时间，最好备有沉降仪、孔隙水压仪及其他仪器。

（6）路基排水和防护

1）路基排水工程

（A）地面排水

地面排水设施主要有边沟、截水沟、排水沟以及跌水和急流槽等。

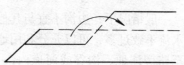

图 3-41 利用反压护道材料填筑主路堤

A）边沟（侧沟）

边沟的断面形式，一般有梯形、三角形和矩形，如图 3-42 所示。

通常土质边沟多用梯形；石质边沟用矩形；机械化施工时则采用三角形边沟居多。

梯形边沟边坡，靠路基一侧为 1:1~1:5，另一侧与路堑边坡相同；三角形边沟边坡一般为 1:2~1:4；矩形边沟用于石质地段或用块石铺砌时，边坡可以直立，亦可稍有倾斜，边沟深度一般取 0.4~0.8m，边沟底宽不应小于 0.4m。在水流较多的情况下，需适当加宽或加深。

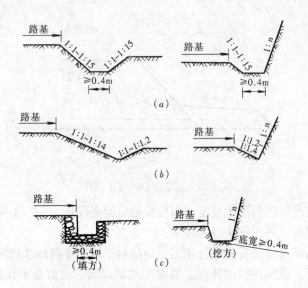

图 3-42 边沟的断面形式

一般情况下,边沟不宜与其他沟渠合并使用。为控制边沟中的水流不致过多,可以充分利用地形,在较短距离内即将边沟水排至路旁洼地、沟谷或河道内,一般每隔 300~500m 设涵沟一道,用以及时将边沟水排至路基范围的外侧。

通常,边沟的纵坡与路线纵坡相同,但不宜小于 0.2%~0.5%,以免水流阻滞和使边沟淤塞。当纵坡大于 3% 时,应对边坡进行加固;当纵坡超过 7% 时,流速变大而冲刷严重,可采用跌水或急流槽的形式缓冲水流。

B) 截水沟

截水沟设在路基横坡上方的边坡上,垂直于水流方向(大致与道路平行),以截拦外部水流,并引入它处,保证路基不至冲刷。截水沟最小纵坡度不应小于 0.2%~0.5%,亦不可太大(超过 3%),使截水沟边坡冲刷严重,一般取用 1%。

截水沟的横断面形状,一般多为梯形,底宽不应小于 0.5m,深度应根据拦截的水流量确定,不宜小于 0.5m,边坡坡度视土质而定,一般土质可取 1:1~1:1.5。

截水沟离路堑边坡坡顶边缘的距离 d（图 3-43），视土质不同而异，以不影响路建边坡稳定为原则，一般取 $d \geqslant 5m$，在截水沟与路堑之间，用土堆筑挡水台。

山坡路堤上方的截水沟，应布置在路堤坡脚以外约 2m 处，如图 3-44 所示，截水沟与路堤之间修筑护坡道，顶面以 2% 的横坡向截水沟倾斜，如有取土坑，则在坑内挖沟，并加以修整。

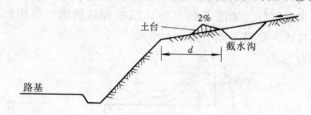

图 3-43 路堑地段截水沟

图 3-44 山坡路堤截水沟

如果路堑边坡坡顶边缘至分水岭的山坡不宽，坡度较缓，以及降雨量也不大，土质良好且植被覆盖茂密，此时也可不设截水沟；反之，应根据具体情况，可设一道或几道大致平行的截水沟，以分段拦截地面流水。

截水沟也应设有可靠的出水口，需要时应设排水沟、跌水或急流槽，将水引至自然沟及桥涵水流进口处。

C）排水沟

设置排水沟的目的，在于将水流从路基排泄至低洼地或排水设施中。排水沟一般为梯形断面，底宽不小于 0.5m，深度根据流量而定，边坡坡度视土质情况取 1:1.1～1:1.5，排水沟应尽量做成直线，如需做成弯曲时，其曲线半径不宜小于 10～20m。排水沟长度根据地形情况视需要而定,当排水沟水流流入河道或其他沟渠时,应使水流平顺流畅。

D) 跌水与急流槽

当排水的高差较大、距离较短或坡度较大时,应采用跌水和急流槽的形式,以防止过高流速的水流冲刷。

从水力计算特点出发,跌水和急流槽的构造分为进水、缓冲、出水三部分,如图 3-45 所示。跌水和急流槽一般用石砌或混凝土筑成,要求基础牢固、不渗水。

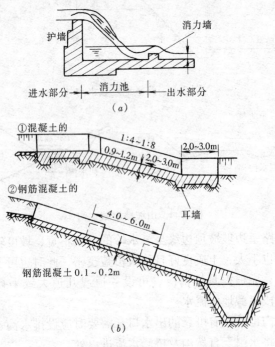

图 3-45 跌水、急流槽
(a) 跌水;(b) 急流槽

(B) 地下排水

为了拦截、汇集和排除路基地下水,降低其水位,设置的地下排水设施有暗沟(盲沟)、排水管和排水涵洞几种形式,它们的布置可以在路基的不同部位。

暗（盲）沟是常用的一种地下排水设施，一般构造有如图3-46的几种形式。其设置深度不应小于当地土的冰冻深度，以保证冬季也起排水作用。填料选用有较好透水性能的材料，如碎石、砾石、粒砂等，选择时应考虑其级配和形状应有利于增强渗透能力。另外，对于路基中来自外部的渗透水，不透水层在路面以下1.0m左右或更深时，可采用图3-47的方法处理。

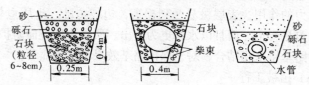

图3-46　各种材料的暗（盲）沟

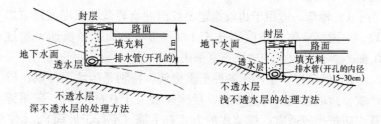

图3-47　下层为不透水层的处理方法

2）路基的防护与加固

根据作用与目的的不同，路基防护与加固工程，可分为坡面防护、堤岸加固和支挡三个方面。坡面防护主要是保护路基边坡表面，以防受到自然因素的破坏，如雨水冲刷、干湿及冷热循环作用以及表面风化等。坡面防护的措施有：种草、植树、铺草皮、抹面、勾缝、灌浆、修筑护坡及护墙等。堤岸加固主要是使沿河路堤，不致受到水流的冲刷、淘空和浸软作用，常用的方法有：属于直接措施的如植树、护坡、抛石、石笼、驳岸及浸水挡墙；属于间接措施的如修筑丁坝与顺坝等导流（调治）结构物，有时亦可整治或改变河道。支挡建筑主要是指各类挡土墙，亦可包括具有承受外力作用的护肩、护坡和护脚等。

上述三个方面，是相辅相成的，而不是截然分开的，各种措施除了具有其主要作用外，还常常兼有其他几个方面的共同作用。

A. 坡面防护

路基边坡受到降水、融雪、地下水、河水、风吹、日晒及其他自然力的作用，表层极易受到损害，边坡愈陡，土质愈软弱，受害就愈是严重，而且以水害更为突出。所以边坡坡面防护与加固应和路基排水相结合，对于保护路基效果会更为显著。

（A）植被工程

植被工程是指用植物所做的防护工程，其主要方法是铺草皮、种草或植树等。

A）种草。适用于边坡稳定、坡面冲刷轻微的路堤或路重边坡。一般要求边坡坡度不陡于 1:1，边坡地面水径流速不超过 0.6m/s。长期浸水的边坡不宜采用。

B）铺草皮。适用于各种土质边坡。特别是当坡面冲刷比较严重，边坡较陡（可达 60°），径流速度大于 0.6m/s 时，采用铺草皮防护比较适宜。铺草皮的方式有平铺（平行于坡面）、水平叠置、垂直坡面或与坡面成一半坡角的倾斜叠置；以及采用片石铺砌成方格或拱式边框，方格式框内铺草皮等（图 3-48）。可根据具体条件（坡度与流速等）选用。

铺草皮需预先备料，草皮可就近培育，切成整齐块状，然后移铺在坡面上。铺时应自下而上，并用竹木小桩将草皮钉在坡面上，使之稳定。草皮根部土应随草切割，坡面要预先整平，必要时还应加铺种植土。草皮应随挖随铺，注意相互贴紧，其具体要求及铺设方法见表 3-11 和表 3-12。

铺草皮在施工时，应将边坡表面挖松整平，尽可能在春秋季或雨季进行，随挖随铺，成活率较高。不宜在冰冻时期或解冰时期施工。路堑边坡铺草皮时，应铺过路堑顶部 1m 或铺至截水沟边。为提高防护效果,在铺草皮防护坡面上,尽可能植树,以形成一个良好覆盖层。

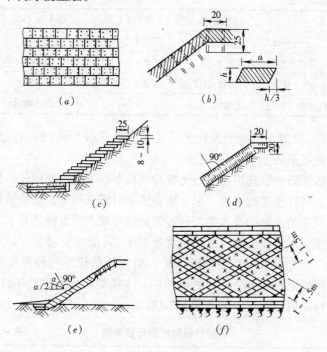

图 3-48 铺草皮的方式
(a) 平铺平面;(b) 平铺剖面;(c) 水平叠铺;
(d) 垂直叠铺;(e) 斜交叠铺;(f) 网格式

铺草皮的具体要求   表 3-11

草皮种类	尺寸 (cm)	厚度 (cm)	小桩尺寸 (m)	钉桩方法	每1000根尖木桩需木材数量(m³)
方块状	20×25 25×40 30×50	6~10	2×2×(20~30)	四角钉桩	0.15(桩长20cm)
带状	宽25 长200~300	6~10	2×2×(20~30)	梅花状,间距40cm	0.25(桩长30cm)

注:用作冲刷防护时,钉桩最好使用新伐的柳木等容易成活的木桩,直径4~6cm、长75~100cm,排成梅花状,间距为50~100cm。

铺草皮的方法及适用范围程度　　　　表 3-12

铺设方法		坡　度	冲　刷	图示编号
平　铺		边坡＜1:1.5	流速＜1.2m/s	图 3-48（a）；（b）
竖铺	平铺叠置	边坡＞1:1	流速 1.2~1.8m/s	图 3-48（c）
	垂直于坡面	边坡为 1:1~1:1.5	流速 1.2~1.8m/s	图 3-48（d）
	斜交叠铺	边坡＜1:1	流速 1.2~1.8m/s	图 3-48（e）
网　格　式		边坡＜1:1.5	—	图 3-48（f）

　　C）植树。适用于各种土质边坡和风化极严重的岩石边坡，边坡坡度不陡于 1:1.5。

　　植树防护宜选用在当地土壤与气候条件下能迅速生长、根系发达、枝叶茂密的树种。用于冲刷防护时宜选用生长很快的杨柳类，或不怕水淹的灌木类。高等级公路边坡上严禁种植乔木。种植后在树木未成长前，应防止流速大于 3m 的水流侵害。必要时应在树前方设置障碍物加以保护。植树防护最好与种草结合使用，使坡面形成一个良好的覆盖层，才能更好地起到防护作用，防护林植树树间距参考值见表 3-13。

防护林植树树间距参考值　　　　表 3-13

种植方式	树的种类	行距（m）	株距（m）
单株种植	杨树类 柳树类 灌木类	1.5 1.0 0.8	0.8 0.6 0.5
一窝一窝地种植	乔木类 灌木类	1.0 0.8	1.0 0.75

　　（B）坡面处治

　　对于岩石边坡的防护，可以采用抹面、喷浆、勾缝、灌浆、嵌补或铆固等方法进行处治，以达到防护的目的。

　　（C）结构物防护

　　结构物防护即用片石、块石、圆石或水泥混凝土预制块铺砌护坡，其主要目的是为在小于 1:10 缓坡上防止坡面风化和被侵蚀，用于没有粘结力的砂土、硬土，以及易于崩塌的黏土等地段。

砌石有单层（图 3-49）和双层（图 3-50）两种形式。方法有干砌或浆砌。可用结构物防护还可采用护面墙的形式，作为浆砌石铺层的覆盖物，多用于封闭各种软质岩层的挖方边坡，以防止严重风化；或设在破碎岩层上，防止碎落；也有设在较软的

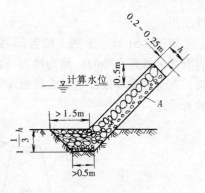

图 3-49　单层砌石
A—垫层（碎石或砾石，厚 10~15cm）

夹层面上的（如粉砂、细砂或坡积层），防止碎落成凹坑。这种方法比抹面等护坡措施要求更高，作用也更明显。但因只能承受自重作用，故需要被防护的边坡是稳定的。

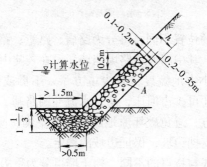

图 3-50　双层砌石
A—垫层（碎石或砾石，厚 10~15cm）

B. 挡土墙

路基支挡防护，可干砌石料或浆砌石料形成挡土墙等结构物，其中挡土墙结构类型多、适应性广。永久性的挡土墙，造价较高，应与路线位置移动、放缓边坡等措施结合，综合比较，选

择使用。

如图 3-51 所示是挡土墙各部名称示意图，靠回填土的一面为墙背，暴露在外的一侧为墙面（或称胸墙），墙的基底称为基脚，有时另设基础，基脚或基础外侧前缘部分称为墙趾，内侧外缘为墙踵。

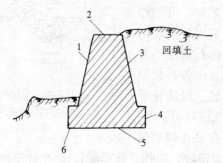

图 3-51 挡土墙各部分名称示意图
1—墙面；2—墙顶；3—墙背；4—墙踵；5—墙脚或基础；6—墙趾

按挡土墙的位置不同，可分为路肩、路堑、路堤和山坡式四种，见表 3-14。其中路肩或路堤挡墙，设在较陡山坡上，可保证填方稳定，缩小占地宽度，减少填方量，不拆或少拆原有建筑物；沿河路堤还可少占河床，防止水流冲刷路基。路堑或山坡挡墙，可减少挖方，避免破坏原地层的天然平衡，降低边坡高度，放缓边坡，并支挡边坡，保证边坡的稳定。

按构造形式与特点的不同，挡土墙可分为重力式、悬臂式和扶壁式等，其中以重力式运用比较普遍，它结构简单，施工方便，有利于就地取材；但砌体体积大，较重，要求地基有较高承载力，在使用上受到一定的限制。各种类型的挡土墙的主要特点与适用范围可参考表 3-15。

挡土墙顶的最小宽度，浆砌块（片）石为 0.4m，干砌时为 0.5m。路肩挡墙用混凝土或粗料石台帽时，台帽的厚度不宜小于 0.4m，顶部帽檐悬出的宽度为 0.1m。高度在 6.0m 以上的挡土墙，连续长度超过 20m 时，必须设护栏。挡土墙顶设护栏时，不得占用路肩宽度，保证护栏内侧与路面边缘之间具有规定的最小路肩宽度。

挡土墙的种类　　　　　　　表 3-14

名　称	示　意　图	适　用　范　围
路堑挡土墙	（示意图：墙顶、墙胸、墙背（俯斜）、墙踵、墙趾、墙底，角度 $+\alpha$、β）	1. 山坡陡峻，用以降低边坡高度，减少山坡开挖，避免破坏山体平衡； 2. 地质条件不良，用以支挡可能坍滑
山坡挡土墙	（示意图：覆盖层，坡比 $1:m$）	用以支挡山坡上有可能拥滑的覆盖层土体或破碎岩层（需要时可分设数道），并兼有拦石的作用
路肩挡土墙	（示意图：活载分布宽度 l_0、墙顶宽度 b、墙高 H、h_0、墙背（仰斜）、角度 α、墙底宽度 B）	1. 陡山坡上，为保证路堤稳定，收缩坡脚 2. 为避免干扰其他建筑物，如房屋、铁路、水渠等，或防止多占农田 3. 为防止沿河滨及水库路堤受水冲刷和淘刷
路堤挡土墙	（示意图：墙顶填土高度 h，坡比 $1:m$，$\alpha=0$，墙背（垂直））	1. 受地形限制或因与其他建筑物相干扰，必须约束坡脚时 2. 防止陡坡路堤下滑

115

挡土墙的特点及运用范围   表3-15

类型	特　点	结构示意图	适用范围
石砌重力式	1. 依靠墙身自重抵御土压力作用； 2. 形式简单，取材容易，施工简便	（墙顶、墙面、墙背、墙踵、墙缝、墙底）	产石料地区 墙高6m以下，地基良好，非地震的河滨。水库受水冲刷地区可采用石砌，其他情况宜采用浆砌
石砌衡重式	1. 利用衡重台上部填土的下压作用和全墙重心的后移，增加墙身稳定，节约断面尺寸； 2. 墙面陡直，下墙墙背仰斜，可降低墙高，减少基础开挖	（上墙、衡重台、下墙）	山区 地面横坡陡峻的路肩墙，也可用于路堑墙（兼有拦挡坠石作用）或路堤墙
钢筋混凝土悬臂式	1. 由立壁、墙趾板、墙踵板、三个悬臂梁组成，断面尺寸较小； 2. 墙高时，立壁下部的弯矩大，耗钢筋多，不经济	（立壁、墙趾板、钢筋墙踵板）	缺乏石料地区 一般高度的路肩墙，地基情况可较差
钢筋混凝土扶壁式	沿悬臂式墙的墙长，隔一定距离加一道扶壁，把立壁与墙踵板连接起来	（扶壁、墙面板、趾板、踵板）	在高墙时，较悬臂式经济，其余同悬臂式

续表

类型	特 点	结 构 示 意 图	适用范围
柱板式	1.由钢筋混凝土立柱、挡板底梁、底板、基座和钢筋拉杆组成,借底板上部土体的自重作用平衡全墙; 2.因板底位置升高,基础开挖量较悬臂式和扶壁式少; 3.构件轻便,可预制拼装,快速施工	(立柱、挡板、拉杆、底板、底梁、牛腿、基座)	高墙 适用于支挡土质路堑高边坡或处治边坡坍滑,也可用于路堤墙
锚杆式	1.由钢筋混凝土墙面(整体板壁或立柱及挡板)和锚杆组成,依靠锚固在岩层(或土层)内的锚杆的水平拉力承受土压力,维持全墙平衡; 2.属轻型结构,节省材料; 3.基底受力甚小,基础要求不高	(夯实填土、立柱、挡土板、碎石反滤层、砂岩风化层、浆砌片石、灌注水泥砂浆、拉杆、浆砌片石、砂岩、α)	石料缺乏或挖基困难地区 备有钻机、压浆泵等设备,较宜于路堑高墙,也可用于路肩墙
锚定板式	1.由钢筋混凝土墙面(立柱及挡板)、钢拉杆和锚定板组成,靠埋置在破裂面后稳定土层内的锚定板和拉杆拉住墙面,保持墙身稳定; 2.拼装简易,施工快; 3.结构轻便,柔性大	(破裂面、锚定板、挡土板、拉杆、立柱)	缺乏石料地区 高路肩墙或路堤墙,特别是地基不良时,不适用于路堑土墙

续表

类型	特点	结构示意图	适用范围
垛式	1. 用钢筋混凝土预制杆件纵横交错拼装成框架，内填土或石，借其自重抵御土体的推力； 2. 施工简便，迅速； 3. 允许地基产生一定的变形； 4. 损坏后，修复较易	（纵向杆件、横向杆件示意图）	缺乏石料地区 高路肩墙、路堤墙

4. 石质路基施工

由于岩石坚硬，石质路堑的开挖往往比较困难，这对路基的施工进度影响很大，尤其是工程量大而集中的山区石方路堑更是如此。因此，采用何种开挖方法以加快工程进度，是石质路基施工需要解决的重要问题。通常，应根据岩石的类别、风化程度、节理发育程度、施工条件及工程量大小等选择爆破法、松土法或破碎法进行开挖。

（1）石质路堑开挖

1）爆破法开挖

爆破法是利用炸药爆炸的能量将土石炸碎以利挖运或借助爆炸能量将土石移到预定位置。用这种方法开挖石质路堑具有工效高、速度快、劳动力消耗少、施工成本低等优点。对于岩质坚硬，不可能用人工或机械开挖的石质路堑，通常要采用爆破法开挖。爆破后用机械清方，是非常有效的路堑开挖方法。

根据炸药用量的多少，爆破法分为中小型爆破和大爆破，其中使用频率最高的是中小型爆破，大爆破的应用则受多种因素的限制。例如开挖山岭地带的石方路堑，若岩层不太破碎，路堑较深且路线通过突出的山嘴时，采用大爆破开挖可有效提高施工效率。但若路堑位于页岩、片岩、砂岩、砾岩等非整体性岩体时，则不应采用大爆破开挖。尤其是路堑位于岩石倾斜朝向路线且有夹砂层、黏土层的软弱地段及易坍塌的堆积层时，禁止采用大爆破开挖，以免对路基稳定性造成危害。

爆破对山体破坏较大，对周围环境也有较大影响，因此必须按有关施工规定和安全规程进行作业，严格按设计文件实施。通常应作试爆分析，结果作为指导施工的依据。

2）松土法开挖

松土法开挖是充分利用岩体的各种裂缝和结构面，先用推土机牵引松土器将岩体翻松，再用推土机或装载机与自卸汽车配合将翻松的岩块搬运到指定地点。松土法开挖避免了爆破作业的危险性，且有利于挖方边坡的稳定和附近建筑设施的安全。凡能用松土法开挖的石方路堑，应尽量不采用爆破法施工。随着大功率施工机械的使用，松土法愈来愈多地应用于石质路堑的开挖，而且开挖的效率也愈来愈高，能够用松土法施工的范围也不断扩大。

松土法开挖的效率与岩体破裂面情况及风化程度有关。岩体被破碎岩石分割成较大块体时，松开效率较高。当岩体已裂成小石块或呈粒状时，松土只能劈成沟槽，效率较低。砂岩、石灰岩、页岩等沉积岩有沉积层面，是比较容易松开的岩石，沉积层愈薄愈容易松开。片麻石、片岩、石英岩等变质岩，松开的难易程度要视其破裂面发育程度而定。花岗岩、玄武岩、安山岩等岩浆岩不呈层状或带状，松开比较困难。

多齿松土器适用于松动较破碎的薄层岩体。单齿松土器则适用于松动较坚硬的厚层岩体。松土器型号及松土间隔应根据岩石的强度、裂隙情况、推土机功率等选择，最好通过现场松土器劈松试验来确定。遇到较坚硬的岩石，松土器难以贯入，引起推土机后部翘起或履带打滑时，可用另一台推土机在松土器后面顶推。坚硬完整的岩石难于翻松，可进行适当的浅孔松动爆破，再进行松土作业。

3）破碎法开挖

破碎法开挖是利用破碎机凿碎岩块，然后进行挖运等作业。这种方法是将凿子安装在推土机或挖土机上，利用活塞的冲击作用使凿子产生冲击力以凿碎岩石，其破碎岩石的能力取决于活塞的大小。破碎法主要用于岩体裂缝较多、岩块体积小、抗压强度低于100MPa的岩石。由于开挖效率不高，只能用于前述两种方法不能使用的局部场合，作为爆破法和松土法的辅助作业方式。

以上三种开挖方法各有特点，应视施工条件合理选用。

(2) 填石路基的压实

填石路堤在压实之前，应用大型推土机摊铺平整。个别不平处应用人工配合以细石屑找平，无明显高差台阶才用压路机碾压，或使夯锤下坠到地面时，受力基本均匀，不致使夯锤倾倒。碾压应先压两侧后压中间，压实路线对于轮碾应纵向互相平行，反复碾压。压实路线对夯锤应成弧形，当夯实密实程度达到要求后，再向后移动一夯锤位置。行与行之间应重叠40~50cm，前后相邻区段应重叠1.0~1.5m。

填石路堤施工必须选用工作质量12t以上的重型振动压路机，其压实厚度可达1.0m。当缺乏重型振动压路机，只能采用重型静载光轮压路机或轮胎压路机压实时，应减少每层填筑厚度和石料粒径，其压实厚度和粒径应通过试验确定，但不应大于50cm。

我国现行《公路路基施工技术规范》(JTJ 033—1995)规定的压实标准为：在规定深度范围内，以12t以上振动压路机压实，当压实层顶面稳定，不再下沉(无轮迹)时，可判为达到密实状态。

(二) 底基层与基层施工

1. 基层材料

(1) 水泥

1) 水泥定义

水泥是一种粉末状的水硬性无机矿物质胶凝材料，它与水混合后，经过一系列的变化而凝结硬化，并能把其他散状材料，如石子、砂子等胶结成具有强度的整体。

市政上通用水泥主要有：硅酸盐水泥（波特兰水泥）和普通硅酸盐水泥（GB 175—1999）、矿渣硅酸盐水泥、火山灰质硅酸盐水泥和粉煤灰硅酸盐水泥（GB 1344—1999）在一些特殊工程中还使用快硬早强水泥、铝酸盐水泥、膨胀水泥等；水利工程中常用大坝水泥、低热微膨胀水泥、抗硫酸盐水泥等；装修工程中常用白色水泥和彩色水泥等。但硅酸盐水泥是最基本的。

A. 硅酸盐水泥。凡以硅酸盐水泥熟料、0～5%石灰石或粒化高炉矿渣、适量石膏磨细制成的水硬性胶凝材料，称为硅酸盐水泥。代号 P·Ⅰ或 P·Ⅱ。

B. 普通硅酸盐水泥。凡由硅酸盐水泥熟料、6%～10%混合料、适量石膏磨细制成的水硬性胶凝材料，称为普通硅酸盐水泥（简称普通水泥），代号 P·O。

C. 矿渣硅酸盐水泥。凡由硅酸盐水泥熟料和粒化高炉矿渣、适量石膏磨细制成的水硬性胶凝材料称为矿渣硅酸盐水泥（简称矿渣水泥），代号 P·S。

D. 火山灰质硅酸盐水泥。凡由硅酸盐水泥熟料和火山灰质混合料、适量石膏磨细制成的水硬性胶凝材料称为火山灰质硅酸盐水泥（简称火山灰水泥），代号 P·P。

E. 粉煤灰硅酸盐水泥。凡由硅酸盐水泥熟料和粉煤灰、适量石膏磨细制成的水硬性胶凝材料称为粉煤灰硅酸盐水泥（简称粉煤灰水泥），代号 P·F。

F. 复合硅酸盐水泥。凡由硅酸盐水泥熟料、两种或两种以上规定的混合料、适量石膏磨细制成的水硬性胶凝材料称为复合硅酸盐水泥（简称复合水泥），代号 P·C。

通用水泥系指符合 GB 175—1999、GB 1344—1999、GB 12958—1999 和 JC 600—2002 标准的各类水泥。其实物质量水平根据 3d 抗压强度、28d 抗压强度和终凝时间进行分等，通用水泥的实物质量见表 3-16。

通用水泥的实物质量表　　　　　　　　表 3-16

等级 项目	优等品		一等品		合格品
品种	硅酸盐水泥；普通硅酸水泥；复合硅酸盐水泥；石灰石硅酸盐水泥	矿渣硅酸盐水泥；火山灰质硅酸盐水泥；粉煤灰硅酸盐水泥	硅酸盐水泥；普通硅酸水泥；复合硅酸盐水泥；石灰石硅酸盐水泥	矿渣硅酸盐水泥；火山灰质硅酸盐水泥；粉煤灰硅酸盐水泥	通用水泥各品种
抗压强度（MPa） 3d 不小于 28d 不小于 不大于 终凝时间（h） 不大于	24.0 46.0 $1.1\bar{R}$ 6.30	21.0 46.0 $1.1\bar{R}$ 6.30	19.0 36.0 $1.1\bar{R}$ 6.30	16.0 36.0 $1.1\bar{R}$ 8.30	符合各品种通用水泥的技术要求

注：$\bar{R}$ 为同品种同强度等级水泥 28d 抗压强度上月平均值。至少以 20 个编号，可二个月或三个月合并计算。对于 62.5 级（含 62.5）以上水泥，28d 抗压强度不大于 $1.1\bar{R}$ 的要求不作规定。

水泥取样方法详见 GB 12573—90 的相关规定。

2）水泥按用途和性能分类，见表 3-17。

按用途和性能分类的表　　　　　　　　表 3-17

分类	品种
通用水泥	硅酸盐水泥、普通硅酸盐水泥、矿渣硅酸盐水泥、火山灰质硅酸盐水泥、粉煤灰硅酸盐水泥、复合硅酸盐水泥等
专用水泥	油井水泥、砌筑水泥、耐酸水泥、道路水泥等
特性水泥	白色硅酸盐水泥、快硬硅酸盐水泥、高铝水泥、硫铝酸盐水泥、抗硫酸盐水泥、膨胀水泥、自应力水泥等

3）水泥强度等级

按国家标准的规定，据水泥胶砂强度检验方法（ISO 法）测得 3d、28d 的抗折强度和抗压强度，将水泥划分为如下几个强度等级。（R 表示早强水泥）

A. 硅酸盐水泥强度等级分 42.5、42.5R、52.5、52.5R、62.5、62.5R。

B. 普通水泥、矿渣水泥、火山灰水泥、粉煤灰水泥、复合硅酸盐水泥等级分 32.5、32.5R、42.5、42.5R、52.5、52.5R。

4）水泥的品质指标

水泥的化学指标主要是控制水泥中有害的化学成分，当其超过了最大允许含量，即意味着对水泥性能和质量可能产生有害影响。

水泥的物理指标主要是控制水泥具有一定的物理力学性能，以满足水泥使用要求，保证工程质量。

（A）化学指标

氧化镁。氧化镁由于水化缓慢、体积膨胀，可使硬化后的水泥混凝土结构破坏。因此，在水泥品质标准中需要规定氧化镁的允许含量。

三氧化硫。三氧化硫主要由生产水泥时加入的石膏而来的，超量后，水泥性能会变坏甚至引起硬化后水泥混凝土体积膨胀，破坏结构。因此，在水泥中应规定三氧化硫的最大允许含量。

（B）物理指标

细度。细度是指水泥颗粒的粗细程度。控制其指标主要是保证水泥有良好的施工性能，保证有较好的和易性，不致泌水，并具有一定的早期强度，满足施工要求。

安定性。即水泥体积安定性，是指水泥在凝结过程中，体积变化的均匀性。其检验方法有雷氏法（标准法）和试饼法（代用法）。

标准稠度用水量。标准稠度用水量是指水泥净浆达到标准稠度时，所需的拌合水量（以占水泥重量的百分率表示）。由于水泥内加水的多少，对水泥的若干性质影响很大，故测定水泥性质时，必须在一个规定的稠度下进行，只有这样才有可比性。

凝结时间。凝结时间有初凝和终凝之分。水泥加水拌合成为水泥浆，经一定时间开始失去塑性，从水泥加水到开始失去塑性的时间，称为初凝时间。从水泥加水至水泥浆完全失去塑性的时间，称为终凝时间。（水泥凝结时间与温度高低、试件加水量多少及水泥外加剂成分和用量有关）

强度。水泥强度用 ISO 法检验，试件是由按质量计一份水泥、三份标准砂、用 0.5 的水灰比拌制的一组塑性胶砂。用 40mm×40mm×160mm 的棱柱试体进行水泥抗压强度和抗折强度测定（3d 和 28d）。

水化热。水泥的水化是放热反应，在凝结硬化过程中放出大量的热，称为水泥的水化热。一般地，水泥细度越细，水化作用越快，早期放热量较大。因此，水泥强度等级越高，其水化热量越大，放热速度也越快。对于大体积混凝土，由于水化热积聚在内部不易散发，常使内部温度上升到 50~60℃以上。

5）废品与不合格品

废品一般指氧化镁、三氧化硫、初凝时间、安定性中任一项不符合相应标准时，均为废品；

不合格品一般是指细度、终凝时间等中的任一项不符合相应标准规定或混合料掺加量超过最大限量和强度低于商品强度等级的指标时为不合格品。水泥包装标志中水泥品种、强度等级、生产者名称和出厂编号不全的也属于不合格品。

相应的规定、指标和控制方法按国家标准 GB 175—1999、GB 1344—1999、GB/T 1346—2001 和 GB/T 17671—1999 等具体执行。

（2）石灰

以一种或多种稍有或全无粘结性的松散材料为原材料例如土、砂、煤渣飞砂砾等，掺入一种或两种起稳定粘结作用的无机或有机结合料，经过加工而成为混合料，用于道路基层（包括基层、底层和垫层），称为稳定土类型基层。

石灰是以含碳酸钙（$CaCO_3$）为主要成分的石灰石、白云石等天然石灰质材料，在主窑或回转窑中经 1000~1100℃温度的煅烧、分解和排除二氧化碳后形成的，主要含有 CaO 的不同化学组成和物理形态的生石灰、消石灰、水硬性石灰的统称。

1）建筑生石灰

分类：按化学成分可分为钙质生石灰（氧化镁含量≤5%）和镁质生石灰（氧化镁含量＞5%）。

等级：建筑生灰分为优等品，一等品，合格品。

2）建筑生石灰粉

建筑生石灰粉是以建筑生石灰经研磨所得的建筑用的生石灰粉料。

分类和等级同建筑生石灰一样。

3）建筑消石灰粉

建筑消石灰粉是以建筑生石灰为原料，经水化和加工所制得的建筑抹面或砌筑用的粉状物料。按化学成分可分为钙质消石灰粉（氧化镁含量≤4%）、镁质消石灰粉（4%≤氧化镁含量＜24%）和白云石消生石灰（20%≤氧化镁含量＜30%），等级分优等品、一等品、合格品，其中优等品、一等品适用于饰面层和中间涂层；合格品用于砌筑。

石灰在使用前需加水使其消解为粉末状的消石灰（熟石灰），使之具有一定的塑性和粘结力。这一过程称为熟化。生石灰加水后体积膨胀，为原体积的1.5~3.5倍。由于加水量不同分别为粉状、膏状或浆状。

（A）加少量的水，恰足以完成其消解的化学反应，得到细粉状的干熟石灰；

（B）加入超过其反应所需的水，或用水拌合干熟石灰，而得到石灰膏；

（C）加入更多的水冲稀石灰膏而得到石灰浆（乳）。

工地上为了使生石灰完全熟化，石灰浆（乳）必须在坑中沉伏二个星期以上才可使用。

石灰技术指标应符合表3-18的规定。应尽量缩短石灰的存放时间。石灰在野外堆放时间较长时，应覆盖防潮。

2. 石灰稳定土

石灰稳定类基层，包括石灰土和石灰工业废渣，作为路面基层或底基层。石灰稳定土适用于各级公路的底基层，和二级以下公路的基层，但石灰土不得用做二级公路的基层和二级以下公路高级路面的基层。

石灰的技术指标 表 3-18

指标\项目		钙质生石灰			镁质生石灰			钙质消石灰			镁质消石灰		
		\multicolumn{12}{c}{等级}											
		Ⅰ	Ⅱ	Ⅲ	Ⅰ	Ⅱ	Ⅲ	Ⅰ	Ⅱ	Ⅲ	Ⅰ	Ⅱ	Ⅲ
有效钙加氧化镁含量（%）		≥85	≥80	≥70	≥80	≥75	≥65	≥65	≥60	≥55	≥60	≥55	≥50
未消化残渣含量（5mm圆孔筛的筛余,%）		≤7	≤11	≤17	≤10	≤14	≤20						
含水量（%）								≤4	≤4	≤4	≤4	≤4	≤4
细度	0.71mm 方孔筛的筛余（%）							0	≤1	≤1	0	≤1	≤1
	0.125mm 方孔筛的筛余（%）							≤13	≤20	—	≤13	≤20	—
钙镁石灰的分类界限，氧化镁含量（%）		\multicolumn{3}{c}{≤5}			\multicolumn{3}{c}{>5}			\multicolumn{3}{c}{≤4}			\multicolumn{3}{c}{>5}		

注：硅、铝、镁氧化物含量之和大于5%的生石灰，有效钙加氧化镁含量指标，Ⅰ等≥75%，Ⅱ等≥70%，Ⅲ等≥60%；未消化残渣含量指标与镁质生石灰指标相同。

石灰剂量以石灰质量占全部粗细土颗粒干质量的百分率表示，即

石灰剂量 = 石灰质量/干土质量。

各级公路用石灰稳定土的7d浸水抗压强度应符合表3-19的规定。

石灰稳定土的抗压强度标准 表 3-19

层位\公路等级	二级和二级以下公路	高速公路和一级公路
基层（MPa）	≥0.8	—
底基层（MPa）	0.5~0.7	≥0.8

注：① 在低塑性土（塑性指数小于7）地区，石灰稳定砂砾土和碎石土的7d浸水压强度应大于0.5MPa（100g平衡锥测液限）；
② 低限用于塑性指数小于7的黏性土，且低限值宜仅用于二级以下公路。高限用于塑性指数大于7的黏性土。

1) 混合料配合比设计

混合料配合比设计要根据工程供料情况，通过试验选择和确定出既符合规定的强度标准，又经济适用的混合料配比——组成混合料所需各种材料之间的比例关系。

第一，应在所选定的料场，取有代表性的样品，对原材料进行规定项目的试验，如果发现粒料的级配不好，应外加其他粒径材料改善。

第二，初步选定混合料的结合料剂量及其他材料用量、制备试件，进行击实试验。击实试验至少做三个不同石灰剂量，即最小、中间和最大剂量、以确定混合料的最优含水量和最大干密度，当缺乏资料时，混合料配合比可按表3-20的建议范围值初步确定。

石灰稳定混合料配合比初选建议范围值表　　　　表 3-20

类别	用于层位	被稳定材料	石灰剂量（%）	石灰比粉煤灰	石灰粉煤灰比粒料	石灰煤渣比粒料	石灰比煤渣	石灰比煤渣比细粒料
石灰类	基层底基层	砾石土和碎石	3~7					
		塑性指数大于12砂性土	10~16					
		粉性土和黏性土	6~14					
		砂性土	8~14					
		粉性土和黏性土	5~11					
石灰工业废渣类	底基层或基层	高钙粉煤灰		1:3				
		一般粉煤灰和土		1:2~1:4	1:2~1:9			
		粉煤灰与级配粒料		1:2~1:4	1:4~1:6			
		煤渣					1:4~1:6	
		煤渣和土	>10			1:1~1:4	1:1~1:4	
		煤渣和粒料						(7~9):(26~33):(67~58)

第三，根据初定配合比并按最佳含水量和最大干压密度制备强度试验的试件，作为平行试验的试件数量，按表3-21取定，如果试验结果偏差值大于表中的规定值，则重做试验。

最少的试验数量　　　　　　　　　表3-21

稳定土类型	下列偏差系数时的试验数量		
	小于10%	10%~15%	小于20%
细粒土	6	—	—
中粒土	6	9	—
粗粒土	—	9	13

第四，不同交通类别的道路，对石灰稳定各种混合料用于不同层位的7d浸水（饱水）抗压强度（MPa），其标准值见表3-22的规定。

根据标准强度规定值，确定合适的石灰剂量，制备试件，其结果的平均抗压强度 $\overline{R}$ 应满足下列公式的要求：

$$\overline{R} \geq R_d/(1 - Z_a C_v) \tag{3-3}$$

式中　R_d——表3-22中所示相应的抗压强度或设计抗压强度（MPa）；

　　　C_v——试验结果的偏差系数，以小数计；

　　　Z_a——标准正态分布表中随保证率而变的系数。重交通：Z_a = 1.645，其他道路：Z_a = 1.282。

在实际施工中，石灰剂量高于室内试验剂量的0.5%~1%，在稳定细粒土时，尤有必要。

石灰稳定细粒土的强度标准（MPa）　　表3-22

层位 \ 道路等级	其他道路	城市快速路、主干道（高速公路、一级公路）
基层	≥0.8	—
底基层	0.5~0.7	≥0.8

2）施工

石灰稳定土和稳定工业废渣路拌法施工的工艺流程图如图3-52所示。

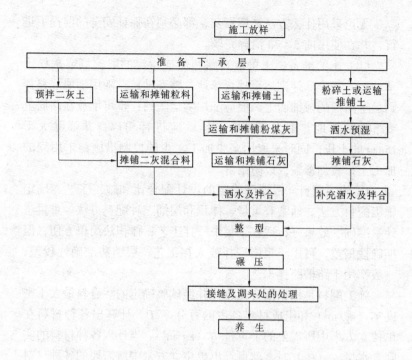

图3-52 石灰稳定土和稳定工业废渣工艺流程图（路拌法施工）

A. 施工放样。在符合质量标准并经验收的下承层上，恢复中线桩和边桩。直线段每20~25m设一桩，平曲线段每10~15m设一桩。在边桩上标记石灰稳定基层的设计高程。

B. 准备下承层。下承层是指位于拟施工石灰稳定层的下层。它可能是土基或底基层，也可能是原有路面。新建的土基或底基层，应符合质量标准并经验收合格，方可摊铺石灰稳定层。

C. 材料准备按质量和需要量的要求，结合选定的施工方法，备妥各种材料。

（A）石灰的准备。常用的是水解方法粉碎生石灰即消解石灰。消解石灰用水量应严格控制，每吨生石灰约需水600~800kg。充分消解的石灰应为粉状，含水量均匀一致，一般在35%左右，且没有残存的未消解彻底的灰块。

无论采用什么方法消解石灰，都必须在保证安全的前提下进行，并在使用前 5~7d 消解完毕。

（B）土的准备。土可取自路两侧或指定的取土场或翻松土基的土。集中厂拌则运至拌合场地，整齐堆放，随用随取。路拌则运至路槽的摊铺面上，但应随用随运随铺；也可堆放在路肩上或路两侧空地。用人工拌合的土，应进行粉碎，并筛除大于 15mm 的土块，同时采取用多少加工多少的控制措施；未用完的加工土，应加覆盖，以防雨淋。

D. 施工配料。根据已确定的设计配合比和施工工艺，确定施工配料方法。通常有重量、体积和层铺三种配料方法。重量法计量准确、效果好，适宜于集中厂拌工艺；体积法简单方便，但准确性稍差，可用于集中厂拌或人拌工艺；层铺法准确性较差，一般都用于路槽路拌工艺。

施工配料是根据配合比设计并经试验确定的混合料最大干密度 G（kg/m^3）和组成材料各占的百分率 P，计算出各种材料在单位立方米中所需要的干重量 N（kg/m^3）。当计入各种材料的实际含水量 ω（%）时，就可算出单位立方米中所需要的各种材料的湿重量 N'（kg/m^3）。因而就可以依此进行施工配料的具体计算。

E. 混合料拌合及摊铺

混合料拌合有集中厂拌合路拌两种模式。前者是采取场地拌合运至路段摊铺；后者是采取就地拌合就地摊铺。当采用路拌法施工模式时，其程序如下：

（A）碎土与运铺土。土有就地取土和外来土两种来源。

就地取土时常用松土机、推土机或装有坚齿的平地机等，按预定深度进行松土作业，用打土机、灰土拌合机等，将松土粉碎，并用平地机或人工予以整平。

采用外来土时应根据层铺法计算所得的松铺厚度、铺筑宽度和长度以及运输车的装载容量（松方）等资料，计算出每车卸料位置的间距和需要车数，并设法使同类车辆的装载大致相等，以减少转运。

(B) 洒水预湿水及闷料。当已铺土层含水量偏低或太低时，应用洒水车或其他方式洒水润湿，使土的含水量接近或低于最优含水量。为使土层全面润透，且不形成溃水和不留空白，洒水时宜均匀、满布和轻洒，必要时还应补洒。洒水后，还需闷料12h。

(C) 运铺石灰。铺石灰前应将已铺的土层或其他材料层，用6~8t两轮压路机碾压1~2遍，使其表面平整密实，并根据有关资料，计算出装运石灰车辆卸料位置的准确间距，同时测放方格网并设置石灰层松铺厚度的标记。铺灰后，依松铺厚度标记用木刮板将灰均匀地刮平，并每隔40m左右检查松厚是否符合要求，从而进行补灰或再次刮平。

(D) 拌合与加水。材料配齐，依次铺妥，经检查确认配料计量符合要求，即可进行拌合作业。拌合均匀彻底是保证质量的第二道关键工序，由于拌合时，使用机具不同其作业方式也不一样。其基本方式，可按下述程序，进行作业：

A) 当用犁作业时，宜选用深耕的犁配以平地机。犁在前，平地机在后。先进行混合料干拌，第一遍从路中开始，将混合料向路中翻，平地机速度宜慢，犁耕不宜太深，以略大于厚度的1/2为宜。第二遍则从路两侧开始，将混合料向两边翻，依此循环2~3次（即拌合4~6遍）。为防止拌合超深或不彻底，每拌合一遍应随时调整犁耕深度。

干拌完毕，应及时测量混合料的含水量，及时增加水量。在多风干燥季节，还应考虑水分蒸发的水，因而应适当加大增加量。加水宜采用喷洒方式，可一次加足，亦可分次进行。加水后，再湿拌数遍，直到均匀为止。

B) 当用稳定土拌合机进行作业时，如果混合料含水量适当，可直接进行拌合作业；如果偏低，则应先用犁翻起土层1/2虚厚，使石灰恰好翻扣在土层中间后，方可喷洒要求达到含水量的水，再用犁将土自路边向路中翻动一遍。

用稳定土拌合机,一般只需要拌合2~3遍,即可达到均匀要求,第一遍拌合机叶片宜比下承层顶面高3~5cm,以后则全深拌合。拌合宽度宜比摊铺层每边各宽30~50cm。机械每行驶拌合一个行程,应与前次行程重叠25cm宽度,以防漏拌。

C) 拌合临近结束时,经常会出现混合料下层含水量适当、表面不足的情况。此时,宜普遍洒水润湿表面,在多风干燥季节施工,此举尤显重要。

D) 凡机械拌合操作不到之处,应采用小型机械或人工作业。拌合达到要求的目测标准是:色泽一致、无灰条、灰(土)团和花面,且含水量适当均匀。拌合后,应每隔28~50m挖坑检查拌合质量,每断面应检查3~5个点。在任何情况下都不应用推土机拌合石灰土和二灰土。

F. 整型。将检查合格的摊铺层包括拌合宽度和厚度,按路拱和高程要求,将混合料整平成型,称为整型。整型分为初整和精整两步。

(A) 初整。在初整之前应测放好边线、中线和高程桩。路面宽在9m以内,每个横断面应有路拱高程桩3个,路宽15m应有5个;路宽大于17m时,至少应有7个,以免出现偏拱现象。初整,采用平地机进行作业;在直线段,平地机从路面侧开始刮平;在曲线段,以曲线内侧开始刮平,一般往返行驶一次,即可达到初平要求,随后用6~8t两轮或轮胎压路机快速碾压1~2遍,使其充分暴露潜在的不平整位置。每次整平,都应按规定横坡和路拱进行,严禁采取贴补方式,填补低洼位置。

(B) 精整。应在路拱不偏和横坡适当的前提下进行。认真调整好平地机刀架和刀片的高度和倾斜度,遵守"只刮不补"的规定进行操作。

当采用人工整型时,可用铁锹将混合料摊平,再用路拱板初步刮平后,用推土机或轻型压路机碾压1~2遍。但须实测压实系数确定松铺厚度,确定纵横断面标高,设桩挂线。

G. 碾压。整型结束后,当混合料处于最优含水量±1%时,宜用重型轮胎或12t以上的三轮压路机，在摊铺段的全幅上进行碾压。直线段，从两侧开始向路中行驶；曲线段，从内侧开始向外侧行驶。主轮重叠1/2轮宽，压路机行驶应超过两个摊铺段的接合面，主轮将摊铺宽度全面压完，即为碾压一遍，直至达到要求压实度为止。一般需碾压4~6遍，头两遍机行速度宜慢，一般采用1档行驶；后几遍可稍快，但不宜超过2.0~2.5km/h，碾压时路两侧应多碾压1~2遍，若为培土路肩，必须与混合料一并碾压。

在碾压过程中，混合料表面应始终保持湿润状态，若表面出现干燥起皮，则应及时适当补充水量，发现回弹、松散等现象，应立即翻挖，查找原因，进行处理。

H. 接缝与"调头"位置的处理。在正常情况下，应该采取全幅铺筑施工，应不留或少留纵向接缝。在碾压过程中，压实机具亦不应在摊铺段上停置、刹车、换档前进或倒退和调头。

横缝处理办法：一是将已铺压实成型段与现铺段相接处挖松1~2m长度，并与现铺段一并拌合及碾压；二是将已铺段留5~8m不碾压，与现铺段施工时一并拌合及碾压，这个办法只在连续施工时采用。纵横处理可参照横缝处理办法进行，但挖松或预留不碾压范围不应小于50cm。

I. 养生。一般情况养生时间7d即可，养生期内务必保持表面始终处于湿润状态。养生方法可采用洒水、覆盖砂或低塑土。在养生期内，除施工车辆如洒水车等以外，应严禁其他车辆和机具特别是履带车驶入，更不能开放交通。有条件时，在保持表面湿润的前提下，立即进行上层的施工，这样可不需养护期，或在养生期结束后，立即进行上层施工，这样可避免损坏。

J. 混合料拌合的其他方法。混合料拌制除路拌法外，尚有集中厂拌及沿路拌制等方法，它们的施工工艺如备料、配料、碾压和养生等都相同，要求也一样，仅仅只有拌合方法稍有差异。

(A) 集中厂拌法。将混合料需要的各种材料如质如量的运到场地集中，进行必要的加工。如土的粉碎，再将拌合好的混合料运到路段进行摊铺、整型、碾压及养生。集中厂拌法拌合时用水量应多于路拌法，以弥补运输时的水分损失（蒸发）。

(B) 沿途路拌法随着摊铺向前推进，在沿途选择合适的空旷场地，作为集中拌合地，称为沿途拌法或分散性集中拌合法。这种分散性的集中拌合，不宜采用拌合机拌合，否则将增大临时设施费用，只适于采用人工拌合工艺。

A) 筛拌。将各种材料按层铺法配料方法形成一长条地垄，用人工将地垄料铲入孔径为20mm的筛中，进行筛拌。筛中土块则应随时打碎过筛。筛后，加水翻拌，直至均匀为止。

B) 翻拌。按层铺法配料形成长地垄，成对的操作工人立于垄的两边，持锹进行接龙式的翻拌，干拌1~2遍，加水再湿拌不少于2~3遍，直至拌合均匀为止。也可按体积法配料，将材料铺放在薄钢板上，进行一盘一盘的人工干拌和湿拌。

筛拌或翻拌完毕的混合料，应集中堆置，并闷料一夜待次日使用，并使水分能充分地均匀润透。

C) 非路拌法的混合料摊铺。应根据试验确定松铺系数，以便决定松铺厚度。松散系数亦称压实系数，它是混合料的干松密度与干压密实度的比值。松铺厚度＝压实厚度×松铺系数。当采用人工摊铺时，其松铺系数可参考表3-23取用。

石灰稳定混合料松铺系数参考表　　　　表3-23

材料名称	松铺系数	备　　　注
石灰土	1.53~1.58	现场摊铺土和石灰，机械拌合，人工摊铺
	1.65~1.70	路外集中拌合，运到现场摊铺
石灰土砂砾	1.52~1.53	路外集中拌合，运到现场摊铺

3. 石灰粉煤灰类基层

(1) 材料

1) 煤渣

煤渣是煤经燃烧后的残渣，是低活性的火山灰质材料。颗粒疏松多孔，主要化学式为SiO_2和Al_2O_3。路用煤渣宜选用不含杂质，兼有粗细颗粒的统称煤渣。

煤渣与石灰及其他材料，按适当的比例、最佳的含水量、合适的工艺过程拌合均匀而成的混合料，称为煤渣石灰类混合料。煤渣石灰类混合料是一种缓凝的硅酸盐材料，用它铺筑的道路基层将会结成整体。在一定温度、湿度下其强度随着龄期增长而增加，具有较好的板体性、水稳定性和一定的水冻稳定性与隔温性能。但早期强度较低，耐磨性差，并且会发生一定程度的收缩裂缝。

2) 粉煤灰

粉煤灰是发电厂燃烧磨细的煤粉所排放的废灰，一般呈灰色或浅灰色的粉状颗粒，是一种低活性火山灰质材料。在微分散状态和潮湿条件下，它能与石灰或水泥发生反应而生成胶凝性的产物，使材料具有较高的强度。

粉煤灰与石灰及其他材料按适当的比例、最佳的含水量、合适的工艺过程拌合而成的混合料，称为粉煤灰石灰类混合料。在该类混合料中掺入材料，则称为含有该种材料的粉煤灰混合料。如掺入土、碎石等材料时，则该混合料分别称为粉煤灰石灰土、粉煤灰石灰碎石等。

粉煤灰石灰类混合料也是一种缓凝性硅酸盐材料，用它铺筑的道路基层将会结成整体。在一定温度、湿度下其强度随着龄期的增长而增加。结硬后具有较好的板体性，水稳定性和一定的冰冻稳定性与隔温性能。但早期强度较低，耐磨性差，并且会发生一定程度的收缩裂缝，二灰混合料抗压强度标准见表3.24。

高强度等级的水泥制备低强度等级的混凝土或砂浆时，由于水泥用量少其和易性差，造成施工困难，可掺入一定数量的粉煤灰，改善和易性以利于操作。

二灰混合料抗压强度标准（MPa）　　　表 3-24

公路等级 用于层位	一级、高速公路 （城市快速道路）	其他公路 （其他城市路）
基层	>0.80	>0.60
底基层	>0.60	>0.5

(2) 施工工艺

1) 路拌法施工工艺

石灰粉煤灰的路拌法施工工艺流程如图3-53所示。

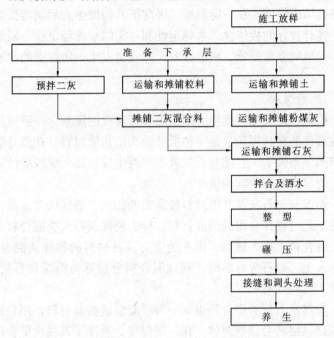

图3-53 石灰工业废渣工艺流程图（路拌法施工）

A. 施工准备

(A) 准备下承层。对下承层总的要求是：平整、坚实，具有规定的路拱，没有任何松散的材料和软弱地点。对底基层或土基，应按规范规定进行验收。凡验收不合格的路段，必须采取措施，使其达到标准后，方能在其上铺筑石灰粉煤灰。

(B) 测量。主要内容是在底基层或土基上恢复中线。

直线段每15～20m设一桩，平曲线段10m设一桩，并在两侧边缘外0.3～0.5m设指示桩，然后进行水平测量。在两侧指示桩上用红漆标出石灰粉煤灰混合料边缘的设计高程。

(C) 备料。备料包括：粉煤灰、土或粒料、石灰及其他材料。

B. 运输和摊铺骨料

预定堆料的下承层在堆料前应先洒水，使其表面湿润。料堆每隔一定距离应留一缺口，材料在下承层上的堆置时间不应过长。采用二灰混合料时，先将粉煤灰运到路上；采用二灰土时，先将土运到路上；采用二灰粒料时，先将粒料运到路上。在同一料场供料的路段内，卸料距离应严格掌握，避免料不够或过多。采用机械路拌时，应采用层铺法，即将先运到路上的材料摊铺均匀后，再往路上运送第二种材料，将第二种材料摊铺均匀后，再往路上运送第三种材料。

堆料摊铺前应事先通过试验确定各种材料及混合料的松铺系数，并在未堆料的下承层上洒水，使其表面湿润，然后再用平地机或其他合适的机具将料均匀地摊铺在预定的宽度上。表面应力求平整，并具有规定的路拱。第一种材料摊铺均匀后，宜先用两轮压路机碾压1~2遍，然后再运送并摊铺第二种材料。在第二种材料层上，也应先用两轮压路机碾压1~2遍，然后再运送并摊铺第三种材料。

C. 拌合及洒水

（A）机械拌合时，应采用稳定土拌合机或粉碎拌合机。在无专用拌合机械的情况下，也可采用平地机或多铧犁与旋转耕作机或缺口圆盘配合进行拌合。采用专用拌合机时，干拌一遍；采用其他机械时，干拌2~4遍。具体拌合方法是：

A）用稳定土拌合机拌合两遍以上。拌合深度应直到稳定层底。应设专人跟随拌合机，随时检查拌合深度，严禁在底部留有"素土"夹层，也应防止过多破坏（以1cm左右为宜）下承层的表面，以免影响结合料的剂量以及底部的压实。在进行最后一遍拌合之前，必要时先用多铧犁紧贴底面翻拌一遍。直接铺在土基上的拌合层也应避免"素土"夹层。

B）在没有专用机械的情况下，如为二灰稳定中粒土和细粒土，也可用旋转耕作机与多铧犁或平地机相配合拌合4遍。先用旋转耕作机拌合，后跟多铧犁或平地机将底部"素土"翻起，再用旋转耕作机拌合第 2 遍，用多铧犁或平地机将底部料再翻起。随时检查、调整翻犁的深度，使稳定土层全部翻透。严禁在稳定土层和下承层之间残留一层"素土"，也应防止翻犁过深，过多破坏下承层的表面。

C) 在没有专用拌合机械的情况下，也可以用缺口圆盘耙与多铧犁或平地机相配合，拌合二灰稳定中粒土和粗粒土（但其拌合效果较差）。用平地机或多铧犁在前面翻拌，用圆盘耙跟在后面拌合，即采用边翻边耙的方法。圆盘耙的速度应尽量快，使二灰与骨料拌合均匀，共拌合四遍。开始的两遍不应翻犁到底，以防二灰落到底部；后面的两遍；应翻犁到底，随时拌合，调整翻犁的深度，使稳定土层全部翻透。

(B) 用洒水车将水均匀地喷洒在干拌后的混合料上，洒水距离应长些，洒水车起洒处和掉头处都应超出拌合段 2m 以上。洒水车不应在正进行拌合的以及当天计划拌合的路段上调头和停留，防止局部水量过大。

(C) 拌合机械紧跟在洒水车后面进行拌合。洒水及拌合过程中，应及时检查混合料的含水量。水分宜略大于最佳含水量的 $1\% \sim 2\%$，尤其在纵坡大的路段上应配合紧密，以减少水分流失。拌合过程中，要及时检查拌合深度，要使石灰粉煤灰混合料层全深都拌合均匀。拌合完成的标志是：混合料色泽一致，没有灰条、灰团、花面，没有粗细颗粒"窝"，且水分合适和均匀。对于二灰粒料，应先将石灰和粉煤灰拌合均匀，然后均匀地摊铺在粒料层上，再一起进行拌合。

D. 整形与碾压

(A) 整形。混合料拌合均匀后，先用平地机初步整平和整形。在直线段，平地机由两侧向路中心进行刮平。在平曲线段，平地机由内侧向外侧进行刮平。需要时，再返回刮一遍。用轻型压路机快速碾压 $1 \sim 2$ 遍，以暴露潜在的不平整。再用平地机进行整形，并用轻型压路机再碾压一遍。

初步整形后，检查混合料的松铺厚度，必要时应进行补料或减料。二灰土的松铺系数约为1.5~1.7，二灰粒料的松铺系数约为1.3~1.5，人工摊铺石灰煤渣（土）的松铺系数为1.6~1.8、石灰煤渣粒料为1.4；用机械拌合及机械整形时，松铺系数为1.2~1.4。

(B) 碾压。整形后，当混合料处于最佳含水量±1%时，用12t以上三轮压路机、重型轮胎压路机或振动压路机在路基全宽内进行碾压。直线段由两侧路肩向路中心碾压，平曲线段由内侧路肩向外侧路肩进行碾压。碾压时，后轮应重叠1/2的轮宽；后轮必须超过两段的接缝。后轮压完路面全宽时，即为一遍。碾压到要求的密实度为止。一般需碾压6~8遍，压路机的碾压速度，头两遍以采用1.5~1.7km/h为宜，以后用2.0~2.5km/h。在道路两侧，应多压2~3遍。

用12~15t轮压路机碾压时，每层的压实厚度不应超过15cm；用18~20t轮压路机碾压时，每层的压实厚度不应超过20cm。对于二灰粒料，采用能量大的振动压路机碾压时，或对于二灰土，采用振动羊足碾与三轮压路机配合碾压时，每层的压实厚度可根据试验适当增加。压实厚度超过上述要求时，应分层铺筑，每层的最小压实厚度为10cm，下层宜稍厚。

碾压过程中，二灰稳定土的表面应始终保持湿润。如表面水蒸发得快，应及时补洒少量的水。如有弹簧、松散、起皮等现象，应重新拌合，或用其他方法处理，使其达到质量要求。

在碾压结束之前，用平地机再终平一次，使其纵向平顺，路拱和超高符合设计要求。终平应仔细进行，必须将局部高出部分刮除并扫出路外，对于局部低洼之处，不再进行找补，留待铺筑面层时处理。

E. 其他

(A) 接缝和调头处的处理

A) 横缝。两工作段的搭接部分，应采用对接形式。前一段拌合整平后，留5~8m不进行碾压，后一段施工时，将前段留下未压部分,一起再进行拌合。如第二天接着向前施工,则当天最后一段的末端缝可按此法处理。如第二天不接着向前施工,则当天最后一段的工作缝应按下述方法处理:

在石灰工业废渣拌合结束后,在预定长度的末端,挖一条横贯全宽的槽,槽内放两根与压实厚度等厚的方木(两根方木加在一起的长度等于铺筑层的宽度),方木的另一侧用素土回填,然后进行整形和碾压。

继续往前施工时,紧接的作业段拌合结束后,除去顶木,用混合料回填。靠近顶木未能拌合的一小段,应人工进行补充拌合。

B) 纵缝。石灰粉煤灰层的施工应该避免纵向接缝,在必须分两幅施工时,纵缝必须垂直相接,其处理方法与石灰稳定土相同。

拌合机械及其他机械不宜在已压成的石灰工业废渣层上调头。如须在上进行调头,应采取措施(如覆盖10cm厚的砂或砂砾),保护调头部分的表层不受破坏。

(B) 路缘处理

如石灰粉煤灰层上为薄沥青路面,基层每边应较面层宽20cm以上。在基层全宽上喷洒透层沥青或设下封层。最好是满铺沥青面层,也可将沥青面层边缘以三角形向路肩抛出6~10m。如设置路缘砖(块、卧石、站石等)时,必须注意防止它们阻滞路面表面水和结构层中水的排除。

(C) 养生及交通管理

A) 石灰粉煤灰层碾压完成后的第二天或第二天开始养生。通常采用洒水养生法,每天洒水的次数视气候条件而定,应始终保持表面潮湿或湿润,养生期一般为7d,也可借用透层沥青或下封层进行养生。

B) 在养生期间,除洒水车外,应封闭交通。

C) 养生期结束,应立即铺筑面层或做下封层。其要求与石灰稳定土相同。

D) 石灰粉煤灰分层施工时,下层碾压完毕后,可立即在上铺筑另一层,无需养生。

2）中心站集中拌合（厂拌）法施工

石灰粉煤灰混合料可以在中心站用多种机械进行集中拌合，如强制式拌合机、双转轴浆叶式拌合机等。

石灰粉煤灰混合料的集中拌合流程如图3-54所示。

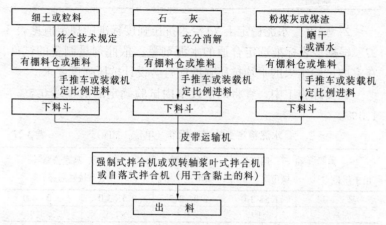

图3-54 石灰粉煤灰混合料集中拌合工艺流程

4．水泥稳定类的基层施工

水泥稳定的混合料基层，包括水泥土和水泥稳定其他材料，作为路面基层或底基层。

（1）混合料配合比设计

水泥土配比设计的程序、内容、试验及计量方法与石灰土配比设计完全相同，其差异仅是标准不一样。

1）水泥稳定混合料可参照表3-25选定水泥剂量，并应满足表3-26的要求。

水泥稳定混合料的水泥剂量参考值表　　　　表3-25

土　类	用于基层（%）	用于底基层（%）
中粒土、粗粒土	3、4、5、6、7	2、3、4、5、6
砂　土	6、8、9、10、12	4、5、6、7、8
其他细粒土	8、10、12、14、16	6、8、9、10、12

水泥最小剂量表　　　　　　　表 3-26

拌合方法 土类	用于基层（%）	用于底基层（%）
中粒土、粗粒土	3	2
细粒土	5	3

2）强度　水泥稳定土 7d 浸水抗压强度标准的规定值见表 3-27。根据该表标准选定合适的水泥剂量，依此剂量制备的试件，在室内试验结果的平均抗压强度应符合设计抗压强度要求。

在实际施工中，宜将剂量较室内试验确定的剂量多 0.5%~1.0%。

水泥稳定土的强度标准（单位：MPa）　　表 3-27

公路等级 用于层位	三、四级公路 （城市次、支路）	二级公路 （城市主干路）	一级、高速公路 （城市快速道路）	
基　层	1.5~2.0	2.0~2.5	2.5~3.0	3.0~4.0
底基层	>1.0	>1.3	>1.5	>1.5

（2）施工

图 3-55 是水泥稳定混合料路拌法施工工艺流程图。

施工准备 → 下承层准备 → 粉碎土或运送摊铺混合料 → 摊铺水泥 → 干拌 → 加水并湿拌 → 整形 → 碾压 → 接缝和调头处的处理 → 养生

图 3-55　水泥稳定混合料路拌法施工工艺流程图

水泥稳定混合料的路拌法施工，从施工放样到养生整个工艺流程以及使用的机具与操作方法等，与石灰稳定混合料的路拌法施工，大同小异。

无论采用哪种施工配料方法，都应严格控制水泥剂量以及准确计取到其他材料的用量，当采取层铺法配料时，铺水泥的底层表面，应精心整平并用 6~8t 两轮压路机碾压 1~2 遍，使底层表面平整密实，方可摊铺水泥。水泥是按每袋 50kg 铺筑的面积，进行配料，其混合料每平方米面积需要的水泥量 N_0（kg/m²）= $G\rho_0 h$，则每袋水泥（50kg）可铺面积 A（m²）= $50/N_0$，其中 h

表示混合料基层压实厚度（以米计），G 表示混合料最大干密度（以 kg/m^3 计），ρ_0 表示水泥剂量，以小数计。

摊铺拌合的混合料，事前应通过试验确定松铺或压实系数，按松铺厚度运料、卸料和摊铺。采用路拌法施工的骨料摊铺，必须准确计算混合料中各种骨料的松铺厚度并严格实施和检查。

骨料摊铺后应洒水闷料，细粒土闷料时间需 12h，中、粗粒土一般是 1~2h。闷料结束后，即先划定一袋水泥摊铺面积的方格网，再摊铺一袋水泥，用刮板均匀地刮平并覆盖网格面积。当日不能完成碾压成型的路段，不可置放水泥，更不能拆袋摊铺。

干拌结束后应立即测定含水量，以确定加水量。湿拌时加水与拌合应同时进行，并随时快速测定含水量，细粒含水量不宜大于最优含水量的 1%~2%，中、粗粒土不宜大于 0.5%~1%。在湿拌过程中，应配以人工，随时检出超尺寸的颗料，消除和处理粗细骨料过分集中的"窝"以及过分潮湿或干燥的混合料。

完成碾压并经检验合格的路段，应立即开始养生，养生期通常不少于 7d。在养生期内，覆盖物必须始终保持潮湿状态，可采取覆盖湿砂（厚 7~10cm）、湿麻袋、湿草等。如果有条件，并结合工程需要，也可采用喷洒透层油养生。在养生期内，不得开放交通。

（3）施工组织与作业长度的确定

混合料中一旦加入水泥开始拌合，就受到水泥终凝时间的制约，这要求施工单位须根据自己的装备能力、材料储运以及其他技术条件等，确定一次施工的长度。

1）水泥稳定混合料施工必须采用流水作业法，各工序应紧密衔接，并有应变的措施，尽量缩短从拌合到碾压之间的作业时间。

2）施工前，应进行水泥终凝时间试验，作为控制施工时间的依据。

3）确定合适的作业段长度，通常合适的作业长度以 100m 为宜。

(4) 接缝与"调头"位置的处理

由于水泥有终凝时间的限制，处理则分为：

1) 终凝前的处理对于接缝，可将先铺段预留 5~8m 长度的混合料不碾压，等到后段施工时，加入适量水泥重新拌合并铺平，与后段一并碾压。对于"调头"损坏的处理，可将损坏处挖松 5~10cm，加入适量水泥重新拌合、摊平并压实。

2) 终凝后的处理应遵守下列规定：

(A) 将完成段末端 30cm 的混合料垂直约挖至下承层顶面。

(B) 用两根方木，宽度约 30cm，长度之和等于稳定层的宽度，厚度与稳定层压实厚度相等，紧贴被挖混合料垂直面置放，并用道钉将方木固定。

(C) 待后铺段湿拌作业结束后，将方木取出，所留末铺小段，用适量增加水泥的混合料经人工拌合与填入，填入的混合料应高出完成段 5cm。

(D) 当机械需在已完成段内调头应采取保护措施。通常在预计调头处，用塑料布或油毡覆盖 5~8m 长，再于其上铺 10cm 的土、砂或砂砾。

(E) 接缝处的回填料与后铺段混合料一并压实，然后用人工将接缝修整平。

5. 级配碎石（砂砾）类基层

(1) 材料

1) 石料

骨料分粗骨料和细骨料两类：

细骨料：凡是粒径小于 4.75mm 的人工的或是天然的骨料，细骨料以砂为代表；

粗骨料：包括人工轧制的碎石和天然风化而成的砾石。它的粒径大于 4.75mm。

地壳上的岩石经自然风化而成不同粗度的松散状态的粒料（如砂、砾、漂石等）；或从大块岩石加工而成不同尺寸与形状的块状石料（如碎石、块石、拳石、条石等）均称为天然石料。

大多数岩浆岩具有高力学强度、耐冻性和抗风化的能力。可做成高质量的石料,用于各种道路、桥梁工程。

石料的主要物理常数有相对密度、表观密度、孔隙率等。

(A) 相对密度:石料的相对密度是干燥且密实(不包括孔隙的)石料试样矿质实体单位体积的重量,通常相对密度以 γ 表示(亦称真相对密度)。

(B) 表观密度:石料表观密度是自然结构状态(包括孔隙在内的体积)的石料在规定试验条件下的单位体积重量。以 δ 表示。

(C) 孔隙率:石料孔隙是石料孔隙体积占石料总体积的百分率以 n 表示。

石料的力学性质。石料的力学性质主要包括抗压强度、抗拉强度、抗弯强度、抗剪强度、撞击韧度和耐磨硬度等。

2) 砂

砂按产源分为天然砂、人工砂两类:

天然砂:包括河砂、湖砂、山砂、淡化海砂。

人工砂:包括机制砂、混合砂。

(A) 级配:级配是骨料各种粒径范围颗粒重量的分配比例。砂的颗粒级配是指砂大小颗粒的搭配情况。

分计筛余百分率:各号筛的筛余量与试样总量之比,计算精确至 0.1%。

累计筛余百分率:该号筛的筛余百分率加上该号以上各筛百分率之和,精确至 0.1%。

通过百分率:该号筛以下各筛的筛余量总和与试样总量之比,精确至 0.1%。

配制混凝土砂的级配要符合相应规范的要求。生产混凝土时要通过试验进行筛分、设计及试配。

(B) 粗度:砂的粗度是指不同粒径的砂粒,混合在一起后的平均粗细程度。它是评价砂粗细程度的一种指标。通常用细度模数(亦称为粗度模数或细度模量)来表示。细度模数可表示为：

$$M_x = \frac{(A_2 + A_3 + A_4 + A_5 + A_6) - 5A_1}{100 - A_1} \tag{3-4}$$

式中　　M_x——细度模数；

A_1、A_2、A_3、A_4、A_5、A_6——分别为 4.75mm、2.36mm、1.18mm、600μm、300μm、150μm 筛的累计筛余百分率。

按细度模数划分砂的粗度：

粗砂：3.7~3.1；

中砂：3.0~2.3；

细砂：2.2~1.6。

按技术要求分为Ⅰ类、Ⅱ类、Ⅲ类。

Ⅰ类宜用于强度等级大于 C60 的混凝土；Ⅱ宜用于强度等级 C30~C60 及抗冻、抗渗或其他要求的混凝土；Ⅲ宜用于强度等级小于 C30 的混凝土和建筑砂浆。配制混凝土用砂必须符合相应的标准。

碎石。粗骨料的颗粒级配是指各种粒径范围颗粒重量的分配比例。粗骨料的分计筛余百分率、累计筛余百分率、通过百分率这些参数的计算方法与细骨料相同。

针、片状颗粒，长度大于该颗粒所属粒级的平均粒径的 2.4 倍者为针状颗粒；厚度小于平均粒径的 0.4 倍者为片状颗粒。平均粒径为通过该粒级上下限粒径的平均值。针、片状颗粒可采用针、片状规准仪测定。

碎石的类别：按卵石、碎石技术要求分为Ⅰ类、Ⅱ类、Ⅲ类。

相应的技术等级与砂一样可配制不同等级的混凝土。

粗骨料的力学性质有许多，这是主要介绍磨耗度和压碎指标（通常说的压碎值）。

(C) 磨耗损失（洛杉矶法）：粗骨料抵抗磨擦、撞击和剪切等综合作用的性能称为磨耗损失。磨耗损失（％）可按式（3-5）

来计算:

$$Q_{磨} = (m_1 - m_2)/m_1 \times 100\% \qquad (3-5)$$

式中　$Q_{磨}$——洛杉矶磨耗损失,%;

m_1——装入圆筒中试样质量,g;

m_2——试验后在 1.7mm(方孔筛)或 2mm(圆孔筛)筛上的洗净烘干的试样质量,g。

(D)压碎指标:碎(砾)石抵抗压碎的能力。测定其压碎值间接地推测其相应的强度,以鉴定水泥混凝土粗骨料品质。

压碎指标按下式计算,准确至 0.1%。

$$Q_e = (G_1 - G_2)/G_1 \times 100 \qquad (3-6)$$

式中　Q_e——压碎指标值,%;

G_1——试样的质量,g;

G_2——压碎试验后筛余的试样质量,g。

压碎指标值取三次试验结果的算术平均值,精确至 1%。

含泥量、泥块含量、针片状及密度试验等的试验及要求参照相应的现行标准。

(2)概述

用砂或石料及其混合料铺筑道路基层,历史悠久,且类型多种多样,可供各地区因地制宜选用。如天然纯砂和砂砾基层、开采并加工的手摆块石和圆石、有级配和天然级配的碎(砾)石、干压或填隙碎石基层,有掺入结合料的泥结碎石和沥青碎石等。其中有几种砂石基层由于不适宜采用机械施工,逐渐被淘汰。如手摆块石和圆石基层。

(3)级配碎(砾)石基层的施工

粗细碎石骨料和石屑各占一定比例的混合料,当其颗粒组成符合密实级配要求时,称为级配碎石。当级配碎石或砾石缺乏某种颗粒成分时,在级配碎石中,可掺入砂砾或砂代替,在级配砾石中可掺入碎石或石屑代替,称为级配碎砾石。

级配碎(砾)石施工时,一般要求是,颗粒级配良好、配料准确、塑性指数必须符合规定；拌合均匀，没有离析现象；在最佳含水量时进行碾压，应达到表 3-28 的要求；用 12t 以上三轮压路机碾压时，压实厚度不宜超过 15～18cm；用重型振动压路机碾压时，压实厚度不宜超过 20～23cm；未洒透层沥青或未铺筑封层前，不应开放交通。

级配碎（砾）石压实标准（重型）表　　　表 3-28

用于层位	最大干压实度（％）	固体体积率（％）
底基层	96	80
基　层	98	85

1）施工方法

按拌合方法分为用平地机拌制的路拌；用拌合机或其他机械拌制的集中厂拌法和沿路机拌法或人工拌合法。级配碎石一般不采用集中厂拌合沿途机拌法。级配砾石采用集中厂拌合沿路机拌法时，多数是将拌合厂设在砂砾开采地或产地。

2）施工程序

图 3-56 为级配碎（砾）石路拌法施工流程图。

施工放样 → 准备下承层 → 运输和摊铺粗骨料 → 洒水润湿 → 运输和摊铺细骨料 → 拌合与加水 → 整　型 → 碾　压

图 3-56　级配碎（砾）石路拌法施工流程图

路拌法施工在进行施工之前，必须确定级配并计算出掺入料的用量，通过试验测定松铺系数（表 3-29 可供选用参考）。

下承层可能是旧路面或底基层或垫层或土基。无论是哪种下承层，都应表面平整、坚实、无松散浮料和软弱点，无坑槽、搓板和车辙，且具有符合规定路拱。对于土基和旧路面的下承层，必须用 12～15t 三轮压路进行 3～4 遍和碾压检验。有条件的城市，宜进行弯沉实测检验。对有缺陷的下承层，必须经过处理并经验收达标后，方可铺筑配碎（砾）石底基层或基层。处理的方法，应视具体情况而定，如发现土质过干和表面松散，则应适当洒水加压，过湿和"弹簧"则挖开晾干或掺土掺石灰，有坑槽，则填以粒料或稳定类混合料；有搓板和车辙，则刨松表面，掺入结合料拌合、铺平、洒水并压实。

配碎（砾）石松铺系数表　　　　　表3-29

摊铺方式	松铺系数	备注
人工摊铺	1.45～1.50	松铺厚度=压实厚度×
平地机摊铺	1.30～1.35	松铺系数

摊铺粗骨料应根据设计厚度、摊铺宽度和长度与预定的干压密度，计算需要干骨料数量。再根据选用运输车辆吨位和骨料含水量，计算出每车料的干重（或体积）以及卸料的间距位置。同时应严格掌握每车装载量，保证卸料位置准确，以减少或避免材料二次转运。骨料可用平地机或人工按松铺厚度进行摊铺，并力求表面严整、厚度一致，并具有规定的路拱。

粗骨料宜在料场内润湿，洒水量应根据运距和气温情况的蒸发量，适当略高于最佳含水量的1%～2%。当采用料场湿润粗骨料方式时，粗骨料与细骨料运铺，可依先后秩序同时进行，由于粗骨料最佳含水量不高，应严控用水量，待粗骨料润湿后，方可运铺细骨料。

细骨料应按粗骨料计算方法，确定用量卸料间距和位置，用人工或平地机均匀摊铺在粗骨料的表面。

拌合可用平地机作业。作业长度宜在300～500m。拌合时，平地机刀片安装的角度与位置见表3-30。一般需拌合5～6遍。如骨料在料场已经混合，可视粗细料分布均匀与否，用平地机进行补充拌合。拌合的目测标准是粗细颗粒分布均匀，且无"需料"现象，含水量合宜。

平地机拌合作业角度表　　　　　表3-30

拌合条件	平面角 α	倾角 β	切角 γ
干拌	30°～50°	45°	3°
湿拌	35°～40°	45°	2°

拌合亦可用多犁作业。其作业长度宜在100~150m左右。第一遍用慢速，从路中心开始，将混合料向中翻；第二遍从两侧开始，将混合料向外翻。依此循环，作业6遍。

骨料拌合结束后，立即用压实机具或拖拉机或平地机，快速碾压一遍，以暴露潜在的不平整。然后，用平地机按规定路拱进行整型作业。整型结束后应立即用12t以上三轮、振动或轮胎压路机进行碾压。一般需碾压6~8遍，路两侧应与路肩一并碾压并多压1~2遍。施工缝的衔接，可采取搭接拌合与一并碾压的方法处理。不断交通时，可采取半幅施工方法，接缝可用对接方式，但应保持平整与紧密结合。

(4) 填隙碎石基层的施工

用单一尺寸的粗粒碎石（俗称同颗粒碎石）为主骨料，再用细骨料填满孔隙，形成嵌锁作用，增加密实度和稳定性，这种基层结构称为填隙碎石，也称为干压碎石。

粗骨料最大粒径应视压实厚度而定，一般不宜超过厚度的0.7倍，且接近最大粒径的颗粒含量应占总量的70%~80%，0.5~20mm含量应不少于5%~15%。用于填隙的细骨料，一般采用石屑，也可用粗砂或砂砾，但技术性能不如石料。

图3-57是填隙碎石基层干、湿法施工流程图。

运输和摊铺粗骨料时，应根据底基层或基层的设计厚度、摊铺宽度和长度与松铺系数，计算出需要的干粗骨料数量，再按选用运料车的装载吨位和粗骨料含水量，计算出每车的干重以及卸料的间距位置。当粗骨料最大粒径与层厚之比为0.5左右时，松铺系数可采用1.30；大于0.5时，则采用1.20。

采用平地机或其他适宜机械或人工，将粗骨料按规定的路拱，均匀的摊铺在路幅上。随时检查摊铺厚度并进行减料和补料作业。

为使粗骨料稳定就位，宜用8t压路机进行初压，慢速碾压3~4遍。碾压应遵守"先中后边"（直线段）或"先内侧后外侧"及"主轮重叠"的规定。碾压时，应随时注意减料或补料的找平。初压结束时，表面应平整，并具有规定的路拱和纵坡。

图 3-57 填隙碎石基层施工流程图

第一次撒铺填隙料用量约为粗骨料的 30%～40%。第一次撒铺约用总量的 65%～75%，采用石料撒布机或人工，将填隙料均匀地撒铺在初压的粗骨料表面，松厚约 2.5～3.0cm，然后用滚动式钢丝机或人工将填隙料扫匀。第一次振动压实用振动压路机慢速振压，使填隙料全部振入粗骨料的孔隙为止。

第二次撒铺填隙料,将剩余的填隙料均匀撒铺在第一次振压后的表面并扫匀。第二次振动压实前,对将局部填隙多余的填隙料,用竹扫帚扫至不足之处,然后再振动压实。完成第二次振动压实,仍有未填满的表面孔隙或多余的浮料,应将表面孔隙填满并补压,或将确属多余的填隙料铲除或扫除干净。填隙的细骨料应干燥。

在结束补压和补(减)料作业之后,成活工序有干法和湿法两种。湿法多用于石灰石的碎石。

1) 干法。在表面洒水,用量为 $3L/m^2$ 左右,再用 12~15t 三轮压路机碾压 3~4 遍,完成终压成活。

2) 湿法。用洒水车洒水,以达到填隙料饱水,而又不造成下承层渍水为度。用 12~15t 三轮压路机跟在洒水车后面进行碾压。在碾压过程中,将湿填隙粒不断的扫入表面孔隙中,需要时,可加入新料。洒水碾压,直到填隙料与水形成石粉浆并填满孔隙和在压路机轮前形成微波纹状为止。待填隙碎石层变干后,将表面多余料和自成一层的细料,清除干净。

当设计厚度超过一层铺筑厚度时,应将第二次振压后的表面填隙料清除一部分,使粗骨料露出表面约 5~10mm,然后再铺第二层粗骨料。

(5) 泥结碎石基层施工

用碎石为骨料,黏土作填充料和结合料形成的结构,用于道路基层或面层,称为泥结碎石基层或泥结碎石路面。黏土可与水搅拌成泥浆,灌入摊铺的碎石层并经压实成型;亦可与碎石和水拌合均匀,摊铺并经压实成型。

1) 灌浆法施工

如图 3-58 (a) 所示是灌浆法施工流程图。

摊铺碎石 → 初 压 → 浇灌泥浆 → 撒填隙料 → 终 压 →

(a)

摊铺碎石 → 铺 土 → 洒水拌合 → 整 型 → 压 实 →

(b)

图 3-58 泥结碎石基层施工流程图
(a) 灌浆法;(b) 拌合法

2) 拌合法施工

图 3-58 (b) 是泥结碎石基层拌合法施工流程图。

碎石摊铺后，应洒水润湿石料，再铺土。在整型后用6~8t压路机进行洒水碾压，使泥浆冒出并在表面石缝中形成一层泥浆为止。待泥浆稍干并处于润湿状态时，用12t三轮压路机进行胶浆碾压1~2遍，均匀撒布填隙料，继续碾压至达到要求密实度为止。一般需要压3~4遍。

6. 沥青（渣油）稳定土基层

沥青（渣油）稳定土，在粉碎土中掺入一定量的沥青（渣油），经拌合与压实所得到的混合料，称沥青（渣油）稳定土或简称沥青土或渣油土，它具有较好的强度、水稳性与隔水性，强度形成较快，用于路面基层，效果良好，特别是在缺乏砂石材料的城市或地区使用，更显示出它的优越性。

沥青（渣油）土，常用的施工方法有冷拌法和热拌法两种。冷拌法具有使用设备简单和施工方便等优点，故被广泛采用。一般来讲，非黏性土宜采用膏体石油沥青或乳化沥青进行稳定；稍有黏性及中等黏性宜用液体石油沥青或慢凝乳化沥青。塑性指数超过18的土，宜掺入适量的骨料。用于沥青（渣油）稳定的土，腐植质不应超过10%，易溶盐（包括：钠盐、钾盐、钙盐、镁盐）含量应小于1%，硫酸钠及硫酸氢钠总含量应小于0.25%，碳酸钠及碳酸氢钠总含量应小于0.1%。

（1）混合料配合比

混合料配合比当由试验确定，并满足设计或符合表3-31的规定要求。配合比可参考表3-32和表3-33。

热拌法膏体石油沥青土配合比参考表　　　　表3-31

矿料配合比	沥青用量（%）	针入度	干压密度（kN/m^3）	饱水率（%）
含低液限细粒土的砂（SFL）30% + 砂（S）70%	8.0	80~85	2.23~2.30	1.08~2.90
含低液限细粒土的砂（SFL）20% + 砂（S）45% + 碎石（2~4mm）35%	7.5	80~85	2.27~2.33	0.48~2.17

注：含低液限细粒土的砂的成分：0.5~0.074mm占20%，0.074~0.005mm占72%~77%。

冷拌法沥青土配合比及最佳含水量参考表　　表 3-32

土　名	土的符号	沥青剂量(%)	土的最佳含水量(%)	适用沥青稠度 工地路拌	适用沥青稠度 工地机拌
砂(掺中液限细粒土)	S(掺 FI)	6~9	8~12	AL(M)-3、4 AL(S)-3、4 T-2、3	AL(M)-3、4、5 AL(S)-4、5、6 T-4、5
中液限细粒土	FI	7~9	8~12		
中液限细粒土	FI	7~10	8~12		
低液限细粒土的砂	SFL	6~9	8~12		
含低液限细粒土	FI	7~10	8~12		
含中液限细粒土的砂	SFL	10~18	8~12		

注：① 采用渣油时，剂量应增加 1%~2%，采用煤沥青时，剂量应增加 10%~20%；

② 最佳含水量可粗略按液限的 1/4 估计。

冷拌渣油配合比参考表　　表 3-33

土　名	掺石灰量(%)	渣油剂量(%)	土的含水量(%)	渣油稠度	备　注
塑性指数低于 10，含低于液限细粒土的砂(SFI)粉碎并过 5mm 筛	3、5、7	8~9	12	渣油(C_{60}^5)35~60s 与 A-60 乙沥青配成 100~120s	石灰 3%，渣油剂量 8% 时，温度 60℃ 抗压强度 0.73MPa；温度 20℃ 饱水抗压强度 2.8MPa
塑性指数低于 10，含低于液限细粒土的砂(SFI)粉碎并过 10mm 筛	2	9~11	11~12	渣油(C_{60}^5)90~100s	石灰 2%，渣油剂量 9% 时，温度 50℃ 抗压强度 0.66MPa；温度 20℃ 饱水抗压强度 1.15MPa

(2) 混合料最佳含水量的计算

沥青（渣油）土中水和沥青（渣油）用量的总和，存在一个最佳的定值 ω_0，这时混合料最易压实成型。根据经验此定值 ω_0 与纯土的最佳含水量 ω 有关，即 $\omega_0 = (\omega - 0.5 \times \mu)/1.03$，其中 ω_0 表示混合料最优含水量（%），ω 表示纯土的最优含水量

(%)，μ 表示混合料中沥青（渣油）的剂量（%）。

(3) 施工准备

施工准备包括备料、配合比设计、下承层准备和机具设备。

(4) 施工

按拌制沥青（渣油）土的方法不同而分有：路拌法、沿路机拌法、人工拌合法和集中厂拌法等四种。前三种方法适宜于冷拌，后一种方法适宜于热拌。

不同施工方法，施工程序也不相同，如图 3-59 所示各种施工方法的施工流程图。

铺土 → 洒水 → 碎土 → 洒油 → 拌合 → 整形 → 碾压 → 养护
(a)

拌合 → 运输与摊铺 → 整形 → 碾压 → 养护
(b)

洒水润土 → 拌合 → 摊铺 → 整形 → 碾压 → 养护
(c)

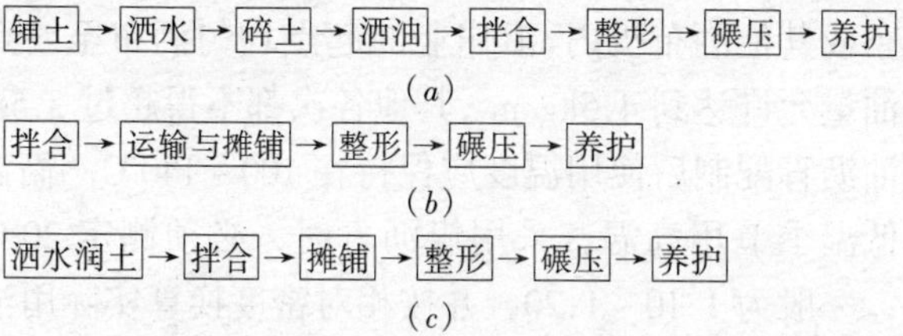

图 3-59 沥青（渣油）土各种施工方法的施工流程图
(a) 路拌法；(b) 沿路机拌与集中厂拌；(c) 人工拌合法

从图 3-59 中可以看出，各种施工方法的施工流程既有相同的工序，也有不同的工序。下面以路拌法为主线，分别介绍各工序的操作工艺。

(A) 日作业长度。首先应该根据所采用的路拌设备的效率和数量，计算并确定日作业长度。

(B) 铺土。在检验合格的下承层上铺土，其操作工艺与石灰土相同。若需掺石灰，则按掺入剂量折算成松铺厚度铺在土层上。

(C) 洒水。测定摊铺土所含的水量，计算应增加的水量。增加的水量沥青（渣油）土按公式 $\omega_0 = (\omega - 0.5 \times \mu)/1.03$ 计算得出的最佳含水量 ω_0 减去土的实际测定的含水量并折合成每平方米的洒水量。若采用乳化沥青或掺入石灰，增加水量中还应减去两者的所含水量。

洒水每次不能超过 20kg/m², 否则应分次洒水, 直到土润透并达到最佳含水量为止。

(D) 碎土。用机械或人工将土粉碎, 并从路两侧开始向路中推移, 一般需 2~3 遍。土块大于 5mm 不得超过 10%, 否则应增加碎土作业遍数。若掺入石灰, 应将土与石灰预先拌合均匀。

(E) 洒沥青（渣油）。俗称洒油或浇油, 是在土被粉碎合格及最佳含水量的情况下, 并略经整平和保持松铺厚度均匀时, 方可进行洒油作业。

将备妥并加热的沥青（渣油）或毋用加热的乳化沥青盛入沥青洒布汽车或其他洒布机内, 沿作业的起点均匀洒布至终点。除第一次洒油量允许达到 4.5kg/m², 其他各次都不得超过 3.5kg/m²。

石油沥青配制后使用温度应保持在 100~140℃。高温季节用低温, 低温季节用高温; 采用煤沥青时, 必须测定 20℃时的相对密度, 一般为 1.10~1.20, 并按相对密度换算实际用油量。使其使用温度保持在 50~80℃。

需要多次洒油, 应洒一次油, 拌合一遍, 再进行下次洒油, 再进行拌合, 直至洒油结束。洒油宜全幅进行作业, 不能全幅洒油时, 应注意不使油有重叠面。漏洒处, 应用人工补洒。

(F) 拌合。应将日作业长度平分划为甲、乙两段作业面。当土壤拌合机完成甲段碎土作业后, 洒油车则可在甲段进行第一次洒油作业, 此时拌合机则移至乙段碎土; 拌合机完成乙段碎土后, 移至甲段进行第一遍拌合作业, 洒油车则移至乙段进行第一次洒油作业。依此循环, 直至洒油和拌合作业结束。这种分段交叉流水作业, 工序配合紧密, 设备利用率高, 既可加快进度, 又能保证质量, 效果极佳。

拌合一般需要 3~4 遍。拌合完成的目测标准是: 沥青（渣油）分布均匀, 油土色泽一致, 无沥青（渣油）集中、成团、成条和花面现象。

(G) 整型与碾压。先用 1~3t 轻型压路机碾压 1~2 遍, 再采用16t轮胎压路机碾压成活。一般碾压8~10遍，可达到密实度要求。最后1~3遍的碾压时速，宜控制在3km/h左右。碾压时，沥青（渣油）土温度宜掌握在30~60℃。低温季节施工，也不应低于10℃。

（H）养护。沥青（渣油）土一经压实成型，即可开放交通，但应进行交通控制。控制的要求是：限速行驶，时速不应超过15km，限向行驶，即开放半幅，行驶一段时间后封闭，再开放另半幅，这样，使行车车轮进行全幅碾压。

局部地方因故损坏或松散，可将该处挖松10cm深，加入适量的沥青（渣油），重新拌合，摊铺与压实。

(5) 其他施工方法的操作工艺

1) 集中厂拌法。常用于指定采用热拌热铺的大工程。其所用的生产设备和生产工艺与沥青混凝土大致相同。

2) 人工拌合。由于沥青（渣油）具有较大的黏度，用人工拌合极其困难，产量很低，故很少用于城市新建道路工程。

其他基层材料：

钢渣基层。钢渣是炼钢后弃置熔渣经自然冷却后形成的渣块，其崩解后形成大小不一的块粒、粉状物，属工业废渣。

钢渣的特性是不稳定性，即在堆放期间，它可自行崩解，由大块崩解成小块和粉末，其体积会产生膨胀，未加处理禁止用在道路上，用于道路的钢渣通常是应使用一年以后的陈渣，或充分崩解的经过处理的新渣。钢渣用作基层材料，现在有许多科研、施工单位正在研究。它是一个废品再利用的课题。

（三）路面施工

1. 水泥混凝土路面施工

水泥混凝土路面是以水泥与水合成的水泥浆为结合料，碎（砾）石为骨料，砂为填充料，经拌合、摊铺、振动和养生而修筑的道路路面结构。它具有抗压、抗弯曲（抗折）和抗磨损的力学强度高；水稳性、热稳性和耐久性好；抗油类侵蚀和温度破坏能力强；平整度好，通车能力强；表面粗糙度好，行车磨擦系数受湿度影响小，行车安全；路面坚固耐用，常年维护工作量少和费用低等优点。它完全能适应和满足快速而繁重的交通要求，它是目前国内外高等级公路、城市道路和民航机场跑道，常用的路面结构之一。

水泥混凝土路面的首要缺点是接缝。接缝特别是横接缝，既多且施工复杂，又极易受损。路面破坏的起因，多数是由接缝受损而引发。路面损坏后，不易修复。修复后，其整体强度也大大降低。水泥用量大，造价高，现浇施工的路面养生期长，不能立即开放交通。施工中，易产生早期裂缝和断板现象等，也是不容忽视的缺点。

（1）水泥混凝土

1）定义

水泥混凝土是由水泥、水、粗细骨料按一定的比例配合拌制而成的混合料，经一定时间硬化而成的人造石料，是广泛使用于道路与桥梁等工程中的建筑材料，简称普通混凝土。

2）分类

（A）按堆积密度分

特重混凝土：堆积密度大于 $2500kg/m^3$；

重混凝土：即一般的常用的混凝土，小于 $2500kg/m^3$ 且大于 $1950kg/m^3$；

轻质混凝土：小于 $1950kg/m^3$ 而大于 $600kg/m^3$；

特轻混凝土：小于 $600kg/m^3$。

（B）按水泥用量来分

富混凝土：水泥用量大于 250kg；

贫混凝土：水泥用量小于 200kg。

（C）按混凝土稠度分

稀混凝土：坍落度大于 18cm，浇筑时不必插捣，但用水量大；

塑性混凝土：坍落度小于18cm；

干硬性混凝土：水灰比较小，一般用维勃稠度表示。

（D）按强度划分

将混凝土拌合物按规定的方法 GB/T 50081—2002 作成 150mm×150mm×150mm 的立方体试件，在标准条件下（温度 20±2℃，相对湿度95%以上）养护28d，进行抗压试验得出试块的强度值，国际单位为兆帕（MPa）。

混凝土可分为：C7.5，C10，C15，C20，C25，C30，C35，C40，C45，C50，C55，C60等十二个强度等级。

（E）按混凝土中有无钢筋分

无筋混凝土：又称素混凝土。

有筋混凝土：普通钢筋混凝土（即普通钢筋混凝土和普通钢丝混凝土）；预应力混凝土（先张预应力混凝土和后张预应力混凝土）；纤维混凝土（金属纤维混凝土和非金属纤维混凝土）。

3）水泥混凝土的优缺点

（A）强度高。混凝土有很高的抗压强度，但抗拉强度较低。

（B）刚性好。混凝土承受设计荷载时，变形和挠度都很小。

（C）整体性强。混凝土和钢筋混合施工时一般是连续浇灌的，使建筑物成为整体。有良好的抗震性。

（D）耐久性好。对天然的风化作用及人为的机械作用，化学侵蚀作用等，有较强的抵抗力，在环境适宜时强度不但不衰减，反而有所增长。

（E）可塑性好，新拌制的混凝土混合料具有塑性和流动性，可以随模板而制成所需要的各种复杂形状和大小的构件。

（F）耐火性好。混凝土是不良导体，经较长时间的火烧，也仅表面受损。

（G）材料丰富。混凝土除水泥外，砂、石等粗细骨料材料均系就地取材的天然材料。

（H）混凝土的缺点是自身质量大，抗拉强度低，呈脆性，易裂缝。

对混凝土最基本的要求是：具有与施工条件相适应的工作性（和易性）；具有与结构设计相适应的强度；具有与使用环境相适应的耐久性。

4）混凝土配合比的计算

配合比设计是为保证设计强度、耐久性、工作和易性及抗冻性等技术要求，而必须进行的工作或程序。当根据技术要求，确定配合比中单位用水泥量和用水量以及砂率之后，可按常用的绝对体积法或假定密度法计算砂、石用量，从而确定混凝土拌合物的理论配比，并制成试件，进行混凝土的抗压和抗弯曲强度的试验。根据试验结果来最终确定施工时使用的配合比。

用于道路路面的水泥混凝土配合比设计，应遵守和参照行业标准 JGJ 55 或其他现行标准进行。

混凝土配合比计算步骤：

（A）计算配制强度 f_{cuo}，并求出相应的水灰比 W/C；

（B）选取每立方米混凝土的用水量，并计算出每立方米混凝土的水泥用量；

（C）选取砂率，计算粗骨料和细骨料的用量，并提出供试配用的计算配合比；

（D）水泥混凝土的试配、调整和确定。

5）其他类型混凝土

（A）抗渗混凝土

抗渗混凝土所用原材料和配合比应符合下列规定

A）粗骨料宜采用连续级配，其最大粒径不宜大于 40mm，含泥量不得大于 1.0%，泥块含量不得大于 0.5%。

B）细骨料的含泥量不得大于 3.0%，泥块含量不得大于 1.0%。

C）外加剂宜采用防水剂、膨胀剂、引气剂、减水剂或引气减水剂。

D）抗渗混凝土宜掺用矿物掺合料。

E）每立方米混凝土中的水泥和矿物掺合料总量不宜小于 320kg。

F）砂率宜为 35%～45%。

G）供试配用的最大水灰比应符合表 3-34 的规定。

抗渗混凝土最大水灰比　　　　　表 3-34

抗渗等级	最大水灰比	
	C20～C30 混凝土	C30 以上混凝土
P6	0.60	0.55
P8～P12	0.55	0.50
P12 以上	0.50	0.45

H）抗渗等级是以每组 6 个试件中，4 个未发现，有 1 个渗水现象时的最大水压力表示。

（B）抗冻混凝土

抗冻混凝土所用原材料和配合比应符合下列规定：

A）应选用硅酸盐水泥或者普通硅酸盐水泥，不宜使用火山灰质硅酸盐水泥。

B）宜选用连续级配的粗骨料，其含泥量不得大于 1.0%，泥块含量不得大于 0.5%。

C）细骨料含泥量不得大于 3.0%，泥块含量不得大于 1.0%。

D）抗冻等级 F100 及以上的混凝土所用的粗骨料和细骨料均应进行坚固性试验，并应符合现行行业或国家标准。

E）抗冻混凝土宜采用减水剂，对抗冻等级 F100 及以上的混凝土应掺引气剂，掺用后混凝土的含气量应符合表 3-35 的规定。

长期处于潮湿和严寒环境中混凝土的最小含气量　　表 3-35

粗骨料最大粒径（mm）	最小含气量（%）
40	4.5
25	5.0
20	5.5

F）抗冻混凝土的最大水灰比应符合表 3-36 的规定。

抗冻混凝土的最大水灰比　　　　表 3-36

抗冻等级	无引气剂	掺引气剂
F50	0.55	0.6
F100	—	0.55
F150 及以上	—	0.50

（C）高强混凝土

高强混凝土所用原材料和配合比应符合下列规定：

A）应选用质量稳定、强度等级不低于 42.5 级的硅酸盐水泥或普通硅酸盐水泥。

B）对强度等级为 C60 级的混凝土，其粗骨料的最大粒径不应大于 31.5mm，对强度等级高于 C60 级的混凝土，其粗骨料的最大粒径不应大于 25mm，针片状颗粒含量不宜大于 5.0%，含泥量不应大于 0.5%，泥块含量不宜大于 0.2%。

C）细骨料的细度模数宜大于 2.6，含泥量不应大于 2.0%，泥块含量不应大于 0.5%。

D）配制高强混凝土时应掺用高效减水剂或缓凝高效减水剂。

E）配制高强混凝土时应掺用活性较好的矿物掺合料，且宜复合使用矿物掺合料。可选用粉煤灰、磨细天然沸石岩和硅粉等。

F）混凝土的配制强度必须大于设计要求的强度标准值，以满足强度保证率的要求。超出的数值应根据混凝土强度标准差确定。

高强混凝土的水泥用量不应大于 $550kg/m^3$；水泥和矿物掺合料的总量不应大于 $600kg/m^3$。

(2) 建筑钢材

建筑钢材是指用于钢结构的型钢（如圆钢、角钢、工字钢等）及钢板，用于钢筋混凝土的钢筋及钢丝等。钢材有许多优点，由于它是在严格的技术控制条件下生产的，因此品质均匀密实，抗拉和抗压强度都很高，钢材具有相当高的塑性和韧性，有经受冲击和振动荷载的能力。钢材还具有良好的加工性能，可以铸造、锻压、焊接、铆接和切割，便于装配。

1）按钢的化学成分分类

（A）碳素钢：低碳钢、中碳钢、高碳钢。其中碳素钢根据硫、磷含量的不同可分为普通碳素钢、优质碳素钢、高级优质碳素钢。

（B）合金钢：低合金钢、中合金钢、高合金钢。根据硫、磷杂质的含量不同可分为普通合金钢、优质合金钢、高级优质合金钢。

2）钢筋的力学性能

抗拉性能是建筑钢材最重要的且最常用的性能。通过拉力试验这些指标可以用图 3-60 低碳钢受拉时的应力-应变图来表示。

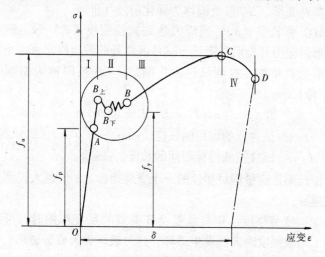

图 3-60　低碳钢受拉时的应力—应变

（A）弹性极限（f_p）。低碳钢受力后其应变随应力而产生，在 A 点以前，应力（σ）与应变（ε）成正比关系，在 OA 范围内称为弹性阶段（Ⅰ）。弹性阶段的最高点 A 对应的值称为弹性极限（或比例极限），一般以 f_p 表示。OA 线的应力与应变的比值为常数，称为弹性模量（E），即 $E = \sigma/\varepsilon$。

（B）屈服强度（f_y）。当应力超过弹性极限 f_p 后，应力与应变不再成正比关系，当应力稍有增加甚至不增加时，应变仍继续增加，产生了明显的塑性变形，在 $\sigma \sim \varepsilon$ 关系上，形成接近水平的锯齿线，直到 B 点。此时，钢材似乎已不能承受外力而屈服。

故 AB 范围称为屈服阶段（Ⅱ）。

屈服强度是钢材的重要指标，它是由弹性变形转为以塑性变形为主的转折点。如果钢材在超过屈服强度下工作，结构物将会引起不允许的结构变形，一般已不能满足使用上的要求。

(C) 抗拉强度（f_u）。当应力超过屈服强度后，由于钢材内部组织产生晶格畸变，使抵抗外力的能力又重新提高，钢材得到强化。在 $\sigma \sim \varepsilon$ 关系上的 BC 段上升曲线，钢材既有弹性变形，又有塑性变形，BC 段范围称为强化阶段（Ⅲ）。

(D) 伸长率（δ）。当应力达到抗拉强度（f_u）后，钢材抵抗变形的能力开始明显降低，试件薄弱处的截面将显著缩小，塑性变形急剧增加，直到试件发生断裂。CD 范围称为缩颈阶段（Ⅳ）伸长率：

$$\delta = (L_1 - L)/L \times 100\% \tag{3-7}$$

式中　L——试件原始标距间长度，mm；

L_1——试件拉断后标距间的长度，mm。

伸长率是衡量钢材塑性的一个重要指标，δ 值越大说明钢材塑性越好。

(E) 疲劳强度。钢材承受交变荷载的反复作用时，可以在远低于屈服强度时突然发生破坏，这种破坏称为疲劳破坏。

硬度是指材料抵抗其他较硬物体压入的能力，也可以说是材料表面对变形抵抗的能力。

3）路用混凝土钢筋

(A) 用于传力杆的钢筋，多为 Q235 热轧钢筋，其截面形状为光圆，其直径采用 $\phi 20 \sim \phi 25$，ϕ 为 HPB235 光圆钢筋的直径符号，直径以毫米计。

(B) 用于拉杆的钢筋，多为合金钢，其截面形状为螺纹或其他截面，其直径多采用 $\phi 14 \sim \phi 18$。

(C) 用于钢筋网和角隅加强的钢筋以及附属工程用钢筋，多为 HPB235 钢筋，也有用螺纹钢筋的。

(D) 用作路面侧模板，多为 HPB235 热轧槽形钢材。

（E）市政上用得比较多的还有低碳钢热轧圆盘条和优质碳素热轧盘条。

钢筋混凝土用的热轧光圆钢筋，是经热轧成型并自然冷却的，横截面为圆形且表面光滑的钢筋混凝土配筋用钢材。

其级别为HPB235，强度等级代号为R235。

钢筋混凝土用热轧带肋钢筋，其横截面通常为圆形，且与表面通常有两条纵肋和沿长度方向均匀分布的横肋的钢筋。其牌号由HRB和屈服点最小值构成。分为HRB335、HRB400、HRB500。

钢筋混凝土用余热处理钢筋是热轧后立即穿水，进行表面控制冷却，然后利用芯部余热自身完成回火处理所得的钢筋。通常为螺纹钢筋。其级别为HRB400，强度等级代号为KL400。

（3）路面施工机械

1）搅拌机械

水泥混凝土搅拌机。水泥混凝土搅拌机是将一定配合比的水泥、砂、石和水拌合成匀质的混凝土（有时还加入一些混合材料或外加剂）的机械。按搅拌原理可分为自落式和强制式两大类。

自落式搅拌机：由旋转着的搅拌筒上的叶片将混合料带至高处，然后坠落下来，进行搅拌。这种搅拌机适用于普通混凝土的拌合。

强制式搅拌机：由旋转的叶片将混合料强制挤压、翻转，进行搅拌。这种搅拌机适用于拌合水灰比小的混凝土。根据其结构特点，可分为涡桨式、行星式和单卧轴、双卧轴等强制式搅拌机。

图3-61为JQ250型强制式搅拌机，属于立轴涡浆式，它主要由动力传动系统、搅拌机构、进出料机构、配水系统、机架及操纵系统等组成。该机具有结构紧凑、体积较小、工作中密封性好、拌合的混凝土均匀等优点，适合拌合细骨料和干硬性混凝土，是小型混凝土构件预制厂或建筑工地常用的一种机型。适应骨料最大直径：碎石为40mm，卵石为60mm。

2）摊铺机械

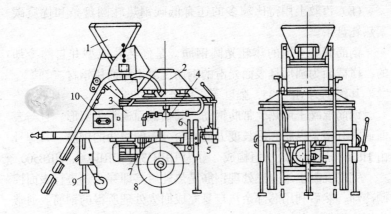

图 3-61 JQ250 型强制式搅拌机
1—进料斗；2—拌筒罩；3—搅拌筒；4—水表；5—出料口；6—操纵手柄；7—传动机构；8—行走轮；9—支腿；10—电器工具箱

滑模式水泥混凝土摊铺机：

滑模式水泥混凝土摊铺机在铺筑水泥混凝土路面时，不需另设轨道和模板，依靠机器本身的模板，就能按照要求的路面宽度、厚度和拱度对混凝土挤压成型。滑模式水泥混凝土摊铺机因生产厂家不同而各有不同的特色，但它们的基本结构和作业装置大同小异，通常由动力传动系统、主机架系统、行走系统、自动控制系统、作业装置、辅助系统等部分组成。图 3-62 为美国 CMI 公司生产的 SF350 型滑模式水泥混凝土摊铺机的外形图。

其作业过程如图 3-63 所示：

(A) 螺旋摊铺器将自卸车或混凝土搅拌运输车卸在路面的水泥混凝土均匀的摊铺开；

(B) 由一级进料计量装置刮平板初步刮平混凝土，并将多余的混合料往前推移；

(C) 用内部振动器对混合料进行初步振实、捣固；

(D) 用外部振动器再次振实，并将外露大粒径骨料强制压入混凝土内；

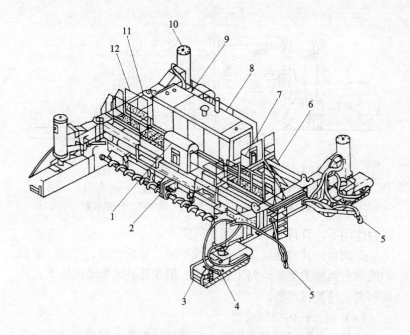

图 3-62 SF350 型滑模式水泥混凝土摊铺机外形图
1—控制室；2—螺旋摊铺器总成；3—履带总成；4—转向传感器总成；
5—调平传感器总成；6—伸缩式机架；7—扶梯；8—发动机；9—油箱；
10—支腿立柱；11—端梁；12—走台扶梯

（E）由二级进料计量器控制板（在成型模板前）再次刮平混合料，并控制进入成型模板的混凝土数量；

（F）用成型模板对捣实后的混凝土进行挤压成型；

（G）利用定型盘对铺层进行平整。

3）其他水泥混凝土施工机械

用水泥混凝土浇筑的构件，应设法排除其中气泡，使混凝土密实，以提高其强度，保证施工质量。这项工作必须采用混凝土振动器来完成。

混凝土振动器的作用原理是把它的振动传递给混凝土，混凝土受到振动时，会减少料间的摩擦力和胶结力，结果使混凝土在

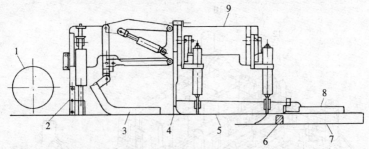

图 3-63 滑模式水泥混凝土摊铺机的工作装置
1—螺旋摊铺器；2—刮平器；3—内振动器；4—振动梁；
5—成型板；6—挡头；7—铺层；8—定型盘；9—副机架

重力作用下,自行充实料粒间的间隙。

振动器按其对混凝土传递方式不同,分为内部、外部、表面和振动台四种类型。道路工程常用的振动器是电驱动的插入式内部和表面两类振动器。

（A）插入式内部振动器

内部振动器根据激振原理,分成两种类型,即偏心式和行星式内部振动器。

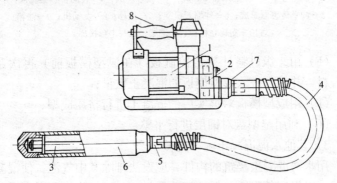

图 3-64 偏心式内部振动器示意图
1—电动机；2—增速器；3—激振子；4—传动软轴；5—连接套；6—激振体；7—电动机与振动棒活动连接；8—提手

A）电动软轴偏心式内部振动器，如图 3-64 所示。由电动机 1 驱动增速器 2，再经传动软轴 4 带动激振子 3，而使激振体 6 也就是振动棒头产生环形振动。当振动棒头插入混凝土中时，环形振动所产生的振波不断向四周扩散，从而达到振实的目的。由于环形振动半径不大，因此，在实际作业中，要有序和有目的地改变振动棒头插入的位置，以防漏振。

电动机与增速器连成一体，在电动机与振动棒连接处 7 采用固定于机体上的半圆半方销钉连接，形成活动连接，便于拆装、携运和更换。振动棒的组成包括棒头 6 和传动软轴 4 及其相应的支承、连接和保护装置等。

偏心式振捣器的软轴和轴承，在使用中极易损坏，且转速也不能提得太高，属于中频振动器（6000～7000 次/min），因此振动作用和效果受到一定的限制。

B）行星式内部振动器。它的外形与偏心式相似，它的内部构造与偏心式的主要不同之处是采用行星振子和不装增速器，因此它的转速可达到 10000～14000 次/min，是一种高频的振动器。它的振动作用、效果和寿命都优于偏心式，极适合于路面工程中低水灰比的半干硬性或干硬性水泥混凝土的振动。目前国产的动软轴行星式振动器有 HZ6X—30、35、50、60 和 70 等型号，此外，还有以空压机为动力的风动行星式 HZ5X—80 和以内燃机为动力的 HZ8X—50 等型号。其末尾的数字是表示振动棒头的外径，以毫米计。

（B）外部振动器

水泥混凝土路面使用的外部振动器有两种式样，都是用表面或附着式振动器装配而成。

A）平板表面振动器。简称平板振动器，其结构如图 3-65 所示，电动机与偏心块激振子连成一个整体称为电机振子，其底部装有振动底板 1，上面装有手柄 4，为了减轻手柄上的振动，电机振子 2 与手柄 4 之间装有缓冲弹簧 3，电动机转子 8 旋转时，固定在转子轴上的偏心块 9 产生周期变化的离心力，促使电机振子产生振动,并将振动传给底板,从而对混凝土进行振动。

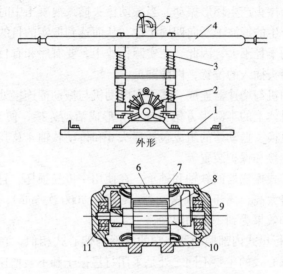

图 3-65 平板表面振动器和电机振子
1—振动底板;2—电机振子;3—缓冲弹簧;
4—手柄;5—开关;6—定子;7—机壳;
8—转子;9—偏心块;10—转轴;11—轴承

B) 条式表面振动器。如图 3-66 所示,常称作"行夯",它是在一根矩形断面的长方木上方安装附着式振动器,两端安有长木把手,长方木断面的尺寸常采用 1212cm 或 1520cm(宽高),长度依据混凝土板宽而定,一般应大于板宽 50cm 左右,长方木底面需包以镀锌薄钢板。

(4) 施工前的准备

1) 对基层和垫层的要求

水泥混凝土路面的下承层,应是宽度、纵横坡度、线形、平整度和压实度都符合设计或规范要求。表面坚实、稳定、无松散材料和坑洼。同时,还应检查各类管槽回填土质量。对于旧基层,应用 12～15t 三轮压路机,进行全幅碾压检验,尤其要注意路边缘的碾压情况。对于新旧结合的基层或加宽的基层，应采取台阶式的衔接并加强压实。

2) 建立混凝土搅拌站

在没有永久性搅拌站或商品混凝土供应的城市或地区，应建立与工程量和工期相适应的临时性或半永久性的搅拌站。

建立临时性搅拌站规模愈大，联动和自动化程度愈高，建站需时则愈长。因此，建站工作应是"宜早不宜迟"，以免贻误使用。站址应选在水电供应方便和道路通畅的平整场地，且其面积可满足设备、水泥库、砂石料堆场、场内道路以及其他临时建设设施等所需要的用地。

搅拌站至浇筑路段最远的距离，应视运输路线的交通状况和运输工具而定。通常 1t 小翻斗车适宜运距为 1.0km 左右；3.5t 自卸车，在运输路线交通畅流情况下，为 8~10km；在交通经常受阻情况下，则为 5.0km 左右；混凝土搅拌运输车，在搅拌站装入混凝土拌合料，适用于运距 10km；在搅拌站装入混凝土拌合料为干料时，在到达浇灌地点前 15~20min 开始搅拌，到达使用地点后即可卸料，其运输距离不受限制。

3) 施工机械的选择

根据道路等级的不同，混凝土路面的施工适宜表 3-37 规定的机械装备要求。

4) 模板、端头模板和缝板的制作

模板、端头板的缝板，都是水泥混凝土路面施工必不可少的模具，特别是模板，需要量大，且制作要求高，提前制作和准备，尤其必要。

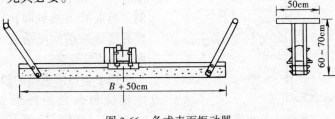

图 3-66 条式表面振动器

与道路等级相适应的机械装备　　　　表 3-37

机械设备	城市快速路、主干道		城市其他道路		
	高速公路	一级公路	二级公路	三级公路	四级公路
滑模摊铺机	√	√	√	▲	○
轨道摊铺机	▲	√	√	√	○
三辊轴机组	○	▲	√	√	√
小型机具	×	○	▲	√	√
碾压混凝土机械	×	×	√	√	▲
计算机自控强制搅拌楼(站)	√	√	√	▲	○
强制搅拌楼(站)	×	○	√	√	▲
小型搅拌站(临时)	×	▲	√	√	√
1t 小翻斗车	×	▲	√	√	√
自卸汽车	▲	▲	√	√	√
混凝土搅拌运输车	√	√	▲	▲	▲

注：1. 符号含义：√应使用；▲有条件使用；○不宜使用；×不得使用。

2. 各等级道路均不得使用体积计量、小型自落式滚筒搅拌机，严禁使用人工控制加水量。

3. 碾压混凝土也可用于高速公路、一级公路复合式路面的下面层和贫混凝土基层。

A. 模板制作用于纵缝的长条模板，也称倒模，应符合设计厚度和缝形的要求。其长度可按"减少接头，方便拆装和搬移"的原则确定。模板有木制、钢制或钢木混制三种。木制常采用的厚度为 5cm 以上，干燥的红松或杉木板材用来制作直线模板；用厚度 1.5～2.0cm 的板材制作曲线模板。钢制通常是采用高度与厚度相宜的槽钢。钢木混制则是以槽钢为模板以木料为模芯，用于企口形的纵缝。模板的顶面应与底面平行，顶面和内侧（与混凝土接触面）应平整光滑，两端面应垂直于顶面，且不应翘曲。

用于企口形纵缝的模芯，应将钝角做成圆弧形如图 3-67 所示，以利拆模，并与

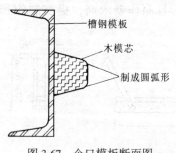

图 3-67　企口模板断面图

模板连接牢固成整体，防止拆模时的分离。

采用轨道式摊铺机施工时，模板应按摊铺机的技术要求，进行设计和制作。

B. 端头模板制作 它是用于每个作业段末端的模板，起着拦堵混凝土的作用，也称为挡板或堵头板。作业段末端可能在胀、缩缝的位置，也可能在施工缝的位置。端头板常用厚5cm的木板材制成，长度与混凝土板横向宽度（即相邻两纵缝）一致，高度与混凝土板设计厚度相等，传力杆孔位布置应与设计相同，孔径宜比传力杆钢筋直径大2～3mm，板的制成形状有整式和分式两种，如图3-68所示。无传力杆的端模板，则不必开孔或将孔封闭。

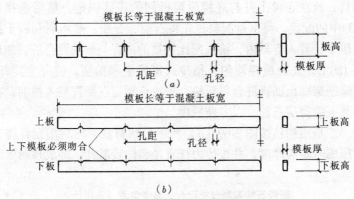

图3-68 端模板制作图
(a) 整式；(b) 分式

C. 缝板制作。分为永久性和临时性缝板两种。前者是指放在缝中不取出的缝板如胀缝下部缝板；后者是指临时放入缝中，待混凝土初凝后应取出的缝板如胀缝上部缝板。

(A) 永久性缝板。因采用的材料不同，其制作要求和方法各异。

A) 用板材制成的缝板，常采用杉木或软木板制成如图3-68 (a) 所示的形状。所用材料的技术要求见表3-38。

胀缝板对材料的技术要求　　　　　表 3-38

技术项目＼材料类别	木材类	塑料泡沫类	软木类	备 注
压应力（MPa）	7.0~30.0	0.2~0.6	2.0~10.0	
复原率（%）	60~70	90~100	65~80	吸水后应不小于不吸水的90%
挤出量（mm）	1.0~5.5	2.0~5.0	1.0~4.0	
弯曲荷载（N）	100~400	0~50	5~40	

B）用沥青材料预制的缝板有两种。一是沥青与石棉或石粉等组成混合料制成缝板。其方法是：用木或钢板制成底模，按传力杆的直径、位置，将相应直径的圆木条或圆钢条钉在底模上；再按图 3-69（a）所示的形状，用木条或角钢制成装配式的框架模具，放在底模上并与底模做可拆卸的连接固定，然后选择表 3-39 中的配比，将剂量配料，先将石棉、石粉、或木屑和砂干拌并烘干，置入容器内，掺入配比剂量的沥青与柴油混合液，加热至 180℃并充分搅拌均匀，稍冷入模摊平和拍实，待完全冷却，拆除框架取出沥青混合料板块，置放待用。在沥青料入模前，在模具上撒薄层石粉，以方便脱模。

二是用油毡按图 3-69（a）所示形状剪裁，然后用沥青将其粘压成需要的厚度，并按传力杆直径和位置凿孔，即成预制胀缝板。

沥青石棉等制缝板配合比参考值表（重量计）　　表 3-39

编号	AL(M)-2 沥青(%)	石棉屑(%)	石粉(%)	木屑(%)	砂(%)
1	25.9	15.9		4.9	53.3
2	36.3	5.5	45.4	12.8	
3	50.0	50.0			

永久性胀缝模板如图 3-69（a）所示。

（B）临时性胀缝板，又称嵌缝板。用于胀缝的嵌缝板如图 3-69（b）所示，其材料可用木料或与永久性用材相同。当缩缝采用应缝工艺时，其临时性缩缝板如图 3-69（c）所示，宜用杉木、云杉或松木制作，也可采用相应厚度的扁钢制作。

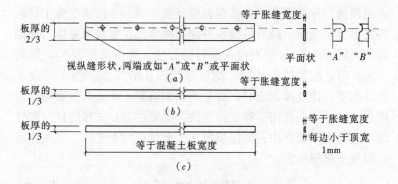

图 3-69 永久性和临时性缝板制作示意图
(a) 永久性胀缝板；(b) 临时性胀缝板；(c) 临时性缩缝板

5）设备和工具

混凝土路面施工时，还需要一些专用的小型设备和工具。有的可在市场购置如切缝机、振动器、真空吸水设备等，有的则需要自行制作如夯板、拉毛刷、切缝刀等。自制的小型设备和工具可依各城市的习惯制作，并宜早准备。

（5）施工方法

1）模板安装（立模）

为保证混凝土路面纵缝线形达到外观要求，立模必须做到接头平顺、线条顺直、棱角整齐、稳定牢固。为此，立模应在准确测定模板安装的位置和高程的条件下进行。模板定位线是用经纬仪测设定位桩，并在桩上标记用水准仪测放的高程标志，然后用尼龙线或细麻线或 20~22 号钢丝按桩上的高程标志挂线，模板按挂线进行安装。

定位桩在直线段每 10~20m 设一根，曲线段每 5~10m 设一根，常用 $\phi 16$~$\phi 18$ 圆钢制成（俗称道钉），并应牢固和垂直地钉在立模的内侧。所有定位道钉圆截面的外侧，当纵缝为平缝时，应恰好紧贴于模板内侧面；当纵缝为企口缝时，应恰好紧贴于模板内侧的凸面。模板内侧面应垂直并紧贴挂线，并每间隔 50~80cm 用道钉定位，然后依挂线高度或挖或垫调整模板高低，直至顶面与挂线平齐。垫塞模板应坚实牢固，不因承受施工荷载而发生沉陷变形。最后将模板外侧支撑牢固，支撑可采取沿外侧面每间隔 40~60cm 垂直钉入道钉的方法，亦可采用表 3-40 所列方法；与之配套的安装图，均可参照图 3-69 实施。当不易或不允许用道钉作支撑固定时，可采用预制混凝土块或其他重物，作模板支撑。采用任何一种支撑方法，必须注意：支撑的任何部件均不应超出模板顶面；每根模板端头至少有一个支撑；曲线路段的模板支撑须加密。

木模板支撑形式简表　　　　　　　　表 3-40

序号	支撑形式	简图	说明
1	三角形木撑		制作简单，利用率不及铁撑，是施工当中最常用的形式
2	三角形铁撑		用角钢或厚钢板焊接制成，利用率高，特适用于碎石或粒料的基层
3	梯形木撑		便于装拆，能增加模板的稳定性。固定支撑用道钉的拐节应稍有斜度
4	梯形铁撑		便于支立和拆除，利用率高，能增加模板的稳定性。道钉的拐节应稍有斜度

立模结束后,应进行平、直、顺、稳以及几何尺寸的检查。并将所有的缝隙,采用有效方法堵塞妥当,防止漏浆。同时,应在模板顶面侧明显地标记出胀缝和缩缝位置三角形木支撑见图3-70。

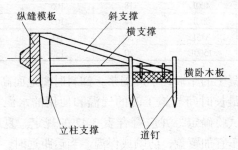

图 3-70　三角形木支撑图

2) 混凝土的搅拌与运输

混凝土应采用机械搅拌和自卸汽车运输。根据工程量和工期,选择和配置搅拌机的生产能力。当工程量较大且属重点工程时,应配置备用搅拌机和自行发电设备。在施工中,应根据混凝土的产量和运输距离以及施工作业状况,随时调整运力,以利于工程顺利进行。

搅拌混凝土时,应测定当日砂、石料的实际含水量,配备磅秤或带有电子计量秤的布料机,准确地称量投入到搅拌机内每盘的砂、石和散装水泥的干重量。每盘计量误差允许范围是:水泥 ±1%;水 ±1%;粗细骨料 ±3%;外加剂 ±2%。投入材料的顺序宜为砂、水泥、石料和水或是石、水泥、砂和水。

每盘用水量应是扣除砂石料含水量之后的用量,且必须计量准确和不允许随意增减。

每搅拌第一盘混凝土前,应先用适量的混凝土或砂浆投入机内搅拌后弃之,再按规定配合比投入材料,进行正式搅拌生产。搅拌时间应根据搅拌机的性能与需要的和易性确定。从材料全部投入搅拌机内起,至开始出料止,连续搅拌的最短时间,应符合

表 3-41 的规定，最长时间不应超过表列值的 3 倍，如表 3-41。

混凝土最短搅拌时间　　　　　　表 3-41

搅拌机类型与容量		转速 (r/min)	搅拌时间 (s)	
			低流动性混凝土	干硬性混凝土
自由式	400L	18	105	120
	800L	14	165	210
强制式	375L	38	90	100
	1500L	20	180	240

运输混凝土的车辆，不应漏浆，卸料时离地面高度不应超过 1.5m。允许最长时间与施工时的气温和使用的水泥有直接的关系，通常由试验确定，并应符合表 3-42 的规定。夏期或冬期施工时，运输车宜加覆盖，防晒或保温。当运距远时，宜采用混凝土搅拌运输车。

混凝土出料到浇筑完毕的允许最长时间　　表 3-42

施工气温 (℃)	允许最长时间 (h)
5～10	2.00
10～20	1.50
20～30	1.00
30～35	0.75

3) 混凝土的浇筑

混凝土浇筑包括摊铺、振动、做面和拉毛或压槽、做缝和安装钢筋等主要工序。

(A) 摊铺

在摊铺前，应再次检查立模情况，并将模板内侧涂敷薄层脱模剂，以利拆模。常用废机油、肥皂水、石灰水和掺水柴油作为脱模剂，而以掺水柴油效果最好。如果有拉杆，也应安装一段长度。同时，应将摊铺面上的杂物清除干净并进行整理和洒水润湿（夏季）。上述工作以能满足和适应摊铺速度并略有超前为限度。

人工一次摊铺厚度为 22cm。超过时，应采取两次摊铺，下层厚度为总厚的 3/5。当运至现场的混凝土有离析现象时，应就地重新翻拌均匀后使用。边缘宜采取反扣铁锹的方法摊铺，其他部位则采用拉耙,将混凝土摊平,其厚度应高于模板 2~3cm,并将内侧道钉取掉。

(B) 振动

摊铺一定长度的混凝土,即可进行振动。先用插入振动器振动边缘,再振动其他部位。振动棒振动间距不宜大于振动作用半径 1.5 倍,距模板距离不应大于作用半径 0.5 倍。插入振动结束后,用平板振动器纵横交错全面振动,每移动一行振动位置,应使平板振动器重叠 10~20cm。最后用振动梁进行拖平振动。

当振动梁振动拖平时,必须保持模板顶整洁和无下沉翘起现象,并配备人工补料或挖料。补料宜用细料,挖料应以铲除表面粗料为主。

振动器在每一处振动的持续时间,应以混凝土不冒气泡,不下沉并泛出砂浆为度。一般持续时间是平板振动器不少于 15s;当水灰比为 0.45 时,不少于 30s;插入振动器,不少于 20s。若分两次摊铺,上层振动必须在下层混凝土初凝之前完成,并将振动棒插入下层 5cm。

(C) 做缝与钢筋安装

在摊铺过程中,必有的做缝和钢筋安装是胀缝或末端缝及其传力杆安装和采用压缝工艺的缩缝。偶有的做缝是施工缝及其传力杆安装(如果有)和各种加强钢筋的安装。

对于连续施工的胀缝,可按图 3-71 (a) 所示,直接将胀缝板安装在缝的位置并采取相应固定措施如用道钉或混凝土固定缝板。传力杆宜采用支架承托和固定。对于非连续施工,则用端模板堵头,如图 3-71 (b) 所示。胀缝应位置准确,板面必须垂直于地面,且应完全隔断混凝土,不应造成相连的状态。安装的传力杆,应位置准确,品种、规格、长度和数量应与设计相符,同在一个水平线上,杆长的 1/2 应分配均匀一致,涂敷沥青和套管应符合规定要求。胀缝相邻两板的高程应一致,不应出现错台。

有传力杆的施工缝其做法和要求与胀缝相同,传力杆不设套管。不设传力杆的施工缝,端模板面应垂直于地面和道路中心线。多车道路面的施工缝,应避免设置在同一横断面。

不采用切缝工艺的缩缝,为防止发生不规则的收缩裂缝,当振动梁振动和做面结束后,应在缩缝位置用振动压缩机压成一道缝,并将临时性缝板嵌入压缝中,用原浆修平缝槽和调直调顺缝板,保持缝线美观和相邻两板的高程一致,待混凝土初凝后,取出嵌入缝板。

纵缝的拉杆钢筋应在混凝土摊铺前按设计规定的品种、规格、长度、部位和间距安装。混凝土路面的各种加强钢筋如角隅筋、钢筋网和井边钢筋,都是分布在平面,应先按设计图加工制作妥当,当混凝土摊铺到安装位置和层厚时,将其正确放入即可。

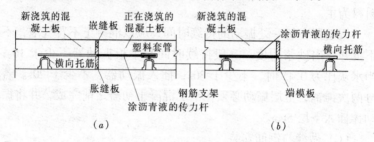

图 3-71 胀缝及传力杆安装示意图
(a) 连续施工;(b) 非连续施工

(D) 做面与拉毛(压槽、压纹)

做面俗称路面收浆或抹面,它是在振动梁振动后,对路面的平整度作进一步整修,使其获得更佳的平整度。通常应做两次收浆。

做面之前,应做好清边整缝、清除粘浆、修补缺角掉边等项工作。同时用铁滚杠在混凝土板面滚动 1~2 遍,使板面更趋平整,并可使混凝土表面泛浆,利于做面。

头次做面是对板面高低不平部位,进行找平。当找平后,发现仍有低洼部位,用相同标号细骨料混凝土填补抹平密实,用 3m 直尺检查平整度。二次做面是在混凝土板面无泌水时进行,使板面更平整密实。前后两次相隔的参考时间见表 3-43。作面后的板面应坚实、致密、平整，且无抹刀痕迹。做面时严禁在板面上洒水和撒水泥。

两次做面间隔时间　　　　　表 3-43

水泥品种	施工温度（℃）	间隔时间（min）	水泥品种	施工温度（℃）	间隔时间（min）
普通水泥	0	35~45	矿渣水泥	0	55~70
	10	30~35		10	40~55
	20	15~25		20	25~40
	30	10~15		30	15~25

注：间隔时间不仅与水泥品种和施工温度有关，还受日照、风力、水泥用量等因素影响。因此，实际操作时还需按当时情况而定。

做面结束，可进行拉毛或压槽作业。操作拉毛刷或压槽滚筒时，在直线路段，应保持纹或槽迹垂直于道路中线并相互平行；在曲线路线，应保持纹或槽迹呈向心的辐射状。

4）混凝土浇筑结束的几道后续工序

做面或拉毛压槽完毕的后续工序还有养护、拆模、切缝、灌缝等。

（A）养护

混凝土板浇筑结束后，应及时养护。以保持水泥在硬化过程中所需要的水分和保护混凝土强度未形成之前板面不受损坏。养护期一般为 14~21d。

常用的养生方法有覆盖湿水、筑塘蓄水；先进的方法则有塑料喷膜等。

（B）拆模

当混凝土强度达到设计强度时，即可进行模板拆除工作。混凝土强度增长与所用的水泥和气温有密切关系，应由试验确定拆模时间。当使用普通水泥时，允许拆模时间应符合表 3-44 的规定。

允许最早拆模时间　　　　　表 3-44

昼夜平均气温（℃）	5	10	15	20	25	30 以上
最早拆模时间（d）	60	48	36	24	18	12

注：拆模时间为混凝土成型后至拆模时所经的时间。

拆模不宜用力过猛过急，更不应蛮干，以免损伤混凝土板的边角和表面以及损坏模板。拆模时，应先拆除支撑和道钉，再用小铁锤或木槌轻击模板，待模板与混凝土之间出现缝隙后，用铁撬在多处位置插入缝隙，平行一致地慢慢向外撬拨模板，直至模板完全退出拉杆或模板企口为止。拆下的模板应有序的平放并清除模板上的粘附物。对于损坏的模板应及时修整，以便周转使用。模板拆除后，应按设计要求，在混凝土板侧面适时地涂刷薄层沥青，以利混凝土的施工。

（C）切缝

用切缝机切制混凝土板缩缝，代替压缝或做缝工艺，不仅具有节省人工和时间与缝型美观一致的优点，更重要的是克服了板差，极大地改善了路面平整度。

当混凝土抗压强度达到 6~12（碎石）MPa 或 9~12（砾石）MPa 时，是切缝的最佳时间。若气温突变应提早切缝，以防产生不规则裂缝，如果来不及顺序切缝，可采取每隔 1~2 道缝切一道的应急处理措施，待后再补切。

切缝之前应在缝位上用墨斗或其他方法，测放缝线，多车道路面应拉通线放线，以防错缝。同时应检查切缝机运转、刀片安装、电和水源等情况。刀片必须与机架垂直，并保证运转时不得发生摆动和松脱。同时，切缝机接的电应绝缘良好，水箱蓄备充足。

切缝时，安置导向架，调整刀放进刀深度并开启电和水开关进刀，切缝机从边缘开始依导向架前进直至切割到板的另一边缘，提起刀片并关闭电水开关。如果切至缝的中途，因故停止切缝，应先关闭电源，将刀片提离混凝土板面。切缝完毕，最好能及时灌缝。

（D）灌缝

灌缝也称为填缝。是指用具有良好的压缩复原性，粘结性和防水性材料，将混凝土板的胀、缩缝填塞，以防止杂物落入缝隙而影响板的伸胀和雨水由缝隙渗入路基而影响稳定。

常用的灌缝材料按施工工艺分为两种形式。

A) 灌入式。采取灌入工艺将灌缝材料填入缝槽。使用的材料有聚氯乙烯胶泥和沥青橡胶。两种都有良好的粘结性，前者适用于寒冷和温热地区，后者适用于温热地区。

聚氯乙烯胶泥可从生产厂家购得，使用时，应缓缓加热至130℃，保持恒温15min并不断搅拌，灌入缝中冷却成型，加热温度不得超过160℃，以防树脂碳化。也可按表3-45配合比自行配制。其配制方法是先将脱水煤焦油倒入锅内，加热至60℃拌匀，再加入其他材料并边加边搅拌，加热至140℃时，保持温度10~20min，即可使用。自行配制时，加热温度不得超过150℃，应采取随用随配，不能久放。

灌缝材料配合比（质量比）　　　　　表3-45

灌缝料名称	现场自配聚氯乙烯胶泥				
材料名称	脱水煤焦油	聚氯乙烯树脂	增塑剂	粉煤灰	二盐或三盐（稳定剂）
配合比	100	9~11	15~25	30~50	0.5
灌缝料名称	沥青橡胶				
材料名称	油-10石油沥青	重或轻柴油	橡胶粉	石棉粉或石棉短绒	石粉
配合比	55~60	10~20	10~15	4~6	10~15

注：沥青橡胶宜用重柴油，当用于胀缝时，宜用石棉短绒。

沥青橡胶可按表3-45配合比自行配制。其方法是将油-10石油沥青加热脱水，当温度加热到180~220℃时，加入柴油拌匀，再加入经预热的石粉、石棉粉的混合物，最后加入橡胶粉，所有加入的材料，都应边加边搅拌均匀。当升温至180~220℃，恒温1~1.5h，使沥青橡胶具有较大流动性时，即可使用。

B) 嵌入式。是采用嵌入工艺将预制的嵌缝板或条嵌入缝槽。使用的材料有沥青橡胶、有孔氯丁橡胶。前者需要按表3-39（用于胀缝下部）和表 3-46 配合比自配和预制，配制方法与灌缝式沥青橡胶相同，预制方法与用沥青石棉制作永久性胀缝板相同。有孔氯丁橡胶可按设计要求委托厂家加工或订购厂家标准产品。

沥青橡胶嵌缝板的材料配合比（质量比）　　　表 3-46

材料名称	沥青掺配成分	掺配后沥青（%）	石粉（%）	废橡胶粉（%）		石棉粉（%）	石棉短绒（%）
				用于缩缝、纵缝	用于纵缝上部	用于缩缝、纵缝	用于纵缝上部
配合比	油-10 沥青 80%＋重（轻）柴油 20%	30	20	25	20	5	10

灌缝之前应采取掏挖、小型空压机或皮老虎气吹和水冲等方法，将缝槽中杂物和尘土彻底清净，并用喷灯烘干或加热缝壁，使灌缝材料与缝壁粘附紧密不渗水。

夏季灌缝宜与板面平齐，冬季则应略低于板面。高出板面的材料，宜用热铲铲掉或烙平。一般灌入深度宜为 3～4cm；当缝槽偏深时，其下部可填入多孔柔性材料如锯木屑、泡沫粒等。灌缝时，宜在缝两边撒铺薄层石粉或铺垫废纸，以利清除粘附在缝边板面的灌缝材料。

采用嵌缝条，可在缝槽形成时嵌入，并保持缝条的顺直整齐。

(6) 混凝土的机械摊铺

机械摊铺混凝土，由于具有速度快、能力大和质量好的优点，常在可以充分发挥其优势的工程和具有充足配套设备的条件下使用。

目前，在国内常见的混凝土摊铺机有轨道式和滑模式两类。

1) 轨道式摊铺机施工

轨道式摊铺机是依靠本机自行在导轨上，完成混凝土摊铺作业的机械。近年来，引进或国内制造的轨道机组虽机型繁多，但多数是由刮板布（匀）料机、复平梁或主次振动梁和修整机组成的摊铺机组。它们的摊铺性能，随机型而异。一般都可满足城市道路水泥混凝土路面的施工要求，最大摊铺厚度可达300mm，宽度3~9m，速度0.4~1.5m/min等。

采用轨道机组摊铺，一般只能完成摊铺、振动、整平等工序的作业，而其他工序如做面、做缝、安置钢筋、养护、切缝和灌缝等，仍需依靠其他作业方式完成。

使用轨道机组摊铺的混凝土，其水泥用量不应少于330 kg/m^3，粗骨料最大粒径不宜超过50mm，坍落度宜控制在10~25mm以内。混凝土应采用大容量的强制式搅拌机拌制，以保持混凝土的均匀性和一致性。

2）滑模式摊铺机施工

滑模式摊铺机是不需立模，不用层轨，依靠本机行驶在下承层上，完成混凝土摊铺作业的机械。它配有液压操纵、螺旋布料和自控等装置，集摊铺、振铺、振动、整平、安装传力杆和拉杆于一机，如美国西亚玛公司制造的SF-250或350型。如再配置切缝机和路面修整机，则浇筑混凝土路面施工的全过程，只剩下灌缝、养护、加强钢筋的安装和清场等少数工序，需要辅以人工作业。它与轨道机相比，具有更高的效率、更好的质量和更大的灵活性，但对混凝土品质、生产设备能力和施工配合等的要求则更高更严。

采用滑模机摊铺时，应充分做好工作，摊铺机作业行驶的地面，必须坚实、稳定、平整。平整度要求达到+5~-10mm，宽度要求超过轮宽200mm，并具有大于1MPa的强度。

沿摊铺宽度两侧或一侧，并距摊铺边缘30cm处每隔7~10m打入引导桩柱一根，用于挂装引导绳。引导绳是保证摊铺平面线形和高程的重要装置，因此要求桩柱应垂直于地面和牢固不动，并用绞车将引导绳拉紧。引导绳形状应与道路的纵、平曲线相符，且无明显的垂度。

混凝土应具有良好的和易性，骨料最大粒径应不大于40mm，坍落度应始终保持在40~60mm范围内。摊铺机按每分钟行驶1m的进度，确定搅拌机、运输车辆和其他设备的配备能力和数量。

一旦开机摊铺，应保持供料连续均匀，不应中断。供料中断或因故中途停顿，其最长停断时间不得超过15min。滑模行程完毕，应切实保护混凝土的边角，以防碰撞和倒塌。如发生倒塌，应及时修妥。

3）三辊轴机组铺筑施工

三辊轴机组铺筑施工工艺流程如图3-72所示。

布料→密集排振→拉杆安装→人工补料→三辊轴整平→（真空脱水）→→（精平饰面）→拉毛→切缝→养生→（硬刻槽，即压纹）→填缝

图3-72 三辊轴机组铺筑施工工艺流程

三辊轴机组铺筑水泥路面的主要设备有：

（A）三辊轴整平机：三辊轴整平机实质上属于小型机具的改造形式，是将小型机具施工时的振动梁和滚杠合并安装在有驱动力轴的设备上。在高等级道路的施工中，还须同时配备密集排式振动机施工。

（B）振动机：是在密集排振的观点指导下开发的配套设备，目前有仅安装一排振动棒的形式，也有同时安装有辅助摊铺的螺旋布料器和松方控制刮板的形式，《公路水泥混凝土路面施工技术规范》（JTG F30—2003）中推荐采用后一种形式。

（C）振动梁：桥面铺装时（厚度不超过150mm）可使用振动梁。

（D）拉杆插入机：是摊铺双车道路面时，在中间纵缝中插入拉杆的专用装置。

板厚200mm以上宜采用直径168mm的辊轴；桥面铺装或厚度较小的路面可采用直径为219mm的辊轴。轴长宜比路面宽度长出600~1200mm。振动轴的转速不宜大于380r/min。

三辊轴机组铺筑混凝土面板时，必须同时配备一台安装插入式振动棒组的排式振动机，振动棒的直径宜为50~100mm，间距不应大于其有效作业半径的1.5倍，并不大于500mm。插入式振动棒组的振动频率可在50~200Hz之间选择，当面板厚度较大和

坍落度较低时，宜使用100Hz以上的高频振动棒。该机宜同时配备螺旋布料器和松方控制刮板，并具备自动行走功能。

铺筑作业时应有专人指挥车辆均匀卸料。布料应与摊铺速度相适应。混凝土拌合物布料长度大于10m时，可开始振动作业。

密排振动棒组间歇插入振实时，每次移动距离不宜超过振动棒有效作用半径的1.5倍，并不得大于500mm，振捣时间宜为15~30s。排式振动机连续拖行振实时，作业速度宜控制在4m/min以内，其作业速度以拌合物表面不露粗骨料，液化表面不再冒气泡并泛出水泥浆为准。混凝土坍落度应控制在10~40mm，布料的松铺系数为1.12~1.25。坍落度大时松铺系数取低值，坍落度小时松铺系数取高值。超高路段，横坡高侧取高值，横坡低侧取低值。

面板振实后，应随即安装纵缝拉杆。单车道摊铺的混凝土路面，在侧模预留孔中应按设计要求插入拉杆；一次摊铺双车道路面时，应配备纵缝拉杆插入机，并配有插入深度控制和拉杆间距调整装置，使插入机每次移动的距离应与拉杆间距相同。

三辊轴整平时，应按作业单元分段整平，作业单元长度宜为20~30m，振动机振实与三辊轴整平两道工序之间的时间间隔不宜超过15min。在一个作业单元长度内，应采用前进振动、后退静滚方式作业，宜分别作业2~3遍。混凝土料位高差宜高于模板顶面5~20mm，过高时应铲除，过低时应及时补料。滚压完成后，将振动辊轴抬离模板，用整平轴前后静滚整平，直到平整度符合要求，表面砂浆厚度均匀为止。表面砂浆厚度宜控制在（4±1）mm，三辊轴整平机前方表面过厚、过稀的砂浆必须刮除丢弃。

精平饰面可采用旋转抹面机密实精平饰面两遍或用3~5m刮尺，在纵、横两个方向不少于两遍进行精平饰面。刮尺、刮板、抹面机、抹刀饰面的最迟时间不得迟于表3-47规定的铺筑完毕允许最长时间。

混凝土拌合物出料到运输、铺筑完毕允许的最长时间 表 3-47

施工气温 (℃)	到运输完毕允许最长时间（h）		到铺筑完毕允许最长时间（h）	
	滑模、轨道	三轴、小机具	滑模、轨道	三轴、小机具
5~10	2.00	1.50	2.50	2.00
10~20	1.50	1.00	2.00	1.50
20~30	1.00	0.75	1.50	1.25
30~35	0.75	0.50	1.25	1.00

(7) 混凝土板真空吸水工艺

利用真空设备，借助大气与真空的压力差，使混凝土受到挤压作用，而将其体内多余的水分利用空气排出，而达到密实。因此，采用真空吸水工艺的混凝土路面，其水灰比可比常规增加 5%~10%，且吸水后的强度即可达到 0.2MPa，有利于立即做面和防止收缩裂缝的出现。

采用真空吸水工艺，开机吸水时一般应使真空表在 1min 内逐步升高并达到 400~500mmHg 高，最大不应超过 600~700mmHg高。吸水程度可以时间为度，也可以吸出水量为度。一般真空吸水时间（min）宜为板厚（cm）的 1~1.5 倍或符合表 3-48 的规定，并记录所吸出的水量和计算出剩余的水灰比，以衡量真空吸水效果。

最短吸水时间（单位：min） 表 3-48

面板厚度 h (mm)	昼夜平均气温 T（℃）					
	3~5	6~10	11~15	16~19	10~25	>25
18	26	24	22	20	18	17
22	30	28	26	24	22	21
25	35	32	30	27	25	24

当正常出水后，真空度应保持均匀；结束吸水前，真空度应

逐渐减弱；临近吸水结束前，宜将气垫四周略掀起 10～20mm，继续吸水 15s，以吸尽作业表面和吸管中的余水。为弥补因真空吸水造成的板中、板边出现的高差，吸水完毕后可再用滚杠、振动梁或叶片、圆盘式抹面机重新压实精平，并宜采用抹光机抹面。

(8) 钢纤维混凝土路面施工

钢纤维混凝土路面是指在混凝土中掺入钢纤维的水泥混凝土路面。钢纤维的直径一般为 0.4～0.7mm，长度与直径之比值宜为 50～70，其抗拉强度不应低于 550MPa。

钢纤维混凝土中，能充分发挥钢纤维抗拉强度高，混凝土抗压强度高的特点，从而大大提高材料的各项技术性能，钢纤维混凝土具有优良的抗拉、抗弯、抗疲劳、抗冲击以及耐磨耗、韧性高等特性，是一种良好的弹塑性材料。钢纤维混凝土用于路面中可明显地减薄厚度，改善路用性能，一般适用于标高受限制地段的路面、旧混凝土路面的加铺层、公共汽车站、收费站和桥面铺装等。

钢纤维混凝土路面的板厚一般为普通混凝土路面板厚的 0.55～0.65 倍，但其最小厚度不得小于 10cm。钢纤维混凝土配合比设计方法与普通混凝土路面相同，钢纤维用量按占混凝土的体积百分率计算，一般采用 1.0%～1.2%。砂率一般采用 45%～55%，钢纤维用量多的取高值。

钢纤维混凝土搅拌时，应按砂石、水泥、钢纤维的顺序加入拌合机中，干抖 2min 后，再加水湿拌 1min，钢纤维混凝土路面施工方法与普通混凝土路面相同。但在抹面时，需将冒出混凝土表面的钢纤维拔出，否则应另加铺磨耗层。

2. 沥青路面施工

(1) 沥青及其混合料

1) 沥青

沥青是由多种有机化合物构成的复杂的混合物，是一种有机胶结材料。在常温下呈固体、半固体或液体的形态，颜色呈辉亮褐色以至黑色，富有黏滞性，能溶解于二硫化碳、氯仿、苯等有机溶剂。

沥青在建筑工程中广泛应用于防水、防腐、防潮工程及水工建筑与道路工程中。

沥青作为道路建筑材料，已广泛地应用于修筑各种沥青路面。如沥青表面处治、贯入式沥青路面、黑色碎石、沥青混凝土路面，亦可作为水泥混凝土路面填缝料以及桥梁的防水层、防腐蚀材料等。

目前常用的主要是石油沥青、煤沥青和改性沥青，石油沥青是石油原油经蒸馏提炼出各种石油产品（如汽油、煤油、柴油、润滑油等）以后的残留物，再经加工而制得的产品，石油沥青在道路中用得比较多。

沥青的基本性质：

(A) 黏滞性

黏滞性又称为黏性或黏度，它是表示沥青黏结能力的主要指标，也是决定沥青混合料强度的主要因素，对于黏稠沥青（固体或半固体）用针入度表示；对于液体用黏度表示。

a. 针入度。是指黏稠沥青在规定温度条件下，用规定的质量和精度的标准针，在规定的时间内，贯入沥青试件的深度并以 0.1mm 为计量单位表示。针入度愈小，沥青粘结力愈强；愈大则粘结力愈低。

b. 黏度。是指液体沥青在规定温度和流孔孔径的条件下，流完规定的沥青量所需的时间，并以秒为计量单位。表达黏度时含温度和流孔孔径两个内容，如某个沥青在 60℃时，通过 5mm 孔径流出 50mL，所需时间为 100s，即可表示为 $C_{60}^{5} = 100s$。

(B) 延度

沥青在外力作用下，发生变形而不破坏的能力，称为塑性，或称延性。通常用延度来表示。即将沥青试样制成 8 字形标准试模，在规定速度和规定温度下拉断的长度（以毫米计）。

(C) 软化点

用"环球法"测定,是指沥青在规定尺寸的金属环内,上置规定尺寸和重量的钢球,放入水(或甘油)中,以 $5 \pm 0.5℃/min$ 的速度加热,至钢球下沉达到规定距离时的温度,并以"℃"为计量单位表示。软化点值大,表示沥青抗高温的能力强,也就是热稳定性好。

另外,沥青还有闪点、燃点、溶解度、含水量、脆点、蜡含量、黏度等性能招标。

改性剂是在沥青或沥青混合料中加入的天然或人工合成的有机或无机材料,可熔融或分散在沥青中,以改善或提高沥青的路用性能。改性沥青是基质沥青与一种或数种改性剂通过适宜的加工工艺形成的混合物。

改性沥青混合料是由改性沥青(或由改性剂、基质沥青)与矿料按一定比例拌合而成的混合料的总称。根据各种不同的使用目的,改性沥青混合料应有适宜的矿料级配,可以采用密级配沥青混合料或 SMA、OGFC 等间断级配沥青混合料。

改性沥青的技术要求应符合 JTJ 036—98 的要求。

2)沥青混合料

沥青混合料是经人工合理选择级配组成的矿质混合料(如碎石、石屑、砂等),是与适量沥青材料,在一定温度下经拌和而成的高级路面材料。沥青混合料包括沥青混凝土混合料和沥青碎石混合料。它们经摊铺、碾压成型,即成为沥青混凝土路面和沥青碎石路面。

沥青混合料具有许多优点:良好的力学性能,施工方便,噪声小,良好的抗滑性,便于对旧有路面的加厚补强;但也有缺点:沥青材料易老化,感温性差。

沥青混合料分类:

A. 按施工工艺或温度分类

(A)热拌热铺沥青混合料,它是指沥青与矿料在热态下拌合铺筑的混合料;

(B)常温沥青混合料,它是以稀释沥青与矿料在常温状态下拌制、铺筑的混合料，也称为冷拌冷铺混合料。

B. 按矿料级配中混合料压实度分类

（A）连续级配型。它是指由砂、石和石粉组成的混合料，其颗粒粒径具有连续性，其配合比具有良好的级配并符合规定的级配要求。剩余空隙率为3%~6%称为Ⅰ型混合料，4%~10%的称为Ⅱ型混合料。常统称为沥青混凝土。

（B）间断或开级配型。是指在连续级配中缺少一个或两个档次粒径的矿料，使料径不具备连续性，级配欠佳，混合料空隙率超过15%以上，常称为黑色碎石混合料。

(2) 沥青机械

1) 沥青混合料拌合机

沥青混合料拌合机是将一定配比的碎石、砂、石粉和沥青均匀拌合成沥青混合料的机械，由砂石料的烘干与加热设备；砂石料的筛分与称量设备；沥青的加热与保温设备；沥青的称量设备；拌合器；相应的升运设备；传动系统与操纵系统等部分组成。其拌制工作包括下列工序：

将骨料烘干并加热到160~200℃，筛分后按重量称好比例分量；

将沥青加热到120~160℃，按容量或重量称好比例分量；

将定量的热沥青喷洒在定量的矿料上，予以拌合均匀。

就其作业方式可分为循环作业式、连续作业式、综合作业式三种类型。

以循环作业式沥青混合料拌合机的工艺过程为例作简要介绍。如图3-73所示，混合料中各种材料的称量、烘干与加热、拌合等工艺过程都是按一定的间隔周期进行的。一份称好的湿砂石料由升运机2送入烘干筒5内，经过烘干与加热后由转料槽6将热砂石料转卸于拌合器7内，此时定量的热沥青就喷洒在热砂石料上进行拌合。最后将成品按份卸在运输车上运走。拌合器在拌合前一份料的同时，烘干筒内则接受下一份料的烘干工作。

目前用的比较多的是电脑控制的拌合楼，但其原理是同拌合

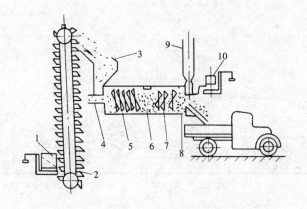

图 3-73　循环作业式沥青混合料拌合机工艺示意图
1—冷砂石料称量斗；2—冷砂石料升运机；3—漏斗；4—燃烧室；5—烘干筒；
6—转料槽；7—拌合器；8—卸料槽；9—烟囱；10—沥青量桶

机一样，只是增加了电脑等辅助设施。

2）沥青混合料摊铺机

沥青混合料摊铺机是用来将拌好的沥青混合料（如沥青混凝土或黑色粒料），按一定的技术要求（如厚度和横截面形状）均匀地摊铺在已整好的路基或基层上，并进行初步捣实和整平的专用设备。

现代沥青混合料摊铺机还适用于摊铺各种材料的基层和面层，例如铺防护墙、铁路路基、RCC 基础层材料、稳定土等。由于现代沥青混合料摊铺机自动化程度高，能无级调节摊铺宽度，操作简单方便，摊铺速度快，在摊铺机上有可以加热的熨平装置，可以在比人工摊铺较低的气温条件下施工，能够保证摊铺路基、路面的平整度等摊铺质量，因此，沥青混合料摊铺机是修筑一般公路和高速公路不可缺少的关键设备。

沥青混合料摊铺机主要由基础车（发动机和底盘），供料设备（料斗、输送装置和闸门），工作装置（螺旋摊铺器、振动器和熨平装置）及控制系统等部分组成。其工作过程如图 3-74 所示，混合料从自卸车上卸入摊铺机的料斗中，经由刮板输送后转

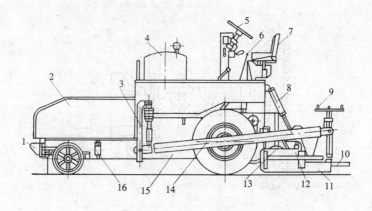

图 3-74 沥青混合料摊铺机构造简图
1—前推滚；2—料斗；3—进料闸门及闸门油缸；4—柴油发动机；5—操纵台和转向器；6—操纵手柄；7—坐椅；8—熨平板提伸油缸；9—厚度调节螺旋；10—踏板；11—熨平板；12—振动器；13—螺旋摊铺器；14—熨平装置吊臂；15—机架；16—料斗倾斜油缸

送到摊铺室，在摊铺室再由螺旋摊铺器横向摊开。随着机械行驶，这些被摊开的混合料又被振动器初步捣实，接着再由后面的熨平板（或振动熨平板）根据规定的摊铺层厚度，修整成适当的横断面，并加以熨平或捣实熨平。

自卸车在卸料给摊铺机时倒退到使其后轮碰及摊铺机的前推滚，然后将变速器放置空档，升起车厢，由摊铺机推着汽车一边前进一边卸料。卸料完毕汽车驶开，再换另一辆汽车按同样方法卸料。

混合料进入摊铺器的数量可由装在刮板输送器上的闸门来控制或由刮板输送器的速度来控制。摊铺层的厚度由两侧的熨平板提升油缸和上下调整螺旋来调整。

3）路面铣刨机

沥青路面破坏后，当需要清除破坏的沥青面层，进行改建时，可采用路面铣刨机将沥青面层清除，以加快施工速度。

铣刨机有带式和轮胎式两种，有带输送机和不带输送机两类。带输送机的铣刨机多用于大工程；不带输送机者，灵巧机动，使用方便，适用于城市道路工程。

图 3-75 是 SF1300 型铣刨机外貌图，属不带输送机类。其构造主要由轮胎基础车（发动机与底盘）、铣刨鼓、输送机以及洒水、液压冲击镐等辅助设备、液压传动机构组成。

铣刨鼓安装在底盘后轴和输送机的中间，横置在偏右的一边。铣刨鼓的圆筒直径为 460mm，鼓上装有刀具座，有螺栓紧固在铣刨鼓

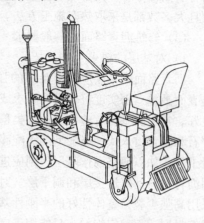

图 3-75　不带输送机铣刨机外貌图

上，可拆换的镶有碳化钨刀头的铣刀就紧配在刀具座上。铣刨深度可由电控深度自动控制器控制，第一次不超过 100mm，第二次不超过 70mm，宽度为 1300mm，最大左右倾斜为 7.5°。铣刀根据不同路面的结构配有不同形状和不同材料的切割刀头。粗大尖端的刀头比薄细尖端的刀头具有更大的切削压入阻力，因此对压实坚硬的路面应选用尖端小的刀头，路面软而松散的可选用较粗大的刀头。这虽会引起较大阻力，但经久耐用。

沥青路面也称黑色路面，它是在矿质材料中以各种方式掺入沥青结合料而铺成的路面。由于沥青是一种黏性强和弹塑好的有机结合料，能将矿质材料牢固地粘结成整体。经过加工、摊铺和碾压，而成为平整、坚实、耐磨、不透水的路面。它不仅具有强度高、刚度好，能抵抗各种应力和变形的能力；而且还具有抗振性好、噪声低、行车平稳舒适等优点。它与水泥混凝土路面相比：具有施工周期短、勿需养生期、易修补并可分期修建等优点。但它的主要缺点是温度稳定性差，高温易发软、低温易脆裂。

城市中用的沥青路面有沥青混凝土、沥青碎石、沥青贯入和沥青表面处治等。而常用的是沥青混凝土和沥青（黑色）碎石，而且大多数都是采取热态施工方法。

（3）修筑沥青路面的一般要求

1）对基层的要求

沥青路面的基层应具有足够的强度和刚度，良好的稳定性，且表面平整、密实度符合设计要求或与面层一致，并与面层结合良好。常用的基层有整体型的各类稳定土基层，嵌锁型的泥灰结碎石和沥青贯入式，级配型的级配碎（砾）石以及碾压式水泥混凝土等。如以旧路面作基层，则应进行各项质量检验和修补，或用沥青材料铺筑连接层和调平层。对于城市快速路和主干路，宜采用高强少裂，整体性好的半刚性基层，并于其表面浇洒透层或铺筑封层，而稳定细粒土只能用于底基层。

2）对材料的要求

（A）沥青用于沥青路面的沥青有膏体和液体石油沥青、煤沥青等。

液体石油沥青适用于透层、粘层和拌制常温沥青混合料。

煤沥青用于透层、粘层和城市次干路以下的道路面层，但不宜用于热态施工的表面层。在使用期间，其贮油池或沥青罐中的温度宜为 70~90℃，并应避免长期贮存。当存放时间较长时，在使用前应抽样检验，质量不符合要求者不得使用。

按沥青的不同来源、类别和标号，做上标记组织贮运；分开存放，不得混杂。在贮运、存放和使用过程中，应避免雨水或加热管道蒸汽进入盛装沥青的容器，特别是不能进入正在加热或保温或使用的沥青容器。

（B）骨料与填料各类沥青路面所使用的矿料有粗、细骨料和填充料之分，对它们的要求严格按相应规定、规范进行。

3）施工准备

修筑沥青路面的施工准备，主要包括下列几方面：

（A）对基层的检验和处理

按照要求对基层进行检查和检验,并将不符合要求的路段或位置进行处理。如果需要浇洒透层油,则应至少提前一天进行,待透层油充分渗透并干燥后,方可铺筑面层。

(B) 沥青或沥青混合料加工厂(站)建设和准备

对设有固定集中沥青搅拌厂(站)的城市,准备工作的重点是设备检修,以适应正常加工沥青和沥青混合料的需要。

对没有固定集中沥青搅拌厂的城市,就需要根据工程规模、城市条件、选定的生产方式等情况,经过厂址选择、设备选型、总体设计、设备安装和调试等一系列工作,建立与工程量和工期相适应的临时性或半固定式的沥青和沥青混合料加工厂(站)。

(C) 备料

沥青进厂(站)应分批检验其主要技术质量指标。砂石料进厂(站)应按规格、品种分别堆放不得混杂。

(D) 设备

用于沥青路面的施工机具,必须进行有目的的针对性检查和检修。如沥青洒布车或手洒布机,应着重检查油泵系统、输洒油管道、量油表和保温装置等;如沥青摊铺机应着重检查其机械性能中的振动板、振动器、整平器、螺旋布料器、发动器调速器、刮板、料门、厚度调节器和自找平装置等,如检查出光轮压路机滚筒表面有凹陷或坑槽,则不得使用。

(E) 技术准备

包括对各种原材料的各项检验性试验,沥青混合料的配合比设计及其试验,必要的沥青或沥青混合料试洒或试铺等。

4) 热拌沥青混凝土路面施工

热拌沥青混合料是矿料与沥青在热态下拌合、热态下铺筑施工成型的混合料的总称,它包括热拌沥青碎石、沥青混凝土、抗滑表层等多种类型,其特点是矿料、沥青及拌合混合料从拌合到铺筑成型均须在较高的温度范围内完成。热拌沥青混合料路面的施工包括混合料配合比的确定、拌合与运输、摊铺与压实等方面,其施工工艺和质量控制流程如图 3-76 所示。

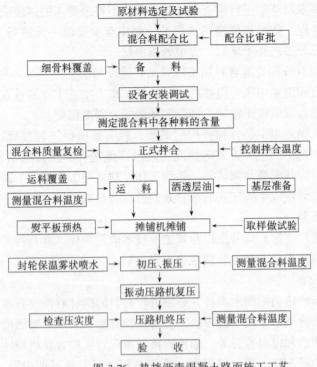

图 3-76 热拌沥青混凝土路面施工工艺

(4) 热拌沥青混合料施工机械准备

热拌沥青混合料路面施工时各种机械要配套协调，根据道路规模和等级，选用不同型号的主要机械和要求如下：

1) 沥青混合料搅拌设备

目前，我国多采用间歇式拌合机，其生产能力一般为 200t/h 以上，也可用两台 100t/h 以上的拌合设备。城市道路应根据城市建设规模和市场要求选择生产能力的大小，尽量选择中、中型以上，性能较好的搅拌设备。

2) 沥青混合料摊铺机

在城市道路施工中，根据路幅宽度尽量选择采用摊铺宽度为 7~9m 以上的大型摊铺机，在高速公路、一级公路及城市快速路路面施工中，则要求摊铺宽度大于 10~12m 的摊铺机，或选用两台以上摊铺宽度为 7~9m 的大型摊铺机梯队施工，也能达到较好的摊铺质量。但无论采用何种摊铺方式，均需配备较好的移动基准梁。

3）压实机械

沥青混合料主要采用下列压实机械：

双轮钢筒式压路机：6~8t；三轮钢筒式压路机：8~12t, 12~15t；轮胎压路机：12~20t, 20~25t；振动压路机：2~6t, 6~14t。

此外，为了压实受地形地物限制的边角处的路面，还需配备下列辅助压实机具：手扶式小型振动压路机（1~2t）；振动夯板（质量不少于 180kg，振动频率不小于 3000 次/min）；人工热夯机具等。

4）运料设备

尽量采用单车载重量大于 15t 的自卸运输车，运输车的数量根据摊铺机的铺筑能力、运输距离等来确定，一般规定，运输能力要超过摊铺机摊铺能力 20% 以上，并保证在摊铺机前一直有 4~5 辆自卸车停车待卸。

5）其他辅助设备

根据路面设计和施工的需要，在需设置透层、粘层或封层时，还需要沥青洒布车、骨料撒布机、装载机、洒水车、路面切缝机、空压机、发电机组等辅助机械。

(5) 热拌沥青混合料设计

热拌沥青混合料的配合比设计简称混合料设计，根据《公路沥青路面施工技术规范》（JTJ032—94）的要求，全过程的混合料设计分为三个阶段，即目标配合比设计阶段、生产配合比设计阶段和生产配合比验证阶段。其中目标配合比设计可以由设计单位进行，也可由施工单位进行，而后两个阶段由于要借助于拌合设备和摊铺设备，故宜由施工单位或设计、施工单位联合进行。通过这三个阶段确定沥青混合料的材料品种、矿料级配和沥青用量。普通的热拌沥青混合料配合比设计用马歇尔试验进行，并对混合料性能进行各种检验,特殊类型的沥青混合料,如 SMA 等,还需采用其他一些试验方法,马歇尔试验仅能作为参考标准。

1) 目标配合比设计

在进行配合比设计之前,根据工程设计,确定沥青混合料的类型,然后进行目标配合比设计。目标配合比设计的目的是确定各种规格骨料的配合比,使矿料混合料的颗粒组成接近选定的沥青混合料类型的级配范围的中值,特别是 4.75mm、2.36mm、0.075mm(方孔筛)三个筛孔的通过量要接近规定级配范围的中值,按选定的矿料配合比,采用不同沥青用量制备马歇尔试件,并通过马歇尔试验确定最佳沥青用量。

目标配合比设计一般在沥青面层施工前一个月左右进行,所选定的矿料配合比供确定拌合厂各冷料仓的供料比例、进料速度及试拌使用,根据规范规定,在进行目标配合比设计时,必须采用工程实际使用的材料而不是采料场的材料样品。

2) 生产配合比设计

拌合厂冷料仓的骨料按目标配合比确定的比例进入烘干筒烘干后,如果采用间歇式拌合机,那么烘干的热料将经过第二次筛分重新分成 3~5 个不同粒级的骨料,分别送入拌合机内的热料仓(一般拌合机内有 3~5 个热料仓)。各个热料仓中骨料颗粒组成已不同于冷料仓,因此,需要重新进行矿料配合比计算,以确定各个热料仓骨料进入拌合室的比例,并检验确定最佳沥青用量,这一过程即为生产配合比设计,该阶段一般在沥青面层施工之前 10d 左右进行。

生产配合比设计阶段,仍应进行矿料颗粒组成检验和马歇尔试验。生产配合比设计流程如图 3-77 所示。

试验室确定的目标配合比 → 料场骨料校核颗粒组成 → 热料仓骨料筛分 → 热料仓骨料配合比设计 → 马歇尔试验检验确定最佳沥青用量

图 3-77 生产配合比设计流程图

3) 生产配合比验证

生产配合比验证阶段也是正式铺筑沥青面层之前的试拌试铺

阶段，采用的机械设备、施工工序、质量管理和检验方法均与面层正式开工后的日常生产相同，通过试拌试铺，为正式铺筑提供经验和数据。

生产配合比验证的流程如图 3-78 所示。

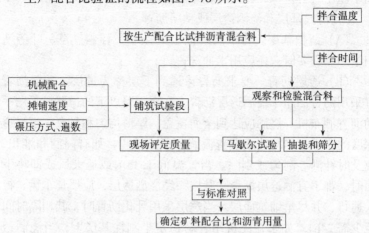

图 3-78　生产配合比验证流程图

(6) 热拌沥青混合料的摊铺

1) 下承层准备

在摊铺沥青混合料时，其下承层可能是基层、路面下面层或中面层。基层完工并通过检验后，一般即可浇洒透层油，对基层进行养生保护。

2) 施工放样

施工放样包括平面控制和标高控制两项内容。平面控制是定出摊铺路面的边线位置。标高测定的目的是确定下承层表面高程与原设计高程的差值，以便在挂线时将沥青摊铺层的标高纠正到设计标高或者以保证沥青混合料面层的厚度作为控制。对无自控装置的摊铺机，不存在挂线问题，但应根据所测下承层实际标高、本层应铺厚度和设计的高程要求综合考虑确定实铺厚度，用适当垫块或定位螺旋调整就位。为了便于掌握铺筑宽度和方向，需要放出摊铺路面的平面轮廓线或设置导向线。

标高放样应考虑下承层表面实际标高与原设计标高的差值、下承层厚度和本层应铺厚度,综合考虑后定出挂线的标高,然后打桩挂线。其原则上不仅要保证沥青路面总厚度,而且考虑到标高不超出容许范围,当两者相矛盾时应以保证厚度为主。

3)清扫基层和浇洒透层或粘层沥青

(A)清扫基层。将下层表面上的杂物、浮料、草、叶等清扫干净。必要时,还应用水冲洗;

(B)透层沥青。要求沥青渗透到下层称为透层。透层沥青宜采用沥青洒布车浇洒透层沥青,在次干路以下的道路可采用手动沥青洒布机。浇洒应达到全面覆盖、厚薄均匀和具有一定渗透深度的要求,不得造成沥青流淌和形成油膜,如有漏洒和堆积,应及时补洒、刮匀或剔除。当气温低于15℃或遇大风或即将下雨时,都不宜洒透层沥青。基层一经浇洒透层,应严禁车辆、行人通行,并尽早铺筑面层(当透层采用乳化沥青时,其相隔时间至少需24h)。如果在无机结合料稳定半刚性基层上,当浇洒透层后,宜随之撒铺石屑或粗砂,其用量为 $2\sim3m^3/1000m^2$。在无机结合料粒料基层上浇洒透层,宜提高沥青用量10%,再撒布适量的石屑和粗砂并用6~8t钢轮压路机碾压一遍。若车辆需要通行时,宜控制车速。在铺面层前,若有透层沥青剥落或浮料,应予修补或清扫,如表3-49。

透层和粘层材料的规格和用量　　　　表3-49

用途		乳化沥青		液体石油沥青		煤沥青	
		规格	用量 (L/m^2)	规格	用量 (L/m^2)	规格	用量 (L/m^2)
透层	粒料基层	PC-2 PA-2	1.16~1.60	AL(M)-1或2 AL(S)-1或2	0.9~1.2	T-1 T-2	1.0~1.3
	半刚性基层	PC-2 PA-2	0.7~1.1	AL(M)-1或2 AL(S)-1或2	0.6~1.0	T-1 T-2	0.7~1.0
粘层	沥青层	PC-2 PA-2	0.3~0.6	AL(M)-1或2 AL(S)-1或2	0.3~0.5	T-3、T-4 T-5	0.3~0.6
	水泥混凝土	PC-2 PA-2	0.3~0.5	AL(M)-1或2 AL(S)-1或2	0.2~0.4	T-3、T-4 T-5	0.3~0.5

（C）粘层沥青。当铺筑双层或三层式热拌沥青混合料路面的上面层时，其下层表面会受到污染，因此在旧沥青和水泥混凝土路面上铺沥青层，或所铺沥青层与附属构筑物的接触面，都应先洒涂沥青再铺沥青混合料，洒涂的沥青称为粘层，其所用沥青品种和用量应根据粘结层种类通过试验确定并应符合规定的要求。若用液体石油沥青、煤沥青及乳化沥青，其规格和质量应符合规定的要求。洒涂粘层沥青的方法，可用沥青洒布车或洒布机喷洒，也可用人工涂刷，洒涂应均匀，严格控制用量，洒涂过量的地方，应予刮除。洒除后，严禁除沥青混合料运输车外的其他车辆和行人通行，并应紧接铺筑面层。当气温低于10℃或路面潮湿时，不得洒涂粘层。当使用乳化沥青作粘层时，应待破乳、水分蒸发后铺筑面层。

4）混合料运输

为了减少在摊铺机前频繁换车卸料的情况，应采用载重量大于15t的大型自卸汽车运送沥青混合料到摊铺现场。运输车辆的数量和总运输能力应该比拌合机生产能力和摊铺速度有所富余。

施工中应在摊铺机前常保持有4～5车沥青混合料待卸，在运输时还要组织好车辆在拌合厂装料处和工地卸料的顺序以及车辆在工地卸料时的停车地点。

运输车辆的车厢应具有紧密、清洁、光滑的金属底板并应打扫干净。为防止沥青混合料与车厢板粘结，应在车厢侧板和底部涂1:3的柴油水混合液，但要严格控制涂液用量，以均匀、涂遍但不积油水为宜。不允许用石油衍生剂来作运料车底板的涂料。

将混合料从拌合厂运到摊铺现场，必须用篷布覆盖运输车内的沥青混合料，以保持混合料的温度。为了精确控制混合料数量，运料车装料或出厂时应进行称量，常用磅秤或使用拌合厂的自动称量系统，并记录每辆车装载的混合料质量，同时，在混合料出厂时，签发一式三份的运料单，一份存拌合厂，一份交摊铺现场，一份交司机。

5）卸料

测量沥青混合料的温度符合要求后,第一辆料车缓慢后退到摊铺机前 20～30cm 时即停止并挂空档,同时准备卸料。摊铺机前行轻接触料车并推动料车前进,料车缓缓向摊铺机卸料,直到受料斗中料满即停止卸料。第一辆车卸完料离开后,第二辆车应尽快后退到摊铺机前并及时向摊铺机喂料,使新料与受料斗中余料混和,严禁送料刮料板外露现象发生。以这种方式保持摊铺机匀速不间断地摊铺沥青混合料。

后退的料车不得撞击摊铺机,料车停在摊铺机前,在待卸料和卸料过程中不得使用制动而增加摊铺机的牵引负荷,另外,卸料不得过猛。否则,摊铺机的速度变化会使平整度下降,甚至形成波浪或"搓板"等面层缺陷。

6)摊铺

采用多幅摊铺时,先从横坡较低处开铺。各条摊铺带的宽度最好相同,以节省重新接宽费平板的时间(液压伸缩式调宽较省时)。使用单机进行不同宽度的多次摊铺时,应尽可能先摊铺较窄的那一条,以减少拆接板宽次数。

如果为多机摊铺,则应在尽量减少摊铺次数的前提下,使各条摊铺带的宽度可以有所不同(即梯队作业方式),梯队间距不宜太大,宜 5～15m 之间,以便形成热接缝。如为单机非全幅作业,每幅不宜铺筑太长,应在铺筑 100～150m 后调头完成另一幅,此时一定要注意接好缝。为减少横向施工接缝,也可以每条摊铺带在一天施工中尽可能长些,最好一个施工班一条横向接缝。在铺筑面层时最好是单机或双机梯队全幅铺筑。如为单机多幅摊铺时,中间纵向缝要切割涂油,使两次摊铺混合料紧密、平整相接。目前在公路沥青路面施工中,一般均要求采用单机全幅摊铺或双机梯队摊铺方式,以保证纵向热接缝。

7)接缝处理

接缝包括纵向接缝和横向接缝(工作缝)两种。接缝处理的好坏直接影响路面质量。接缝易使接缝处下凹或凸起造成平整度不良,或由于接缝处压实度不够和结合强度不足而产生裂纹。在用宽幅摊铺机全帽摊铺时，可避免纵向接缝，但横向接缝是不可避免的。

(A) 纵向接缝

纵向接缝有热接缝和冷接缝两种。热接缝施工一般是使用两台以上摊铺机成梯队（前后距离宜为 5～10m）同步摊铺沥青混合料，此时两条相邻摊铺带的混合料都处于压实前的热状态，所以纵向接缝易于处理，且连接强度好。热接缝施工应注意上下铺层的纵向接缝，应错开 15cm 以上，表面层的纵缝应顺直，且宜设在路面标线位置上，接缝两侧摊铺层的横坡和厚度均应一致，搭接重叠应在 5～10cm 之间。

当施工中由于设备配备以及场地条件等限制，有时不可避免地形成纵向冷接缝，应在先摊铺带的靠接缝一侧设置挡板，挡板的高度与铺筑层的压实厚度相同，以使压路机能压实边部并形成一个垂直面。在不设置挡板的情况下，碾压后的边部会成为一斜面，在摊铺相邻带之前应将呈斜面部分切割后除去。清除切割用冷水并干燥后，在切割的垂直面上热涂粘结沥青，然后再摊铺相邻带的沥青混合料。摊铺时新混合料应重叠在已铺带上 5～10cm，然后加热接缝边部的冷沥青混合料，开始碾压前，用耙子把重叠范围内的大料剔去并铲除大部分重叠的混合料，使纵缝处冷热表面有重叠宽约 2cm 左右的细料，然后按规定碾压。

(B) 横向接缝

横向接缝通常指每天的工作缝或由于摊铺中断时间较长，摊铺机后面尚未碾压的沥青混合料的温度已下降到低于规定的温度后再开始摊铺的接缝。

横接缝的处理有三个要点，即正确的接缝位置、接缝方式和施工方法：

A) 接缝位置

在施工结束时，摊铺机应在接缝近端部约 1m 处将熨平板稍微抬起驶离现场，用人工将端部混合料铲齐后再予碾压。然后用 3m 直尺检查平整度，并找出表面纵坡或铺层厚度开始发生变化的横断面,趁尚未冷透时用锯缝机将此断面切割成垂直面,并将切缝靠端部一侧已铺的不符合平整度要求的尾部铲除,与下次施工时形成平缝连接。

为了便于铲除混合料,可事先在施工邻近结束时,在预定摊铺段端约 1m 长的摊铺宽度范围内撒一薄细层砂带或铺一层牛皮纸或麻袋,再摊铺沥青混合料,在碾压密实、待混合料稍冷却后,找出切割的位置,切割后将尾部混合料铲除。在下段继续摊铺前,要在完全干燥的切割面上涂刷薄层热沥青,以增加接缝处新旧铺筑层间的粘结,并用热沥青混合料将邻近接缝处的已铺沥青混合料加热。相邻两幅及上、下铺层的横向接缝均应错位 1m 以上。

B)接缝方式

为了保证接缝的质量,沥青面层的各铺层均应采用平接缝,对中、下面层,当受条件限制时,也可采用斜接缝。

C)施工方法

在预先处理好的接缝处,要求摊铺机第一次布满料时不前行,用热料预热横向冷接缝至少 10min(最好达到 30min),并用温度最高的一车料开始摊铺,这样有利于提高接缝温度,也有利于整平压密接缝处混合料。新铺面与已铺的冷铺面重叠 5cm,碾压前用耙子剔除重叠部分大料,搂回细料,整平接缝并对齐,趁热横向碾压,压路机大部分钢轮在冷铺面,新铺面第一次压 15~20cm,以后逐渐展向新铺面直至全部在新铺层上为止,再改为纵向碾压。在碾压过程中,用 3m 直尺检验平整度,低凹处用筛子筛出料弥补,料多时用耙子耙松,去掉多余大料,人工整平后再筛细料修饰表面,直至平整致密为止。

当纵向相邻摊铺层已经成型,同时已有纵缝时,可先用钢筒式压路机沿纵缝碾压一遍,其在新铺带上的碾压宽度为 15~20cm,然后再沿横缝作横向碾压,最后进行正常的纵向碾压。

8)碾压

如图 3-79,碾压是沥青面层施工的最后一道工序,是保证沥青混合料的质量，使其物理力学性质和功能特性符合设计要求的重要环节。合适的碾压，既能使沥青面层达到高的密实度，又具有良好的平整度。

沥青混合料面层碾压通常分为初压、复压和终压三个阶段。

A．初压

又称为稳压，是压实的基础，其目的是整平和稳定混合料，同时为复压创造有利条件。碾压时先静压后振动，最后再静压。通常用 6~8t 的双钢轮压路机或 6~10t 振动压路机以 2km/h 左右的速度碾压 2~3 遍。初压温度为 125~145℃，低温施工时还要高 5~10℃。碾压时驱动轮在前静压匀速前进，后退时沿前进碾压时的轮迹行驶并可振动碾压。

B．复压

是压实的主要阶段，其目的是使混合料密实、稳定、成型。复压应紧跟初压后面进行，复压期间的温度不应低于 120~130℃。通常用双轮振动压路机进行碾压，碾压遍数通常不少于 6 遍。

C．终压

是消除轮迹、缺陷和保证面层有较好平整度的最后一步。一般终压结束时的温度不应低于 90℃。终压常使用静力双轮压路机并应紧接在复压后进行，碾压遍数通常为 2~3 遍。

不同压路机在初压、复压和终压三个阶段的压实速度见表 3-50。

碾 压 速 度　　　　表 3-50

最大碾压速度 压路机类型	初压 (km/h)	复压 (km/h)	终压 (km/h)
钢轮压路机	1.5~2.0	2.5~3.5	2.5~3.5
轮胎压路机	—	3.5~4.5	—
振动压路机	静压 1.5~2.0	振动 5~6	静压 2~3

D．压实方式

碾压时压路机在横坡方向上应由较低边向较高处碾压,这样可使压路机以压实后的混合料作为支承边。三轮式压路机每次重叠宜为后轮宽的1/2,这种碾压方式,可减少压路机前推料、起波纹等。双轮压路机每次重叠宜为30cm。

在碾压过程中为了保持被碾压路面在正常的碾压温度范围内,每完成一遍重叠碾压,压路机就要向摊铺机靠近一些,每次都压实到离开摊铺机大约20m左右才折返,随着摊铺机不断向前,压路机的折返点也跟着向前移动,这样也可避免在整个摊铺层宽度上,在同一横断面换向所造成的压痕,如图3-79所示。初压、复压和终压的回程不准在相同的断面处,前后相距应不少于1m。

变更压道时,要在碾压区内较冷的一端(远离摊铺机端),并在压路机关闭振动的情况下进行。压路机每碾压一遍的末尾,若能稍微转向,就可将摊铺机后面的压痕减至最小。对未压实的边角,应辅以小型机具压实,如1~2t人工手扶振动压路机、人工夯机等。

E. 路面接缝碾压

接缝的碾压是压实工序中的重要一环,其处理的好坏也直接影响到路面质量。它分为横向接缝碾压和纵向接缝碾压。

(A) 横向接缝的碾压

在纵向的相邻铺幅已经成型,必须做冷纵向接缝时,可先用钢轮压路机沿纵缝碾压一遍,大部分钢轮位于成型的相邻路幅上,在新铺层上的碾压宽度为15~20cm,然后再沿横向接缝进行横向碾压,横向碾压结束后进行正常的纵向碾压。

横向碾压时,先用双轮压路机在垂直于路面中心线的横向进行碾压,碾压时压路机应主要位于已压实的混合料层上,伸入新铺层混合料层的宽度不超过20cm,接着每碾压一遍向新铺混合料移动约20cm,直到压路机全部在新铺层上碾压为止,在进行横向碾压过程中,有时摊铺层的外侧应放置供压路机行驶的垫木。

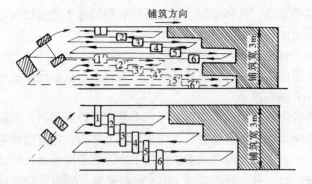

图 3-79 压路机正常碾压顺序示意图

注：图中数字为碾压序号。

(B) 纵向接缝的碾压

A) 热料层与冷料层相接（冷接缝）。对这种接缝可采用两种方法碾压。第一种方法是压路机位于热沥青混合料上，然后进行振动碾压，这种碾压方法，是把混合料从热边压入相对的冷结合边，从而产生较高的结合密实度；第二种方法是在碾压开始时，只允许轮宽的 10~20cm 在热料层上，压路机的其余部分位于已成型的冷料层上，碾压时，过量的混合料从未压实的料中挤出，就减少了结合边缘的料量，这种方法产生的结合密度较低。在这两种碾压过程中，压路机的碾压速度都应很低。

B) 热料层与热料层相接（梯队作业时）。这种接缝的压实方法是：先压实离热接缝中心两边大约为 20cm 以外的地方，最后压实中间剩下来的一窄条混合料。这样，材料就不会从旁边挤出，并能形成良好的结合。

(7) 沥青表面处治、沥青贯入式路面施工

1) 沥青表面处治路面施工

沥青表面处治是用沥青和细粒矿料铺筑的一种薄层面层，其厚度不超过 3cm。由于处治层很薄，一般不起提高强度的作用，其主要作用是抵抗行车的磨耗，增强防水性，提高平整度，改善路面的行车条件。沥青表面处治适用于三级及三级以下公路、城

市道路的支路、县镇道路、国家各级公路的施工便道以及在旧沥青面层上加铺的罩面层或磨耗层。

(A) 施工机械

常用施工机械有：沥青洒布机、骨料撒布机、压路机等。

(B) 施工准备

沥青表面处治施工应在路缘石安装完成以后进行，基层必须清扫干净。沥青装入油罐后，应先在路上试洒，确定喷洒速度及洒油量。每次喷洒前喷油嘴应保持干净，管道应畅通，喷油嘴的角度应一致，并与洒油管成 15°～20°的夹角。洒油管的高度应如图 3-80 所示，使同一地点接受两个或三个喷油嘴喷洒沥青，并不得出现花白条。在有风的天气下不宜使用三重喷洒高度。

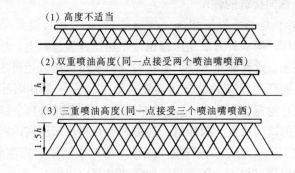

图 3-80 洒油管的高度

(C) 施工方法

沥青表面处治通常采用层铺法施工。按照洒布沥青及铺撒矿料的层次多少，沥青洒布车喷油嘴的高度，处治可分为单层式、双层式和三层式三种。单层式为洒布一次沥青，铺撒一次矿料，厚度为 1.0～1.5cm；双层式为洒布二次沥青，铺撒二次矿料，厚度为 2.0～2.5cm；三层式为洒布三次沥青，铺撒三次矿料，厚度为 2.5～3.0cm。层铺法沥青表面处治施工，一般采用所谓"先油后料"法，即先洒布一层沥青，后铺撒一层矿料。

三层式沥青表面处治一般施工程序如图 3-81 所示。

清扫基层 → 洒透层（或粘层）沥青 → 洒第一层沥青 → 撒第一层骨料 → 碾压 → 撒第二层沥青 → 撒第二层骨料 → 碾压 → 撒第三层沥青 → 撒第三层骨料 → 碾压 → 初期养护

图 3-81 三层式沥青表面处治的施工程序

2) 沥青贯入式路面施工

沥青贯入式（碎石）路面在道路上的应用已有数十年的历史，其主要指在初步碾压的骨料层上洒布沥青，再分层铺撒嵌压，并借行车压实而形成的路面。沥青贯入式碎石是靠矿料颗粒间的锁结作用以及沥青的粘结作用获得较高的强度，有较大的荷载分布能力，在柔性路面的整体强度中，它起着较重要的作用。沥青贯入式路面适用于二级及二级以下的公路、城市道路的次干路和支路，也可作为沥青混凝土路面的连接层。

沥青贯入式（碎石）路面是一种混合式的沥青贯入式面层，在一些国家中曾被采用，我国在一般公路上至今仍在较广泛应用的下贯上拌式沥青面层也是这种混合式结构。

(A) 施工机械

沥青贯入式路面的主层骨料可采用碎石摊铺机或人工摊铺。嵌缝料宜采用骨料撒布机撒布。沥青洒布车在撒布时要保持稳定的速度和喷洒量，并应在整个宽度内均匀喷洒。沥青贯入式路面施工的压路机宜用 6~8t 及 10~12t 进行碾压，其主层骨料宜用钢筒式压路机碾压。

(B) 施工准备

沥青贯入式路面施工前，基层应清扫干净。当需要安装路缘石时，应在路缘石安装完成以后施工。乳化沥青贯入式路面必须浇洒透层或粘层沥青。当沥青贯入式路面厚度小于或等于 5cm 时，也应浇洒透层或粘层沥青。

(C) 施工程序和方法

沥青贯入式路面宜在干燥和较热的季节施工，并宜在雨期及日最高温度低于 15℃到来以前 15d 结束，使贯入式结构层通过开放交通碾压成型。

沥青贯入式面层的施工顺序如图 3-82 所示。

备料 → 安装路缘石 → 整修和清扫基层 → 浇透层或粘层沥青 → 铺撒主层骨料 → 第一次碾压 → 洒布第一次沥青 → 铺撒第一次嵌缝料 → 第二次碾压 → 洒布第二次沥青 → 铺撒第二次嵌缝料 → 第三次碾压 → 洒布第三次沥青 → 铺撒封面骨料 → 最后碾压 → 初期养护

图 3-82 沥青贯入式面层的施工顺序

表层加铺拌合层时贯入式路面（厚度≤5mm，施工顺序如图 3-83 所示。

整修和清扫基层 → 洒透层或粘层沥青 → 铺撒主层骨料 → 第一次碾压 → 洒布第一次沥青 → 铺撒第一次嵌缝料 → 第二次碾压 → 洒布第二次沥青 → 铺撒第二次嵌缝料 → 碾压 → 加铺沥青混合料拌合层

图 3-83 表层加铺拌合层时贯入式路面施工顺序

当下贯层为乳化沥青贯入式且厚度为 5cm 时，施工顺序同上，但再增加第三遍沥青、撒第三遍嵌缝料、碾压，然后加铺沥青混合料拌合层。当下贯层为乳化沥青贯入式且厚度为 6cm 时，再增加第四遍沥青、撒第四遍嵌缝料、碾压，然后加铺沥青混合料拌合层。

(8) 改性沥青及 SMA 混合料施工

1) 改性沥青材料及 SMA 混合料

(A) 改性沥青材料

现代高等级沥青路面的交通特点是：交通密度大、车辆轴载重、荷载作用间隙时间短，以及高速和渠化。由于重载和渠化造成沥青路面产生严重的车辙和裂缝病害，为解决高等级路面的车辙和裂缝，对于高等级沥青路面使用的沥青，必须具有抵抗高温变形和低温裂缝这两种相互矛盾的性能，而这正是普通沥青难以达到的。

从 20 世纪 40 年代欧洲开始使用改性沥青技术以来，已有 50 多年历史。从广义划分；根据不同目的所采取的改性沥青及改性沥青混合料技术可汇总于图 3-84。从狭义来讲，改性沥青一般是指聚合物改性沥青，用于改性的聚合物种类很多，一般将其分为三类：

a. 橡胶类：如天然橡胶（NR）、丁苯橡胶（SBR）、氯丁橡胶（CR）、丁二烯橡胶（BR）、乙丙橡胶（EPDM）等

b. 热塑性橡胶类：即热塑性弹性体，如苯乙烯-丁二烯嵌段共聚物（SBS），苯乙烯-异戊二烯嵌段共聚物（SIS）等

c. 树脂类：热塑性树脂，如聚乙烯（PE）、乙烯-醋酸乙烯共聚物（EVA）、无规聚丙烯（APP）、聚氯乙烯（PVC）、聚酰胺等；热固性树脂，如环氧树脂（EP）等。

（B）SMA 混合料

沥青玛琋脂碎石混合料英文缩写为 SMA，20 世纪 60 年代发源于德国，起初是为了抵抗带钉轮胎对路面的磨耗，并成功应用于中、北欧国家。90 年代，美国引进 SMA 技术，并于 1991 年 7 月于美国威斯康辛州的 94 号州际公路上首次铺筑 SMA 路面。随后 SMA 在美国得到了迅速的发展，到 1997 年底已建成的 SMA 项目就超过 100 项。

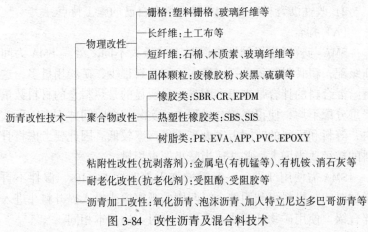

图 3-84　改性沥青及混合料技术

我国首次试用 SMA 是 1992 年北京公路局建设"国门第一路"首都机场高速公路。1996 年"国航第一道"首都机场东跑道加铺沥青层以及八达岭高速公路京昌段表面层使用了 SMA。这三个工程均使用改性沥青加工技术，采用 PE 或与 SBS 混用的改性剂。1997 年，在"中华第一街"东西长安街铺筑了 SMA，首次采用国产的改性沥青生产设备制作 SBS 改性沥青。这几项工程目前均具有良好的使用性能。

SMA 由断级配粗骨料与砂、填料、纤维素纤维和沥青结合料组成，具有以下优点：①高的抗车辙能力；②优良的抗裂性能；③良好的耐久性能，使面层有较长的使用寿命；④较好的抗滑性能和吸声性，减少雨天水漂现象；⑤养护费用较低，具有较高的经济效益。世界各地 5 亿 m^2 SMA 的使用经验表明，与传统沥青混凝土相比，SMA 的使用寿命增加 40% 左右；⑥摊铺和压实性能好。

SMA 由两部分组成：①互相紧密嵌挤的粗骨料骨架（岩-石结构），虽然粗细骨料的划分为 2.36mm 筛孔，但在 SMA 混合料中真正起嵌挤作用的是 4.75mm 以上部分；②含有足够的沥青结合料数量和具有相当劲度的沥青玛琋脂胶浆，它填充在粗骨料骨架间隙中。

2) 改性沥青材料及 SMA 混合料有自己的施工特点：

（A）拌合

SMA 与普通密级配沥青混凝土的最大不同之处是 SMA 为间断级配，粗骨料粒径单一、量多，细骨料很少，矿粉用量多，这将给混合料的拌合带来很多困难。最明显的是热料仓的材料数量严重分配不均，使得在拌合过程中，实际拌合时间并不多，而放料、等料和排料的时间占去大半，生产率较低。因此要考虑将骨料的粒径适当增大一些并适当减小沥青用量。

SMA 需使用纤维，一般需增加干拌时间 5～10s，湿拌不再增加时间，投料可利用拌合锅两侧的观察窗或投入提升料斗进入拌合锅。使用矿物纤维或木质素纤维时方法基本相同。

改性沥青影响拌合，主要表现在拌合温度一般需提高 20℃以上，如 SMA-16 的拌合温度规定为 175~185℃。

（B）摊铺

由于采用改性沥青，混合料较黏，摊铺温度高，摊铺的阻力也较大，当下层洒布有粘层油时，一般的轮胎式摊铺机将顶不动运料车而产生打滑现象，故必须使用履带式摊铺机进行作业。因拌合速度的影响，摊铺机作业时供料不足的问题比较突出，以致很难保证摊铺机不间断均匀地进行摊铺作业。等料时间过长，不仅影响摊铺，还会使混合料温度降低而得不到及时压实，直接影响到路面平整度的质量。用两台摊铺机成梯队摊铺时，要注意不使距离太远，以免造成热接缝变成冷接缝。

（C）碾压

在正常情况下，不容许采用轮胎压路机进行碾压，因轮胎压路机的搓揉将会使玛琋脂上浮，而造成泛油。过度碾压则会使混合料变成如同含水量很大的橡皮土路基，无法稳定。初压宜用 10t 钢碾紧跟在摊铺机后面，温度在 180℃ 以上也不会产生摊拥，复压 1~2 遍；也可用钢碾静压，振动碾最多碾压 1~2 遍；也可在初压时即开振碾，一共碾压 3~4 遍即可结束，稍冷一些后用较宽的钢碾终压一遍即可。改性沥青 SMA 的压实工艺虽特别讲究，但只要控制得好，应该说比普通沥青混凝土压实更简单，主要是一个掌握问题。

（D）接缝

由于拌合供料不足造成铺筑速度减慢，接缝冷却的问题较为突出，尤其是在路面较宽时，纵向接缝变成冷接缝的情况有时是不可避免的，压实后边部必须切去，但切缝往往较困难，因此摊铺时最好在边部设置挡板。

思 考 题

1. 路基土的分类。
2. 土的击实和压实度试验。

3. 水泥强度等级及水泥废品与不合格品的概念。
4. 沥青的基本性质及用途。
5. 砂石的筛分试验。
6. 列举四种常用土方工程机械并简述其功能。
7. 简述振动压路机的优缺点。
8. 列举三种施工中常用的小型机具并简述其功能。
9. 钢筋的基本力学性能。

四、人行道及附属设施

(一) 人行道的施工

1. 概述

(1) 人行道为道路两侧、公园等地供行人行走的设施,如有机动车横过地段或机动车停放地段,应做加固处理。道路两侧人行道为道路的组成部分,人行道与绿化带或土路肩相临时,应按设计要求埋设缘石、水泥步砖或大理石砖等。

(2) 人行道按材料分主要分为沥青混凝土、水泥混凝土和建筑材料贴面几种,其中水泥混凝土人行道有一般预制块,连锁砌块和现场浇筑三种,建筑材料贴面有大理石贴面、瓷砖贴面等。

2. 材料要求与准备

(1) 沥青混凝土面层应采用人行道用细粒或微粒式沥青混凝土。

(2) 现场浇筑混凝土,抗折强度应不低于 3.5MPa,粗骨料尺寸不得大于厚度的 1/2。

(3) 一般水泥步砖的抗折强度应不低于 3.5MPa,抗压强度一般不低于 25MPa,表面有花纹分格,以利排水和防滑,其规格、尺寸按设计要求确定,步砖要求大小均匀、颜色一致,无蜂窝、露石、脱皮、裂缝等现象,无缺边掉角,顶面均匀细密,其尺寸允许偏差要符合检验规范要求。

(4) 水泥混凝土连锁砖必须整齐统一,抗压强度一般不低于 40MPa,要求各面平整,无缺边掉角,表面颜色光泽一致,无蜂窝麻面。

(5) 建筑材料贴面,尺寸形状按设计要求确定,要求表面平整、色泽一致，无缺边掉角。

（6）施工地段应设置行人及车辆的通行与绕行路线的标志。

（7）制定现场安全措施。

（8）对所用材料进行质量检验，合格后方可进场。

（9）路面砖码放时应轻拿轻放，码放整齐，并按批量、颜色、块形、厚度、抗压强度分别堆放。

（10）所用砂石材料应分别堆放，并应采取防雨措施。

3．基槽施工

（1）放线高程按设计图纸实地放线，人行道直线段，一般为10m一桩，曲线段适当加密，并在桩上标出面层设计标高，或在建筑物上画线标明设计标高。若人行道外侧已按标高安装有站石，则以站石顶面标高为准，按设计横坡放线。

（2）据现场实际情况开挖基槽，如为新建道路，可将土路床施工至人行道基槽标高，不必反开挖；开挖基槽接近基槽标高时，应适当预留土方，找平碾压达到设计要求后再进行检整至设计标高，槽底软土地段则根据实际情况进行换填或白灰稳定处理。

（3）开挖基槽前要对地下管网进行全面调查，并采取相应的保护措施。

（4）雨、冬期施工，必须做好相应的排水、防冻措施。

4．基层施工

（1）随着社会的发展，对人行道基层的要求也不断提高，基层材料一般有石灰土基层、石灰水泥稳定石屑基层、水泥稳定碎石基层、素混凝土基层等。

（2）沥青混凝土面层人行道一般采用石灰水泥稳定石屑、水泥稳定碎石等稳定型半刚性基层材料，以减少反射裂缝；水泥混凝土人行道一般采用石灰土基层、石灰水泥稳定石屑、水泥稳定碎石等基层材料；建筑材料贴面的人行道一般采用素混凝土基层。

（3）人行道基层的施工一般与道路基层的施工相同，可参见道路基层施工；素混凝土基层施工则可参见混凝土施工。

5. 面层施工

（1）施工准备：

1）施工前根据设计图纸进行路面的定位及标高标定。

2）对基层表面进行复查，不符合要求的进行修整。

3）检查进场材料的质量及规格，不符要求的禁止使用。

（2）路缘石的施工：

1）已经安装有路缘石的道路，复核其高程是否达到设计要求，不符合要求的进行调整。

2）未安装路缘石的道路，根据设计图纸，设定路缘石基准点，并设置路缘石基准线。根据路缘石基准点

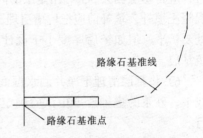

图4-1 路缘石基准点与基准线

及基准线安装路缘石。基准点与基准线的设置如图4-1所示。

（3）水泥步砖面层施工：

1）根据铺筑平面设计图，在路缘石边应设置路面步砖基准点，通过基准点，应设置两条相互垂直的基准线，其中一条基准线与路缘石基准线的夹角宜为0°或45°，如图4-2所示。

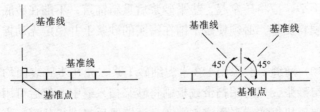

图4-2 路面砖基准点与基准线的设置

2）设置两个及两个以上路面砖基准点同时铺筑步砖时，宜设置间距为5~10m的纵横平行路面步砖基准线。

3）根据基准点及基准线，用经纬仪定线打方格，并以对角

线检验方正,然后在控制桩上标明该点面层设计标高,打方格时要把缝宽计算在内。

4)步砖砂浆垫层一般为1:3石灰砂浆或1:3水泥砂浆,石灰和粗砂要过筛,配合比要准确,砂浆的和易性要好。

5)在砂浆铺筑之前,要对基层进行修整,对小于 $2m^2$ 的凸凹不平处,当低处小于等于1cm时,可用砂浆填补,当大于1cm时,应将基层刨去5cm,用基层的同样材料填平拍实,或用细石混凝土填补,填补前应把坑槽清理干净平整,表面适当湿润;高处要铲平,但如铲后厚度小于设计厚度的90%时,则要重新铺筑基层。

6)将基层清理干净并洒水湿润后,开始铺筑砂浆,用刮板找平,砂浆的虚铺厚度由试验确定,步砖铺设随铺砂浆同时进行。

7)铺砖时,按控制桩高程,在方格内由第一行砖位纵横挂线绷紧,根据挂线按标准缝宽铺筑第一行样砖,然后纵线不动,横线平移,依次按照样砖铺砌。

8)铺砌时,直线段要保持直顺,曲线段砖间可夹砂浆按扇形发散,也可按直线顺延铺筑,然后在边缘处用水泥砂浆补齐并刻缝。

9)砌筑时,砖要轻拿轻放,用木锤或橡胶锤轻锤砖的中心,如砖不平,应将砖拿起,垫平砂浆后重新铺筑,不准在砖底塞灰或用硬料支垫,必须使砖平铺在密实的砂浆上并稳定无动摇、无空隙。

10)灌缝一般采用1:3水泥细砂干浆,先在步砖表面均匀撒铺一层砂浆,然后用扫帚或板刷将砂浆扫入缝中,然后可用小型振动碾压机振实或采用浇水灌实,灌缝要反复进行几道,直到缝隙饱满为止。施工完毕后,路面上的砂浆要清扫干净。

11)灌缝完毕后应及时洒水养护。

12)在铺砌过程中应由质检员跟踪检查,发现不符检验规范要求的部位,及时修整。

(4) 沥青混凝土面层施工与道路沥青混凝土面层施工工艺一致,可参见道路沥青混凝土面层施工。

(5) 现场浇筑混凝土施工工艺可参见水泥混凝土路面施工。

(6) 建筑材料贴面施工:

1) 建筑材料贴面施工准备和砂浆铺筑可参见水泥步砖铺筑方法;

2) 贴面材料在铺砌时,先将贴面材料在砂浆上铺平,调整稳定、无空隙时,再将贴面材料拿起,在材料底面用水泥净浆抹匀后再进行铺砌,然后用橡胶锤敲击稳定;

3) 用大理石贴面时,每隔 20m 应设伸缩缝;

4) 铺砌完毕后要用 1:1 水泥砂浆沟缝,并洒水养护;

5) 铺砌过程中,要保持路面清洁,以免砂浆或水泥浆污染路面。

(7) 特殊部位的施工

1) 各种检查井

(A) 按设计标高、纵坡、横坡,调整各种检查井的井圈高程;

(B) 对已破坏的、跳动的井盖、井圈进行更换;

(C) 检查井周围,路面水泥步砖不得使用切断块,未铺筑部分,应及时用细石混凝土填补好;对于建筑材料贴面可切割后与检查井接顺。

2) 树穴

(A) 按设计要求间隔和尺寸留出树穴;

(B) 树穴与路缘石或站石要方正衔接;

(C) 树穴边缘按设计要求用水泥混凝土预制件、水泥混凝土缘石或大理石等围成,尺寸、高程按设计要求确定;

(D) 人行横道线、公共汽车站处不设树穴。

3) 无路缘石部位

对人行道、广场等无路缘石路面边缘部位的施工,应采用混凝土止挡法或路面砖砂浆粘接法固定地面砖,如图 4-3 所示。

4) 曲线部分

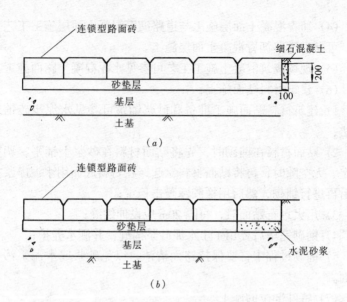

图 4-3 混凝土止挡法和砂浆粘接法
(a) 混凝土止挡法；(b) 砂浆粘结法

(A) 平曲线路面的施工可采用调整路面砖接缝宽度进行，弯道外周接缝宽度应不大于 6mm，内周接缝宽度应不小于 2mm；

(B) 竖曲线路面的施工，应将路面基层及砂浆垫层采用竖曲线过渡，其接缝宽度宜为 2~6mm。

5) 相邻建筑物

(A) 面层高于建筑物门口时，应将横坡坡度调整为零，或降低便道留出缺口；

(B) 当相邻建筑物地基与人行道高差较大时，应设置踏步或挡土墙。

(二) 侧石、缘石的施工

1. 概述

(1) 侧石是指位于道路两侧或分隔带、中心岛四周，高出路面分隔车行道与人行道、车行道与分隔带、车行道与中心岛、车行道与安全岛等设施，以维护交通安全的设施。

（2）缘石是指位于道路车行道与路肩之间，高级路面与低级路面之间、预留路口与沥青路面接头处，顶面与路面齐平，以维护路面边部不被损坏的设施。

（3）侧石主要有"直线型"和"弧型"两种，直线型主要用于直线段和大半径曲线上，"弧型"主要用于小半径曲线上。

（4）侧石、缘石的抗压强度一般不得低于C30级。

2．施工方法

（1）柔性路面侧、缘石应在基层完成后，未铺筑沥青混凝土前施工；水泥混凝土路面，应在路面完成后施工。

（2）校核道路中线并重新钉立边桩，在直线部分桩距为10～15m，曲线部分为5～10m，路口圆弧为1～5m。并标出侧、缘石顶面标高。

（3）按桩的位置拉小线或撒灰线，以线为准，按要求宽度刨槽，槽底要修理平整。

（4）如在路面基层加宽部分安装侧、缘石，则将基层平整即可。

（5）钉桩挂线后，先用水泥砂浆铺底调平，砂浆配比按设计确定，然后按挂线依次安装侧、缘石，直线段要直顺，曲线段要圆顺，顶面要平整。

（6）侧、缘石安装完后外侧后背用土回填夯实，一般宜用2:8（体积比）石灰土回填，帮土宽度不小于30cm，高度不小于15cm，压实度应在轻型90以上。

（7）完工后，对侧石进行勾缝，勾缝前先修整侧、缘石，使其位置及标高符合设计要求。

（8）侧石缝内土及杂物清理干净，并用水湿润，然后用水泥砂浆灌缝、填实、勾平，用弯面压子或圆钢压成凹形；砂浆初凝后，将多余砂浆清理干净，并洒水养护，养护时间不少于3d。

（三）收水井、检查井及雨水支管的施工

1. 收水井的施工

（1）材料

砖是砌筑用的人造小型块材，外形多为直角六面体。其种类很多：普通砖、烧结砖、青砖、内燃砖、蒸养砖、蒸压砖、碳化砖、实心砖、微孔砖、多孔砖、空心砖、八五砖、望砖、异形砖、拱壳砖、花格砖、地砖、劈离砖、吸声砖、饰面砖、贴面砖、配砖。

砌块也是砌筑的人造块材，但较砖体积大些。

烧结普通砖：是经烧结而成的用于清水墙或带有装饰面用于墙体装饰的砖。

按主要原料砖分为黏土砖（N）、页岩砖（Y）、煤矸石砖（M）和粉煤灰砖（F）。根据抗压强度分为MU30、MU25、MU20、MU15、MU10五个强度等级。强度和抗风化性能合格的砖，根据尺寸偏差、外观质量、泛霜和石灰爆裂分为优等品（A）、一等品（B）、合格品（C）三个质量等级。如烧结普通砖 FMU15BGB/T 501 表示按GB/T 5101标准编号顺序编的规格为240mm×115mm×53mm，强度等级为MU15的一等品的粉煤灰砖。

绕结多孔砖的强度等级和质量等级与烧结普通砖的分类一类。

烧结空心砖和空心砌块是以黏土、页岩、煤矸石、粉煤灰为主要原料，经焙烧而成的主要用于建筑物非承重部位的空心砖和空心砌块。按主要原料分黏土砖的砌块（N）、页岩砖和砌块（Y）、煤矸石砖和砌块（M）、粉煤灰砖和砌块（F）。抗压强度分为MU10、MU7.5、MU5、MU3.5、MU2.5。体积密度分为800级、900级、1000级、1100级。

强度、密度、抗风化性能和放射性物质合格的砖和砌块，根据尺寸偏差、外观质量、孔洞排列及其结构、泛霜、石灰爆裂、

吸水率分为优等品（A）、一等品（B）、合格品（C）三个质量等级。示例：规格尺寸 290mm×190mm×90mm、密度等级 800、强度等级 MU7.5、优等品的页岩空心砖，其标记为：烧结空心砖 Y（290×190×90）800MU7.5A GB13545。

另外，还有蒸压灰砂砖、粉煤灰砖和砌块、蒸压灰砂空心砖、普通混凝土小型空心砌块、轻骨料混凝土小型空心砌块、蒸压加气混凝土砌块等的规定，以及所有砖的抽样取样的规定可参照相应的标准。

(2) 收水井和施工

1) 道路收水井是路表水进入雨水支管的构筑物，其作用是排除路面地表水。

2) 收水井一般采用单箅式和双箅式、立箅式及多箅式中型或大型平箅式收水井，收水井为砖砌体，砖材不得低于 MU10，井箅、井框为铸铁材料。

3) 收水井井口基座外边缘与侧石距离不得大于 5cm，并不得伸进侧石的边线。

4) 根据设计图纸，定出井位，打出定位桩，并定出收水井高程。

5) 按收水井定位线开挖基槽，井周每侧留出 30cm 的余量，控制设计标高，清理槽底，进行夯实。

6) 浇筑 10cm 厚 C10 水泥混凝土底板，养护达到一定强度时再砌筑井体。

7) 砌筑井体前要按墙身位置挂线，先在底板上铺一层砂浆后，再开始砌筑墙身，要保证墙身垂直。

8) 墙身砌筑到一定高度时，将内墙用砂浆抹面，随砌随抹，抹面要光滑平整、不起鼓、不开裂；井外用水泥砂浆搓缝，使外墙严密。

9) 墙身每砌起 30cm 及时回填外槽，一般采用碎砖灌水泥砂浆回填，也可用 C10 水泥混凝土回填，回填必须密实，防止井周路面产生局部沉陷。

10）砌至支管顶时，应将井内管头与井壁内口相平，将管口与井壁用水泥砂浆勾抹严密。

11）墙身砌至设计标高时，用水泥砂浆座底安装井框、井篦，安装必须平稳、牢固。

12）立式收水井在墙身砌至设计标高时，安装立式井箅，并将井身上口加盖盖板。

13）收水井砌筑完毕后，应及时将井内碎砖、砂浆等杂物清理干净。

2. 检查井、雨水支管的施工

（1）检查井施工

1）施工前先熟悉图纸，确定检查井的尺寸、样式。

2）砌筑检查井，应在管道安装后立即进行。

3）砌井前检查基础尺寸和高程。

4）基础清理干净后，先铺一层砂浆，再进行墙体砌筑，砌砖时每砌完一层，要灌一次砂浆，使缝隙内砂浆饱满，上下两层砖间竖向要错缝。所用砂浆与砖的强度要求按设计确定。

5）井壁与混凝土管相接部分，必须用砂浆座满，在混凝土管上发砖券，以防漏水，管外壁接头处要提前洗刷干净。

6）身上部收口按设计标准图集所要求坡度进行。

7）支管或预埋管按设计要求标高、位置、坡度安装好，做法同主管接法。

8）护底、流槽、爬梯应与井壁同时砌筑。

9）井身砌筑完毕后，按设计要求对井壁进行抹面，一般污水检查井要求内外抹面，雨水检查井只要求内部抹面，外壁要用砂浆搓缝。

10）检查井完成后要将井内杂物清理干净，如还不能立即安装井座、井盖，应设防护或警示标志，防止发生安全事故。

（2）雨水支管施工

1）雨水支管是收水井内的集雨水干管或合流管道检查井内的设施。

2) 根据设计图纸，定出雨水支管位置，并打控制桩，标记设计标高。然后根据开槽宽度放灰线，槽底宽度一般采用管外径之外每侧加宽 3cm。

3) 雨水支管一般在土路床完成后开槽施工，也可在第一层基层完成后开槽施工，如条件允许，尽量在土路床上开槽施工，以免影响基层整体强度。

4) 挖至槽底基础底板设计标高后，检查宽度和高程，对槽底基础进行修整后可按底板宽度和深度，继续开挖做成基础土模，清理合格后便可浇筑混凝土基础底板。

5) 雨水支管的底板、安管、捻管、抹带可参见排水管道施工，也可采用"四合一"法施工，即底板、安管、捻管、抹带同时施工。

6) 当基础底板达到一定强度时，对支管沟槽进行回填，管顶 40cm 范围内，用人工夯实，回填压实度要与道路结构层相同。

思 考 题

1. 人行道施工基点与基准线应怎样设置？
2. 人行道曲线部位施工应注意什么？
3. 雨水支管的施工程序及什么是"四合一"法施工？

五、施工组织与管理

（一）施工组织与管理的基本知识

施工组织与管理是研究如何以最合理的方法和手段来组织均衡生产，提高劳动生产率，确保质量和效益的一门学科。

1. 基本建设程序

基本建设程序简称基建程序，它是指基本建设项目从决策（立项）、设计、施工到竣工验收的全过程中所必须遵守的程序。

一般大中型工程项目的基建程序如下：

（1）提出项目建议书，进行可行性研究

项目建议书是建设程序中最初阶段的工作。它是有关地区、部门或企业根据国民经济和社会发展的需要，结合地区规划，经过调查研究分析，提出具体项目，向国家推荐的建议书。项目建议书不是项目的最终决策。项目建议书一经批准，即可着手进行可行性研究。

可行性研究是就拟建项目从技术上、经济上、环境上等方面进行科学的分析与论证，并作出可行与否的判断，为决策提供充分、全面的科学依据。

（2）编制计划（设计）任务书

当可行性研究成立后，即可按项目隶属关系，由主管部门组织有关单位编制计划（设计）任务书，并据以进行初步设计。包括建设项目地址的确定并经审核批准。

（3）编制设计文件

计划（设计）任务书经批准后，由主管部门委托设计单位编制设计文件。设计过程一般划分为两个阶段，即初步设计和施工图设计,重大项目和技术复杂项目,也可根据需要,增加技术设计(扩大初步设计)阶段。

(4)编制年度建设计划

当初步设计和总概算,经过综合平衡审查批准后,方可列入国家基本建设年度计划,它是进行基本建设拨款或贷款的主要依据。

(5)施工准备

施工准备包括工程招标、投标、评标确定施工单位、现场征地、拆迁和三通一平等工作。

(6)组织施工

完成上述准备工作后,由建设单位、施工单位提出申请开工报告,经业主或招标单位审查批准后即可开工。

(7)生产营运准备

(8)竣工验收、交付使用

工程完工后,一般先由施工单位组织自验,再由建设单位或业主组织设计、接受和施工等单位进行初验,向主管部门提出初验报告,最后进行正式验收,办理移交手续。

上述步骤,就是基本建设程序,即基本建设各项工作的先后顺序,这个顺序不能违背,不能颠倒。

2. 建设项目的划分

建设项目一般是指在一个总体设计范围内,由一个和几个单项工程所组成的独立工程。如某一条高速公路,某一开发区建设,某一污水处理工程等,它可划分为如下工程项目:

(1)单项工程:是指建设项目中,建成后能独立发挥生产能力和效益的项目。如开发区的道路工程、排水工程、工业与民用建筑工程等。

(2)单位工程:是指单项工程中不能独立发挥生产能力和效益而具有独立施工条件的工程。如道路工程中的路基土方工程、路面工程、排水及附属工程等。

(3)分部工程:是指单位工程中按照单位工程的多个部位划

分;如路面工程中的底基层、基层和路面。

(4)分项工程:是指分部工程中多个作业项目的组成部分。如路面工程中模板、钢筋、混凝土摊铺、伸缩缝等项目。

综上所述,一个建设项目是由一个或几个单项工程组成,一个单项工程是由几个单位工程组成,一个单位工程又以若干个分部工程组成,一个分部工程还可以划分为若干个分项工程。建设项目的组成和它们之间的关系,如图5-1所示。

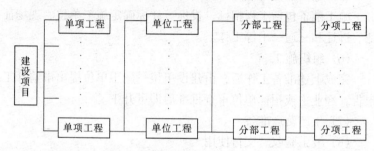

图 5-1

3. 施工组织与管理的基本原则

(1)以施工生产为中心,全面完成国家计划和企业的经营目标,市政施工企业作为物质生产活动的独立经济组织,必须讲究信誉,按质保期完成国家计划和承包合同,同时要讲究经济效益,实现企业的自我改造、自我更新和自我发展。

(2)尊重科学,严格按基建程序办事,环环紧扣,切忌三边工程。

(3)积极采用先进施工技术,提高施工机械化水平,尽量做到机械化施工方面的成龙配套。由粗放型生产向集约化生产转变,走科技兴业的道路。

(4)严格施工计划管理,努力做到均衡生产与集中力量保证重点的有机结合。

(5)提高工程质量,确保施工安全,搞好文明施工。

(6)讲求经济效果,实行科学管理。

综上所述，市政企业施工组织与管理的基本原则，就是要按照国家计划与企业目标，加强管理，保质、保量、保工期、降低消耗、文明施工，全面完成各项施工任务。

4．施工现场组织与管理的主要内容

施工现场的组织与管理工作贯穿于施工的全过程。分为施工准备工作，现场施工管理与调度工作及竣工验收与结算。

（1）施工准备工作

1）现场调查：地物地貌，水文地质，资源供应及施工运输条件；

2）图纸会审与技术交底；

3）编制施工组织设计；

4）编制施工预算，下达施工任务，签定分包协议；

5）组织劳力、机械、材料进场；

6）测量放线，三通一平，按平面布置图搭设临时生产、生活设施；

7）外部协作，办理施工执照，申办封闭交通。

（2）现场施工管理与调度

1）编制和下达施工作业计划，制定劳动组合与施工作业程序，工程任务划分；

2）建立施工组织管理体系，形成生产指挥系统；

3）开展现场技术管理、质量管理、材料管理、机械设备管理、安全文明施工管理及施工现场的平面管理与环境管理；

4）建立现场调度会议制度，定期分级召开生产调度会议；

5）推行施工任务书与包工合同，加强基层作业队（班、组）管理。

（3）竣工验收与工程结算

1）工程收尾、清场、返修补修。工程分级检查验收，工程量核实，签证与工程结算，交工会议与签订保修协定。

2）当承担大中型市政工程施工项目时，应实行"项目法"管理。

（二）编制施工作业计划和班组管理

1. 编制施工作业计划

施工作业计划是计划管理中的最基本的环节，是实现年、季计划的具体运行计划，是指导现场施工活动的重要依据。

(1) 施工企业计划分类

1) 以企业管理为中心的计划体系

（A）企业的年度施工计划；

（B）企业年度技术财务计划；

（C）企业月度施工计划，是年度施工计划的分解和分阶段实施计划，它以施工作业层（处、队）为对象，对工程项目月进度作具体安排，并对劳力、机具、材料作综合平衡。

2) 以项目法施工为中心的计划体系

（A）工程项目总体计划，是在施工组织总体设计中对各单项工程（分部工程）的总体计划安排；

（B）单位工程施工进度计划，具体确定单位工程中各分部分项工程的施工顺序，作业时间，按工序流水作业的原则编制，用横道线计划或网络图计划的形式表述；

（C）施工作业计划，它是由项目经理部或工程承包部根据项目总体安排，当前进度要求和现场条件，把月旬作业任务、具体分配下达各作业基层（队、班、组）；

（D）施工任务书，是按照施工作业计划的要求以任务书的形式，直接向施工作业班组下达的短期作业计划。

(2) 施工作业计划编制的依据

1) 施工图纸、施工组织设计（施工方案）单位工程施工进度计划、工程预算；

2) 原材料、构（配）件组织落实情况；

3) 现有施工机械、劳动力（包括主要工种）的数量和供应状况；

4）生产和调度会上关于进度的平衡调度的决定；

5）施工作业面提供的情报；

6 企业承揽与中标的工程任务及合同要求；

7）施工工程资金的供应情况。

(3) 施工作业计划的主要内容

施工作业计划主要内容有编制说明和施工作业计划表。

1）编制说明的主要内容是：编制依据，工程项目部的施工条件，工程对象条件，材料及物质供应情况，有何具体困难或需要解决的问题等。

2）月度施工作业计划表：

（A）分部分项（工序）工程实物工程量、工作量（万元）立项时应与施工预算口径对应；

（B）分部分项（工序）工程形象进度表；

（C）主要劳动力平衡计划及余缺调剂措施；

（D）材料、成品、半成品构（配）件供应计划；

（E）大型施工机械及运输设备的供应计划；

（F）各项经济技术指标，劳动生产率，质量合格率，成本降低率，安全事故频率等；

（G）技术组织措施（用文字说明）。

月度施工作业计划表格形式见表 5-1。

月度施工作业计划表　　　　表 5-1

顺序	施工单位	项目名称	工程量		工作量		劳动力		主要机械每班数量			形象进度					
			单位	数量	单位	金额	定额	数量	名称	定额	台班数	5	10	15	20	25	30

由于各施工企业所处地区不同，管理方式各异，表 5-1 也不尽一致，内容也有所不同，各企业可根据具体情况取舍。

(4) 施工作业计划的编制程序与方法

首先由项目经理部的计划管理部门依据施工现状、材料、设备供应条件，项目经理部和建设单位对月度施工的总体要求，编制一个初步计划，各基层队、组、依据初步安排，结合自身劳动力、机具条件，提出对月度计划修订建议和要求，再由计划部门汇总。同时，确定月度经济指标和项目形象进度，提出完成任务的技术组织措施，经项目经理部及主管部门审核批准，在生产调度会上正式书面下达。

(5) 施工作业的贯彻执行

1) 施工作业计划以施工任务书形式分别直接下达施工作业队（组）执行；

2) 项目经理部（承包部）及职能部门行使检查、监控和调剂服务职能，施工员、工长具体组织作业计划的实施；

3) 通过生产调度会，进行工、料、机和物资的综合平衡调度，调度会分层次召开，班队长生产调度会，由工长、施工员或承包部（处）主任主持召开，每周1~2次。

(6) 施工任务书的管理和实施

1) 施工任务书的作用

施工任务书是施工管理的一项重要基础性工作，是执行施工作业计划的一种有效形式，通过施工任务书，将作业计划的一种形式，通过施工任务书，将作业计划的各项指令性要求具体分解下达给施工队组，施工任务书是班组开展生产活动的直接依据，由于任务书包括了指定工程量，定额用工、用料，所以它又是队组进行经济核算的主要依据。

2) 施工任务书的实施程序

（A）由施工员根据作业计划分解和填写施工任务单，由工程承包部（处）生产主管审核签发，并向队组作任务交底，队阻经过讨论提出完成任务的方法和措施。

（B）施工过程作业队的组长，考勤员在任务单上记录每天出勤人数和材料机具的耗用情况。

（C）作业队组完成施工任务后，经质检员验收和等级评定，施工员进行工程量验收，然后安全员、定额员、材料员根据各自考核内容分别核实签字，最后劳资员进行工资结算，交财务部门核发工资。

施工任务书最好按分项工程（工序）每半月或一月下达一次，时间过长，施工实际与计划容易脱节，过短又会增加工作量。施工任务书的下达和回收都要及时，以便抓紧核算和结算。

2. 班组管理

班组是企业生产经营活动的基本单位。企业的施工技术，经济效果等各方面的工作，最终要通过班组来实现。班组工人群众是施工生产的直接参加者，只有把班组管理搞好了，工人文化素质提高了，企业才有稳固的基础，才能顺利完成和实现企业的经营目标。

班组管理的主要任务就是科学的组织劳动，调动每个职工的积极性，分工协作，努力完成施工作业计划，保证质量和安全，降低各种消耗。班组可通过开展质量管理小组（又称 QC 小组）活动来实现管理过程。QC 小组是职工参与全面质量管理特别是质量改进活动中的一种非常重要的组织形式。开展 QC 小组活动能够体现现代管理以人为本的精神，调动全体员工参与质量管理质量改进的积极性和创造性，可为企业提高质量降低成本创造效益。通过小组成员的共同学习互相切磋，有助于提高员工素质，塑造充满生机活力的企业文化。

（1）全面完成施工任务书的要求

贯彻执行施工任务书的各项要求，努力完成施工作业计划。任务书也是班组与企业的短期承包协议，班组的一切工作都是围绕任务书的贯彻落实而展开的，执行任务书是班组管理工作的主要任务。

（2）现场劳动力的管理

施工队班组对现场劳动力的管理主要是根据施工任务的计划安排，对在一定施工时期内各工种劳动力余缺进行平衡调剂。目前，施工企业均推行项目法施工或项目承包组的方法组织施工，劳动力大部分在社会上招用合同工和临时工，加之施工工程每个阶段的施工内容不同，在许多情况下，某种技术工种人员缺乏和剩余较为普遍。因此，必须进行余缺调剂和平衡安排，施工队班组除了在企业内部进行调剂以外，还应通过建筑劳动市场调剂劳动力的余缺。尤其是某些技术工种在市场需要量增加的情况下，适时招用市场劳动力，并采用劳动价格浮动的方式进行调剂平衡，是保证施工现场劳动力需求的必要方法。

劳动管理的另一个重要环节是对工人的技术培训和文化培训，这是提高劳动力素质的必要措施之一。在推行项目法施工和工程承包经营过程中，现场施工队伍有相当部分为农村建设队伍和外来施工人员，流动性很大，会给技术培训带来很大的困难，这就要求施工企业在招用劳动力时，要认真选择文化素质和技术水平高的现场施工人员。在相对稳定队伍的情况下，认真搞好技术培训和文化培训工作。

在劳动力管理工作中，劳动报酬是一个中心环节。在社会主义市场经济体制下，除了按国家工资制度和劳动定额规定来确定劳动报酬外，劳动市场的供求情况也影响着劳动报酬的波动。因此，施工队伍要根据政策规定和市场供求情况，认真确定劳动力报酬，以调动现场施工人员的积极性。

(3) 科学组织劳动，提高生产效率

1) 建立合理的劳动组织形式

劳动组织形式一般分专业施工队和混合施工队，专业施工队按施工工序由同一工种的工人组成，并配备一定数量的辅助工，它的优点是生产任务专一，有利于机械化和规模化生产，提高劳动生产率，适合于大型工程开展工序间的流水作业。混合施工队是把共同完成施工所需要的互相联系的工种工人组织在一个施工队里，它的优点是便于指挥、协调、调度，有利于多工种交叉作业，对小型分散工程比较有利。

施工队下属的作业班组也有专业班组和混合班组两种，专业班组由专业的单一工种所组成，如木工班、钢筋班、电工班等，混合班组是由多工种组成的班组,也有混合施工队下属若干个专业班组,以扬长避短。

选择何种劳动组织形式,要根据工程对象特点,技术复杂程度,施工机具,施工作业面等条件而定。

2) 不断改进劳动组合

任何一个工种或作业过程都是由若干个操作环节所组成。如水泥混凝土搅拌作业,由供料、计量、加水和拌制等环节组成。混凝土路面摊铺作业,由摊铺、振动、抹光和做面等环节组成。每一个环节要根据劳动强度,技术复杂程度,配置必要的技工、普通工、辅助工、青壮劳力搭配,协作配合,共同完成一个作业过程。只有在施工中不断探索和改进劳动组合,以充分发挥各自的劳动潜力和技术特长,并相对稳定,施工才能正常有序地进行,方可提高劳动效率。

3) 实行施工流水作业

把施工项目分成若干个劳动量大致相等的施工段。各个专业队(组)依次连续在每一个施工段上进行作业,当前一个专业队(组)完成一个施工段的作业以后,就为下一个施工过程提供了作业面,负责后一施工过程的专业队(组)便可以投入施工作业。这样不同专业队(组)之间保持着一定的时间距离,连续不断的进行搭接施工,称之为流水作业。

流水作业的优点是,合理利用施工作业面消除多工种挤在一起平行作业,施展不开的缺点,保证了施工的连续性,节奏性和均衡性。并有利于工、料、机供应上的相对稳定,它有利于提高施工操作技能,加强现场管理,加快施工进度。

流水作业不仅工种工序之间可以采用,分部分项工程之间也可以采用,操作过程之间也可以采用。施工作业队(组)在制定劳动组织形式时,首先应选择流水作业。

(4) 施工队班组生产管理的基础工作

管理基础工作,是为实现企业经营目标和管理职能提供依据、准则、手段和条件的前提工作。其主要内容包括标准化工作、定额工作、计量工作、信息工作、班组建设和基础教育等。

施工队班组的基础工作是施工企业管理基础工作的主要组成部分，搞好施工队班组的基础工作，对强化企业管理、缩短工期、加快进度、提高工程质量和经济效益有着十分重要的意义，因此，必须抓好施工队伍的管理基础工作。

(5) 施工班组管理

施工班组是施工企业生产经营活动最基层的组织，是完成好施工任务的直接承担者，施工班组工作效率的高低，与企业的生产经营有直接的影响。因此，要重视班组建设，加强班组管理，这是整个施工企业加强各项管理工作的基础。

班组管理的基本任务，就是在工程项目部或施工队的领导下，运用科学的管理方法，采用先进的施工工艺和操作技术，优质、高效、均衡、低耗和安全的完成各项生产任务。

班组管理工作的主要内容有：

1) 选好班组长。施工班组的组长是整个班组的带头人，选择班组长应挑选思想好、技术精、业务熟、会管理和懂核算的人员担任，才能担负搞好施工班组的工作。

2) 建立施工班组管理制度。要建立以班组岗位责任制为中心的各项制度，主要的考勤制度、质量三检（自检、互检和交接检查制度）、安全生产制度、材料定额管理制度等。

3) 搞好班组核算和原始记录。核算工作是通过下达计划任务书确定奋斗目标和经济核算指标，按期进行核算并公布成果，实行民主管理，落实按劳分配原则，调动工人的积极性。经济核算的基础是班组的原始记录。要及时、准确、全面的记录实际完成工作量、用工数量、质量、安全情况、考勤情况、材料、机具耗用量等。原始记录要真实可靠，切忌弄虚作假。

4) 要保持班组的相对稳定，尤其是采用弹性施工队伍，大量招用临时工而建立的班组，相对稳定才能提高技术、质量和操作能力，使班组更好地完成任务。

(三) 定额与预算

1. 定额与预算

从广义而言,"定额"是指完成市政工程中某一项单位产品,所规定消耗的人工(工日)、材料、机械和其他费用的数量标准,它是确定价格或编制预(概)算最基本的要素。

对于施工企业而言,"定额"又是企业开展劳力、物资、计划、技术和财务等管理活动以及考核工程成本和效益等的依据。

(1) 定额分类及其各自的作用

定额通常分为工程定额和费用定额(也称取费标准)两大类。

1) 工程定额

工程定额通常与相应的质量检验标准相配套而制定。它通常是指在正常施工条件下,完成某项产品并达到质量标准,所必须消耗的人工、材料、机械和费用的量化标准,并规定完成该项产品的工作内容。在市政行业中,目前执行的工程定额是指"全国统一的预算定额"和"劳动定额"。这些定额具有严肃的法令性,全国各地必须贯彻执行。

工程定额包括下列几种定额:

(A) 劳动定额:它是专门计算用工数量和考核用工情况的定额。它分为:

A) 时间定额:指班组或个人在合理使用材料、正规操作和保证产品质量的条件下,完成单位产品所需要的时间。这个时间包括了工作开始的准备和结束的清理时间、辅助和适度的休息时间。

B) 产量定额:是时间定额的倒数,即指班组或个人在单位时间内(每工日 8 小时),完成合格产品的数量。

例如人工挖 4m 深的土方,从"统一劳动定额"中查得完成挖掘 $1m^3$ 土方需时 0.667 工日就是时间定额;又查得每个工日可完成挖土 1.5m³ 就是产量定额。两者的关系是 0.667 = 1/1.5 或 1.5 = 1/0.667。

（B）材料消耗定额。它是专门用于计算材料数量和控制材料使用的定额。本着合理使用材料的原则，使施工单位在生产合格产品时，所必须消耗的各种主要材料的规格、品种和数量。例如钢、木、燃料、砂石、水泥及其制品、半成品和构件等。在数量中已包括了必有的运输和操作损耗。

（C）机械台班定额。它是专门用于计算机械数量和考核使用情况的定额。它与劳动定额一样也分为时间和产量定额两种。时间和产量定额之间也存在着互为倒数的关系。

例如：铲运机挖运土方，运距 300m。从统一"劳动定额"中查得挖运 100m³ 的土，需要铲运机工作 0.625 台班并需配备 1.25 工日的人工作（时间定额）。如果铲运机工作一个台班，就可完成挖运土方 100/0.625 = 160m³；并需配备人工 1.25 × 160/100 = 2 工日（即两人工作一天）。

（D）预（概）算定额。它是编制单项工程预（概）算时，所必须遵循或采用有关劳力、材料、机械及其他零星机材消耗量的标准。通常由政府指定的部门编制（如我国建设部编制的"全国统一的市政工程预算定额"）。它通常包括的内容是：

A）工程项目及其分部分项的名称与定额编号；

B）计量单位；

C）工作内容；

D）工、料、机消耗量标准。

见表 5-2 所列。

（E）施工定额。既可是某地区多数企业能够达到或超过的关于劳力、材料和机械平均消耗水平；也可是某企业独自可达到或超过的消耗水平，作为企业内部定额使用；以真实地反映企业的管理水平和参与市场竞争的实力。施工定额多属于企业行为，但应以不降低质量标准和不损害职工利益为原则而编制施工定额。通常施工定额与预算定额相比有 10% 左右的差距。

水泥混凝土路面 表 5-2

工作内容：放样、模板制作、安拆、模板刷油、混凝土纵缝涂沥青油、拌合、浇筑、捣固、抹光或拉毛。

计量单位：100m²

定额编号			2-330	2-331	2-332	2-333	2-334	2-335
项目			厚度（cm）					
			15	18	20	22	24	28
基价（元）			3940.13	4669.77	5163.37	5664.23	6156.31	7144.57
其中	人工费（元）		684.98	768.55	832.04	899.00	961.99	1089.96
	材料费（元）		2958.78	3549.44	3941.27	4337.42	4729.25	5513.86
	机械费（元）		73.34	87.45	97.79	107.19	116.60	136.34
	综合费（元）		223.03	264.33	292.27	320.62	348.47	404.41
名称		单位	单价（元）	数量				
人工	综合工日	工日	24.80	27.620	30.990	33.550	36.250	38.790	43.950
材料	混凝土路面抗折45号	m³	186.63	15.300	18.360	20.400	22.440	24.480	28.560
	板方材	m³	1350.00	0.037	0.044	0.049	0.054	0.059	0.069
	圆钉	kg	4.61	0.200	0.200	0.200	0.200	0.200	0.200
	铁件	kg	3.59	5.500	6.500	6.500	7.700	7.700	7.700
	水	m³	1.00	18.000	21.600	24.000	26.400	28.800	34.560
	其他材料费	%	—	0.500	0.500	0.500	0.500	0.500	0.500
机械	双锥反转出料混凝土搅拌机350L	台班	94.03	0.780	0.930	1.040	1.140	1.240	1.450

注：本表摘自湖北省建设工程造价管理总站编制鄂建（2000）200 号文颁发的"全国统一市政工程预算定额湖北省统一基价表"上册道路工程。

2) 费用定额（取费标准）

费用定额是计算非直接用于工程费用的额度标准。例如管理费、法定利润、税金等，故称为工程间接费。常以工程直接费为基数，以占直接费的百分率计算各项间接费。

费用定额因地区而异，因企业资质不同而不同。各地区的计算程序也不一样。表 5-3 是武汉市 2000 年市政工程各项费用的费率标准和计算程序。

2000年武汉市市政工程各项费用的费率标准和计算程序 表 5-3

序号	费用名称	计算程序及说明
1	定额基价(建筑工)	按预算定额套用的费用
2	其中：人工费	
3	材料费	
4	机械费	
5	综合费	(5) = [(2) + (3) + (4)] × 费率
6	直接费	(6) = (1)
7	企业管理费、财务费用及其他费用	(7) = (6) × 费率
8	劳动保险基金	(8) = (6) × 费率
9	间接费	(9) = (7) + (8)
10	商品混凝土换算后及混凝土、砂浆等配合比的定额价价差	按实际情况计取
11	直接费与间接费合计	(11) = (6) + (9) + (10)
12	价差合计	按实际情况计取
13	计划利润	(13) = [(11) + (12)] × 费率
14	意外伤害保险	(14) = [(11) + (13)] × 费率
15	施工安全技术服务费	(15) = [(11) + (13)] × 费率
16	不含税工程造价	(16) = (11) + (12) + (13) + (14) + (15)
17	营业税	(17) = (16) × 费率
18	含税工程造价	(18) = (16) + (17)
19	工程总造价	(19) = (18)

(2) 预算编制的程序和方法

广义的预算，一般都应包括表 5-4 中的种类。

现今电子计算机的普及及随着各种各样软件程序的大量推出，施工图预算大都采用计算机软件直接编制，工作量大大减化，编制施工图预算现以武汉市 2000 年市政工程费用定额的标准为例，其基本的编制程序和方法为：

1) 熟读设计施工图，参照采用的预算定额的项目名称、计量单位和工作内容，确定工程量计算的项目名称，依图计算工程量。切记，不可漏项或重项，纵使定额中没有的项目或工作内容中不包括的作业，只要设计施工图有，也应计算工程量。

2) 根据工程所处位置的地形、地貌和环境，制定施工方案并确定施工方法及其技术措施。

广义预算包括的种类　　　　　　　表 5-4

序号	名称	编制单位	依据和内容	用途
1	投资估算	建设单位	1. 预（概）算定额； 2. 扩大设计图的工程量； 3. 编制时，公布的工料机单价或扩大单价（也可预计涨价因素）； 4. 应包括工程所有项目的额度。如土地费、青苗费、拆迁费、配套项目费等	1. 申请工程立项； 2. 申请投资； 3. 预计项目需要的资金； 4. 提供决策依据
2	设计概算	设计单位	1. 预算定额和费用定额； 2. 初步设计图的工程量； 3. 编制时，当地的工、料、机单价	1. 立项批准后，作为列入当年基本建设计划用； 2. 作为控制施工图预算
3	施工图预算	设计单位	1. 施工图的工程量； 2. 施工方案选用的施工方法； 3. 预算定额和费用定额； 4. 编制时，当地的工、料、机单价	1. 确定工程造价； 2. 招投标工程的标底； 3. 拨付工程进度款的依据
4	施工预算	施工单位	1. 施工图的工程量； 2. 施工定额及费用定额； 3. 施工实施方案； 4. 当地工、料、机的实际单价	1. 编制施工计划； 2. 考核工程成本； 3. 工程分包的依据
5	竣工结算	施工单位	1. 施工图预算； 2. 工程签证所增减的工程量； 3. 允许调整的费用项目或费率	1. 施工单位办理工程结算的资料； 2. 结清工程款
6	竣工决算	建设单位	1. 工程结算； 2. 由建设单位为工程而支付的所有金额	1. 确定工程实际造价； 2. 确定固定资产的价值

3) 读懂和看清所采用的"预算"定额中的使用说明、工程内容和适用范围。例如：

（A）在使用说明中写有"本定额如有缺项，可参照其他定额相应项目套用"；

(B) 在工作内容中写有"本项目是按运距 20m 计算,超过时,可另立项计算";

(C) 在适用范围中写有"本定额用于××以下",那么,这就表示两层意思:其一:××以下含××在内;其二:超过××时,可另立项计算"。

4) 熟悉费用定额中所有项目的含义和规定以及计算方法。例如:

(A) 冬雨期施工费,在南方地区,就不应计取冬期施工费;

(B) 弄清税率,因为税率是因地区不同而各异;

(C) 从费率表中可看到,费率计算有些是直接计取,有些是滚动计取。

5) 编制预算表

掌握或弄清上述情况和资料,就可进行预算表的编制工作。其步骤和方法是:

第一步,计算直接费:

从预算定额中查得与工程项目相应项目的各种消耗量、单价和额度,将各种消耗量的金额相加,就是这个项目的直接单位造价(直接费)。

第二步,根据有关调价文件,计算允许调价的材料价差。即市场价与定额价的差乘以材料数量。

第三步,根据表 5-3 的计算程序逐项计算直至得出最后的工程总造价。

第四步,工、料、机的分析

施工图预算编制完毕后,应将预算中的人、材、机所需数量制表作为施工管理的依据和控制量。

6) 编制预算应注意的事宜

(A) 套用的定额必须与工程项目的施工工艺计量单位保持一致。

(B) 当定额缺项时,应寻找与工程性质相接近的定额进行套用或换算后套用。例如城市道路定额缺项,则可套用相应的

"公路工程定额"。

(C) 要按工程的属性和类别，选用相应属性和类别的预算定额及其配套的编制办法的费用定额。例如属于"公路"性质的土方、路面、桥涵、排水等类别的工程，就应选用"公路工程"预算定额及与之相配套的编制办法、费率和机械台班定额组成的单价表。

(D) 我国在市政工程中，虽然是执行"全国统一的预算定额"。但工、料、机的单价和费用定额及其计算程序与方法，都是由各地区相关的权威部门编制或确定。可以说关于工、料、机的单价是因地区不同而各异,关于费用定额所含内容及其计算程序和方法也各不相同。因此,编制预算时,必须弄清楚当地的工料机单价、费用定额所含项目、计算方法和程序,才不会造成遗误。

2. 工程招投标

工程招投标既是建设单位（业主）选择承包单位（承包商），也是承包商根据自身的条件选择工程的一种经营方式。这种买卖市场行为，是在公开、公平和公正的基础上，进行的合法竞争的贸易行为，它是由计划经济向市场经济转变的必然趋势和结果。

(1) 施工招投标的重要意义

施工招标是指招标单位将确定的施工任务发包,鼓励施工企业投标竞争,从中选出技术能力强、管理水平高、信誉可靠且报价合理的承建单位,并以签订合同的方式约束双方在施工过程中行为的经济活动。施工招标的最明显特点是发包工作内容明确具体,各投标人编制的投标书在评标中易于横向对比。虽然投标人是按招标文件的工程量表中既定的工作内容和工程量编标报价,但报价高低一般并不是确定中标单位的惟一条件,投标实际是各施工单位完成该项目任务的技术、经济、管理等综合能力的竞争。

推行施工招投标对于建设单位（业主）择优选择施工单位，确保工程质量和工期，降低工程造价具有重要意义。同时，对鞭策施工单位努力提高技术与管理水平，注重降低消耗水平，控制工程成本，也具有明显的作用。所以，在施工阶段大力推行招投标，尤其是推行公开招标，是具有十分重要意义的。

(2) 招标建设工程项目应具备的基本条件

1) 拟招标的建设工程必须有国家、省、市、自治区批准的初步设计和概算，建设项目已列入国家、部门或地方的年度固定资产投资计划；

2) 已经向当地建设行政主管部门办理报建手续，并取得批准；

3) 建设用地使用权已经取得，建设用地征用、拆迁和场地清理已经完成，现场施工的"三通一平"条件已经落实；

4) 建设资金或者资金来源和协作配合条件均已落实，能保证建设工程连续施工；

5) 满足招标需要的有关文件和技术资料已经编制完成；

6) 招标所需的其他条件已经具备。

(3) 招标的范围和方式

1) 招标范围

根据《中华人民共和国招标投标法》规定：在中华人民共和国境内进行下列工程建设项目包括项目的勘察、设计、施工、监理以及与工程建设有关的重要设备、材料等的采购，必须进行招标：

(A) 大型基础设施、公用事业等关系社会公共利益、公众安全的项目；

(B) 全部或者部分使用国有资金投资或者国家融资的项目；

(C) 使用国际组织或者外国政府贷款、援助资金的项目。

2) 招标方式

常用的招标方式有三种：

(A) 公开招标：

特点：招标单位通过报刊、广播、电视或其他有效途径公布招标公告进行招标；投标单位数量不限；招标单位收到投标文件后，密封保存，开标时当众开封。

适用条件：多用于大、中型建设项目和世界银行贷款项目，一般小型项目较少采用。

(B) 邀请招标：

特点：由招标单位向资质符合工程要求的施工单位发出招标邀请书，邀请的单位不得少于3家；不公开刊登广告，只通过个别邀请方式进行。

适用条件：规模大，专业性强或技术复杂，只有少量公司有能力承担的工程；规模小，没必要公开招标的工程；公开招标后，无人投标的工程。

(C) 议标：

特点：对技术性、专业性较强和工程条件限制及工期紧迫等建设工程项目，经建设行政主管部门审定，不适宜公开招标和邀请招标的，可以实行议标，邀请的单位不得少于2家，价格双方议定。

适用条件：只有某个公司有专长，能承担的特殊工程；施工前没有完整的图纸技术资料，需边研究边施工的工程，如古建筑修缮；主要部分已发包，剩下的小部分工程；特别紧迫的工程，如堤坝急待修复。

(4) 招标文件的组成

一般来说，招标的基本文件应包括以下内容：

1) 投标须知前附表和投标须知。投标须知中主要包括：总则、招标文件、投标报价说明、投标文件的编制、投标文件的递交、开标、评标、授予合同。

2) 合同条件。

3) 合同协议条款，包括：合同文件、双方一般责任、施工组织设计和工期、质量与验收、合同价款与支付、材料和设备供应、设计变更、竣工与结算、争议、违约和索赔。

4) 合同格式，包括：合同协议书格式、银行履约保函格式、履约担保书格式、预付款银行保函格式。

5) 技术规范，包括：工程建设地点的现场条件、现场自然条件、现场施工条件、本工程采用的技术规范。

6) 图纸。

7) 投标文件参考格式，包括：投标书及投标书附录、工程量清单与报价表、辅助资料表、资格审查表。

(5) 建设工程施工招标程序

这里有一个流程图可以大致说明建设工程施工公开招标的程序，共有 16 个环节（图 5-2）。

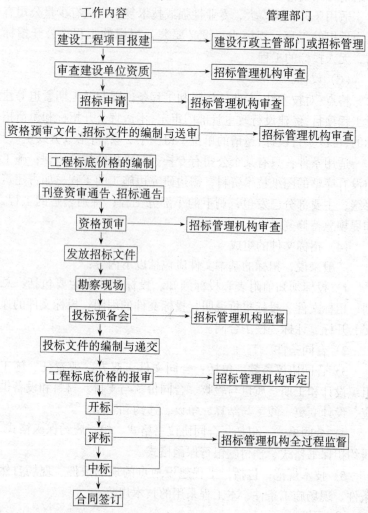

图 5-2 招标流程图

(四)施工组织设计及网络图

1. 施工组织设计

施工组织设计是以一个工程项目为编制对象,用来具体指导施工准备和组织施工全过程的技术和经济性管理文件。它可分为投标性和实施性施工组织设计。

(1)施工组织设计的编制原则和依据

1)编制原则

(A)严格执行基本建设程序和施工程序;

(B)科学安排施工顺序;按照市政工程施工的客观规律安排施工程序,在各个施工阶段之间合理搭接、衔接紧凑,在保证质量的基础上,尽可能缩短工期,加快建设速度;

(C)采用先进的施工技术和设备,不断提高施工机械化、预制装配化程度,减轻劳动强度,提高劳动生产率;

(D)应用科学的计划方法制定最合理的施工组织方案;根据工程特点和工期要求,因地制宜地采用快速施工,尽可能采用流水施工方法,组织连续、均衡且有节奏的施工,保证人力、物力充分发挥作用。对于复杂的工程,应用网络计划技术找出最佳的施工组织方案;

(E)落实季节性施工的措施,确保全年连续施工;

(F)确保工程质量、施工安全和环境保护;

(G)节约施工费用,降低工程成本。

2)编制依据

编制施工组织设计的主要依据如下:

(A)国家、地区以及工程合同对该工程项目的要求。主要是开、竣工日期,建设单位对工期和工程使用要求。

(B)设计文件。主要是该工程的全部施工图纸及各种有关的标准图。

(C)施工现场条件。主要是现场的地形、障碍物的拆除、水电供应和道路交通运输情况。

（D）建设单位提供条件。主要是施工时所需占用的场地，资金、水、电的来源及供应，临时房屋等情况。

（E）施工单位具备条件。主要是劳动力和施工机械生产能力与配备，主要材料、配件、半成品和加工件的来源与供应。

（F）国家和地区的有关规程规范。主要是施工验收规范，工程质量与安全要求，各种有关的技术定额。类似工程的经验资料等。

(2) 施工组织设计的编制内容

1) 投标性施工组织设计以达到工程中标为目的，编制时应结合企业的综合实力和企业管理层的投标决策，按照招标文件的要求认真编制，编制投标性施工组织设计的主要内容一般包括：

（A）工程概况。主要包括：1）水文地质情况；2）交通运输条件；3）主要工程量；4）工期要求；5）质量目标。

（B）编制依据与原则。

（C）工程管理目标（工期、质量、安全文明、成本等）。

（D）施工部署。

①施工总平面布置（临时设施、施工便道、水电供应情况等）；②项目组织结构；③施工队伍状况；④专业分包情况；⑤施工顺序及部署安排。

（E）施工准备工作。

1）前期准备（现场调查、地材资源、生活物资供应等情况）；2）技术准备；3）三通一平工作及施工总平面图。

（F）主要项目的施工方法和技术要求；

（G）工期目标及保证措施；

（H）质量保证体系及质量保证措施；

（I）季节性及夜间施工措施；

（J）施工设备、周转材料及检测设备的配置；

（K）安全及文明生产施工措施；

（L）成本降低目标及措施。

2）实施性《施工组织设计》由承担该工程项目施工任务的项目经理组织相关人员进行编写。

实施性《施工组织设计》的编制应策划工程项目实现所需的全过程，要求具有较强的指导性与可操作性。要深入实际充分了解施工现场的条件，分析工程的特性，以根据企业建立的质量管理体系和综合实力，在投标性施工组织设计的基础上进行补充和完善，使实施的工程项目质量满足顾客的要求。实施性《施工组织设计》编制的主要内容一般包括：

（A）工程概况。主要包括：1）工程特点；2）建设地点及环境特征；3）施工条件；4）项目管理特点及总体要求。

（B）施工部署：

1）项目的质量、进度、成本及安全目标；2）拟投入的最高人数和平均人数；3）分包计划，劳动力使用计划，材料供应计划，机械设备供应计划；4）施工程序；5）项目管理总体要求。

（C）施工方案：

①施工流向和施工顺序，例如采用流水作业、分段流水作业、平行作业或交叉作业；②施工阶段划分；③施工方法和施工机械选择；④安全施工设计；⑤环境保护内容及方法。

（D）施工进度计划，可以采用横道线表示，也可以采用网络图表示。网络图绘制方法详见后述。

①施工总进度计划；②单位工程施工进度计划。

（E）资源供应计划：

①劳动力需求计划；②主要材料和周转材料需求计划；③机械设备需求计划；④预制品定货和需求计划；⑤大、中型检测设备需求计划。

（F）施工准备工作：

①施工准备工作组织及时间安排；②技术准备及编制质量计划；③施工现场准备；④作业队伍和管理人员的准备；⑤物质准备；⑥资金准备。

（G）施工平面图：

①施工平面图说明；②施工平面图；③施工平面图管理规划。

（H）技术组织措施计划：

①保证工程进度目标的措施；②保证工程质量目标的措施；③保证工程安全目标的措施；④保证工程成本目标的措施；⑤保证施工环境目标的措施；⑥保证季节性及夜间施工的措施；⑦文明生产施工措施。

经审定的《施工组织设计》应由项目部负责组织，并贯彻落实，以保证所承建的工程项目按实现过程的策划达到预期的效果。

2. 施工网络图

施工网络图和施工横道线计划图都是用以表示施工进度计划的形式。下面的图5-3是采用横道线的方式绘制的施工进度图。

顺序	项目名称	施工进度（工作日）													
		2	4	6	8	10	12	14	16	18	20	22	24	26	28	30
1	挖沟槽土方				━	━										
2	混凝土垫层及底板						━	━								
3	砌砖样								━							
4	吊装预制盖板									━	━					
5	回填土											━				

图 5-3　横道线施工进度图示

从图5-3可以看出，横道线施工进度图，每一道工序或项目的施工起止日期和施工所需时间是用一条横线表示，横线上书写施工延引导时间并以天计（工作天）。各工序或项目之间开工日期和结束日期之差,就是横道线起止端之间的距离。各横道线的重叠长度,就表示工序或项目的平行作业时间;重叠线愈多,就表明平行作业的工序或项目愈多。因此,横道线施工进度图比较简单易懂。但它的主要缺点是不能反映各工序或项目之间的依存关系和不易找出影响工期的关键工序或项目,若需进行修改也比较困难。所以,采用横道线方式编制施工进度图,逐渐被网络图代替。网络图具有横道线图示的全部优点而又避免了其缺点,同时网络图可运用微机进行编制和优选出最佳方案。下面具体介绍双代号网络图的绘制方法。

(1) 双代号网络图的基本概念

完成一项工程计划需要进行许多工作(序)。用一条箭线来表示一项工作,将工作的名称写在箭线上方,完成该项工作所需要的时间注在箭线下方,箭尾表示工作的开始,箭头表示工作的结束,在箭尾和箭头处分别画上圆圈并编以号码,前后两个圆圈的号码就代表这项工作,这个图形的表示方式,通常称之为双代号表示法。如图 5-4 所示。如果把工程计划的许多工作按先后顺序用上述方法,从左到右绘制成一个图形,就叫双代号网络图。如图 5-5 所示。所以,双代号网络图是"以箭线及其两端节点的编号表示工作的网络图"。

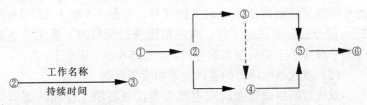

图 5-4 双代号表示法　　图 5-5 双代号网络图

从图 5-4、图 5-5 中可以看出,双代号网络图是由一些基本符号所组成的,包括箭线、节点和代号,这些符号都有一定的含意。

箭线是一端带箭头的实线,在双代号网络图中它与其两端节点表示一项工作。在建筑工程中通常用箭线表示一道工序、一项作业或一个施工过程，需要占用时间，消耗资源（有时占用时间但不消耗资源）。在无时间坐标约束的情况下，箭线的长短并不反映该工作占用的时间长短。箭线的形状可画成直线、斜线或折线，箭线的方向表示工作的进行方向。在双代号网络图中还有一种虚箭线，即一端带箭头的虚线，用以表示虚拟的工作，以使逻辑关系得到正确表达。节点一般用圆圈或其他形状的封闭图形表示，在双代号网络图中表示工作之间的逻辑关系。节点只是一个"瞬间"，它既不消耗时间也不消耗资源，具有将前后工作衔接起来的作用（图 5-6）。网络图中第一个节点叫"起点节点"，它意味着一项工程或任务的开始。最后一个节点叫"终点节点"，它意味着一项工程或任务的完成。网络图中的其他节点称为中间节点。

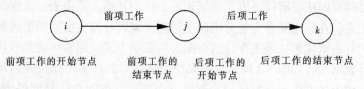

图 5-6 节点关系图

网络图中每一个节点必须进行编号，一条箭线前后两个节点的号码就是该箭线所表示的工作代号，如图 5-5 中 1—2, 2—3, 2—4 即分别表示三项工作。对网络图进行编号时，箭尾节点的号码一般应小于箭头节点的号码，如图 5-6 中 i 应小于 j。

(2) 双代号网络图的逻辑关系和绘图规则

双代号网络图绘制时应遵循工程任务各项工作间的逻辑关系。逻辑关系是指各项工作之间相互制约或依赖的关系。图 5-7 中工作 A, B, C, D, E 相互关系是严格的，以 B 而言，它必须在 A 结束后才能开始；而 E 工作则必须等 B 工作结束之后才能进行；C 和 D 是 B 的平行工作，都要在 A 结束之后才能开始。这种严格的逻辑关系，应当根据施工工艺和施工组织的要求来加以确定。

在双代号网络图中，为了正确地表达逻辑关系，往往要应用虚箭线。若 A，B，C，D 四项工作其相互关系是：A 完成后进行 C；A，B 均完成后进行 D，图形如图 5-8 所示。图中必须用虚箭线把 A 和 D 两项工作连接起来。虚箭线的应用是双代号网络图中绘制图形时不可缺少的，特别是在组织分段流水施工时，虚箭线的作用显得更为突出。

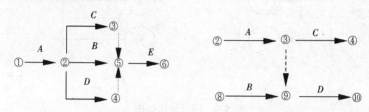

图 5-7 工序逻辑关系图　　图 5-8 虚箭线表示虚工序图示

绘制双代号网络图还必须遵循一定的绘图规则，这些基本规则是：

1）双代号网络图必须正确表达已定的逻辑关系。

2）双代号网络图中，严禁出现循环回路。循环回路是"从一个节点出发，沿箭线方向前进，又返回到原出发点的线路"。

3）双代号网络图中，在节点之间严禁出现带双向箭头或无箭头的连线。

4）双代号网络图中，严禁出现没有箭头节点或没有箭尾节点的箭线。

5）当双代号网络图的某些节点有多条外向箭线或多条内向箭线时，可使用母线法绘图。当箭线型不同时，可在从母线上引出的支线上标出。所谓"母线法"，是网络图中经一条共用的垂直线段，将多条箭线引入或引出同一个节点，使图形简洁的绘图方法，如图 5-9 所示。

6）绘制网络图时，箭线不宜交叉；当交叉不可避免时，可用过桥法或指向法，如图 5-10 所示。

7）双代号网络图中应只有一个起点节点，在不分期完成任

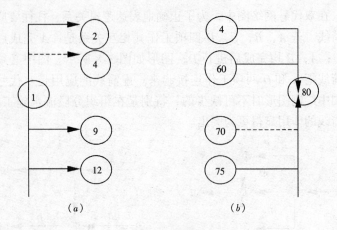

图 5-9 用母线法绘图

务的网络图中,应只有一个终点节点;而其他节点均应是中间节点。

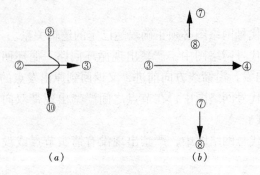

图 5-10 处理箭线交叉的方法
(a)过桥法;(b)指向法

(3) 双代号网络计划时间参数计算

网络图上各项工作标以持续时间后便成为网络计划,则可进行时间参数的计算,通过计算来确定关键线路和该项工程任务的工期。一项工作应计算的时间参数有最早开始时间(ES_{i-j})、最早完成时间(EF_{i-j})、最迟开始时间(LS_{i-j})、最迟完成时间

（$LF_{i\text{-}j}$）、工作总时差（$TF_{i\text{-}j}$）、工作自由时差（$FF_{i\text{-}j}$）。

时间参数的计算有按工作计算法计算和按节点计算法计算之分；在计算的方式上又有图上计算法、表上计算法和用计算机计算等方法。不管用哪种方法计算，其基本原理是一致的。现仅就按工作计算法在图上来进行（图上计算法）演算阐述，并用公式作说明。以图 5-11 为例。

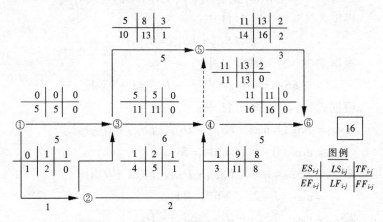

图 5-11 双代号网络计划算例

1) 工作最早开始时间和最早完成时间的计算

工作最早开始时间指各紧前工作全部完成后，本工作有可能开始的最早时刻。工作最早完成时间是指各紧前工作全部完成后，本工作有可能完成的最早时刻。

工作最早开始时间的计算应注意下列情况：

（A）工作 $i\text{-}j$ 的最早开始时间 $ES_{i\text{-}j}$ 应从网络计划的起点节点开始，顺着箭线方向依次逐项进行计算。

（B）以起点节点 i 为箭尾节点的工作 $i\text{-}j$，当未规定其最早开始时间 $ES_{i\text{-}j}$ 时，其值应等于零。即：

$$ES_{i\text{-}j} = 0 \quad (i = 1) \quad (5\text{-}1)$$

（C）当工作 $i\text{-}j$ 只有一项紧前工作 $h\text{-}i$ 时，其最早开始时间 ES_{i-j} 应为：

$$ES_{i\text{-}j} = ES_{h\text{-}i} + D_{h\text{-}i} \tag{5-2}$$

(D) 当工作 $i\text{-}j$ 有多个紧前工作时,其最早开始时间 $ES_{i\text{-}j}$ 应为:

$$ES_{i\text{-}j} = \max \{ES_{h\text{-}i} + D_{h\text{-}i}\} \tag{5-3}$$

式中 $ES_{h\text{-}i}$——工作 $i\text{-}j$ 的各项紧前工作 $h\text{-}i$ 的最早开始时间;

$D_{h\text{-}i}$——工作 $i\text{-}j$ 的各项紧前工作 $h\text{-}i$ 的持续时间。

根据式 (5-1),图 5-11 中:

$$ES_{1\text{-}2} = ES_{1\text{-}3} = 0$$

根据式 (5-2),图 5-11 中:

$$ES_{2\text{-}3} = ES_{2\text{-}4} = ES_{1\text{-}2} + D_{1\text{-}2} = 0 + 1 = 1$$

根据式 (5-3),图 5-11 中:

$$ES_{3\text{-}4} = ES_{3\text{-}5} = \max \{ES_{1\text{-}3} + D_{1\text{-}3},\ ES_{2\text{-}3} + D_{2\text{-}3}\}$$
$$= \max \{0+5,\ 1+3\} = 5$$
$$ES_{4\text{-}5} = ES_{4\text{-}6} = \max \{ES_{2\text{-}4} + D_{2\text{-}4},\ ES_{3\text{-}4} + D_{3\text{-}4}\}$$
$$= \max \{1+2,\ 5+6\} = 11$$
$$ES_{5\text{-}6} = \max \{ES_{4\text{-}5} + D_{4\text{-}5},\ ES_{3\text{-}5} + D_{3\text{-}5}\}$$
$$= \max \{11+0,\ 5+5\} = 11$$

(E) 工作 $i\text{-}j$ 的最早完成时间 $EF_{i\text{-}j}$ 应按式 (5-4) 计算:

$$EF_{i\text{-}j} = ES_{i\text{-}j} + D_{i\text{-}j} \tag{5-4}$$

根据式 (5-4),各项工作的最早完成时间计算如下:

$$EF_{1\text{-}2} = ES_{1\text{-}2} + D_{1\text{-}2} = 0 + 1 = 1$$
$$EF_{1\text{-}3} = ES_{1\text{-}3} + D_{1\text{-}3} = 0 + 5 = 5$$
$$EF_{2\text{-}3} = ES_{2\text{-}3} + D_{2\text{-}3} = 1 + 3 = 4$$
$$EF_{3\text{-}4} = ES_{3\text{-}4} + D_{3\text{-}4} = 5 + 6 = 11$$
$$EF_{3\text{-}5} = ES_{3\text{-}5} + D_{3\text{-}5} = 5 + 5 = 10$$
$$EF_{4\text{-}5} = ES_{4\text{-}5} + D_{4\text{-}5} = 11 + 0 = 11$$
$$EF_{4\text{-}6} = ES_{4\text{-}6} + D_{4\text{-}6} = 11 + 5 = 16$$
$$EF_{5\text{-}6} = ES_{5\text{-}6} + D_{5\text{-}6} = 11 + 3 = 14$$

将以上计算结果标注在图 5-11 中的相应位置。

2）网络计划工期的计算

（A）网络计划的计算工期 T_c 应按式（5-5）计算：

$$T_c = \max \{EF_{i\text{-}n}\} \tag{5-5}$$

式中　$EF_{i\text{-}n}$——以终点节点（$j = n$）为箭头节点的工作 $i\text{-}n$ 的最早完成时间。故图 5-11 的计算工期为：

$$T_c = \max \{EF_{4\text{-}6},\ EF_{5\text{-}6}\} = \max \{16,\ 14\} = 16$$

（B）网络计划的计划工期 T_P 的计算可按下列情况分别规定：

a. 当已规定了要求工期 T_r 时：

$$T_P \leqslant T_r \tag{5-6}$$

b. 当未规定要求工期时：

$$T_P = T_c \tag{5-7}$$

由于图 5-11 示例未规定要求工期，故其计划工期为：

$$T_P = T_C = 16$$

将计划工期标注在图后的方框内。

3）工作最迟完成时间和最迟开始时间的计算

工作最迟完成时间是指在不影响整个任务按期完成的前提下，工作必须完成的最迟时刻。工作最迟开始时间是指在不影响整个任务按期完成的前提下，工作必须开始的最迟时刻。在计算时应注意下列情况：

（A）工作 $i\text{-}j$ 的最迟完成时间 $LF_{i\text{-}j}$ 应从网络计划的终点节点开始，逆着箭线方向依次逐项计算。

（B）以终点节点（$j = n$）为箭头节点的工作的最迟完成时间 $LF_{i\text{-}n}$ 应按网络计划的计划工期 T_P 确定，即：

$$LF_{i\text{-}n} = T_P \tag{5-8}$$

（C）其他工作 $i\text{-}j$ 的最迟完成时间 $LF_{i\text{-}j}$ 应为：

$$LF_{i\text{-}j} = \min \{LF_{j\text{-}k} - D_{j\text{-}k}\} \tag{5-9}$$

式中　$LF_{j\text{-}k}$——工作 $i\text{-}j$ 的各项紧后工作 $j\text{-}k$ 的最迟完成时间；

$D_{j\text{-}k}$——工作 $i\text{-}j$ 的各项紧后工作 $j\text{-}k$ 的持续时间。

根据式（5-8）：
$$LF_{5\text{-}6} = LF_{4\text{-}6} = T_p = 16$$

根据式（5-9）：

$LF_{3\text{-}5} = LF_{4\text{-}5} = \min \{LF_{5\text{-}6} - D_{5\text{-}6}\}$
$\quad = \min \{16 - 3\} = 13$

$LF_{3\text{-}4} = LF_{2\text{-}4} = \min \{LF_{4\text{-}5} - D_{4\text{-}5}, LF_{4\text{-}6} - D_{4\text{-}6}\}$
$\quad = \min \{13 - 0, 16 - 5\} = 11$

$LF_{1\text{-}3} = LF_{2\text{-}3} = \min \{LF_{3\text{-}4} - D_{3\text{-}4}, LF_{3\text{-}5} - D_{3\text{-}5}\}$
$\quad = \min \{11 - 6, 13 - 5\} = 5$

$LF_{1\text{-}2} = \min \{LF_{2\text{-}4} - D_{2\text{-}4}, LF_{2\text{-}3} - D_{2\text{-}3}\}$
$\quad = \min \{11 - 2, 5 - 3\} = 2$

（D）工作 $i\text{-}j$ 的最迟开始时间 $LS_{i\text{-}j}$ 应按式（5-10）计算：
$$LS_{i\text{-}j} = LF_{i\text{-}j} - D_{i\text{-}j} \qquad (5\text{-}10)$$

根据式（5-10），图 5-11 的各项工作最迟开始时间计算如下：

$LS_{5\text{-}6} = LF_{5\text{-}6} - D_{5\text{-}6} = 16 - 3 = 13$

$LS_{4\text{-}6} = LF_{4\text{-}6} - D_{4\text{-}6} = 16 - 5 = 11$

$LS_{3\text{-}5} = LF_{3\text{-}5} - D_{3\text{-}5} = 13 - 5 = 8$

$LS_{4\text{-}5} = LF_{4\text{-}5} - D_{4\text{-}5} = 13 - 0 = 13$

$LS_{2\text{-}4} = LF_{2\text{-}4} - D_{2\text{-}4} = 11 - 2 = 9$

$LS_{1\text{-}3} = LF_{1\text{-}3} - D_{1\text{-}3} = 5 - 5 = 0$

$LS_{1\text{-}2} = LF_{1\text{-}2} - D_{1\text{-}2} = 2 - 1 = 1$

将以上计算结果标注在图 5-11 中的相应位置。

4）工作时差的计算

（A）工作总时差是指在不影响总工期的前提下，本工作可以利用的机动时间。工作自由时差是指在不影响其紧后工作最早开始的前提下，本工作可以利用的机动时间。

（B）工作 $i\text{-}j$ 的总时差应按式（5-11）、式（5-12）计算：

$$TF_{i\text{-}j} = LS_{i\text{-}j} - ES_{i\text{-}j} \quad (5\text{-}11)$$

或
$$TF_{i\text{-}j} = LF_{i\text{-}j} - EF_{i\text{-}j} \quad (5\text{-}12)$$

根据式（5-11）或式（5-12），计算出的工作总时差，见图 5-11 的相应标注。

(C) 工作 $i\text{-}j$ 的自由时差 $FF_{i\text{-}j}$ 的计算应符合下列规定：

a. 当工作 $i\text{-}j$ 有紧后工作 $j\text{-}k$ 时，其自由时差应为：

$$FF_{i\text{-}j} = ES_{j\text{-}k} - ES_{i\text{-}j} - D_{i\text{-}j} \quad (5\text{-}13)$$

或
$$FF_{i\text{-}j} = ES_{j\text{-}k} - EF_{i\text{-}j} \quad (5\text{-}14)$$

式中　$ES_{j\text{-}k}$——工作 $i\text{-}j$ 的紧后工作 $j\text{-}k$ 的最早开始时间。

b. 以终点节点（$i = n$）为箭头节点的工作，其自由时差 $FF_{i\text{-}n}$ 应按式（5-15）、式（5-16）确定

$$FF_{i\text{-}n} = T_P - ES_{i\text{-}n} - D_{i\text{-}n} \quad (5\text{-}15)$$

或
$$FF_{i\text{-}n} = T_P - EF_{i\text{-}n} \quad (5\text{-}16)$$

根据式（5-15）或式（5-16）计算的自由时差，见图 5-11 的相应标注。

(4) 关键工作和关键线路的确定

总时差最小的工作是关键工作。线路上的总工作持续时间最长的线路是关键线路。

图 5-11 中，最小的总时差是 0，所以工作 1-3、3-4、4-6 是关键工作。由工作 1-3，3-4，4-6 相连的线路时间最长，与计划工期相等，故它是关键线路（1-3-4-6），在图上用粗线标注。关键线路亦可用双线或彩色线标注。

(5) 编制可行网络计划

1) 检查与调整

对上述网络计划时间参数计算完后，应检查：工期是否符合要求；资源配置是否符合资源供应条件；成本控制是否符合要求。如果工期不满足要求，则应采取适当措施压缩关键的持续时间，如仍不能满足要求时，则需改变工作方案的组织关系进行调整；当资源强度超过供应可能时，则应调整非关键工作使资源降

低。

2）编制可行网络计划

对网络计划进行检查和调整之后，必须计算时间参数。根据调整后的网络图和时间参数，重新绘制可行网络计划。

（6）网络计划优化

可行网络计划一般需进行优化，方可编制正式网络计划。

1）网络计划的优化目标的确定

常见的优化目标有以下几种，可根据工程实际需要进行选择：

（A）工期优化；

（B）"时间固定，资源均衡"的优化；

（C）"资源强度有限，时间最短"的优化；

（D）时间——成本优化。

2）编制正式网络计划

根据优化结果，即可绘制拟实施的正式网络计划，并编制网络计划说明书，其内容包括：

（A）编制说明；

（B）主要计划指标一览表；

（C）执行计划的关键的说明；

（D）需要解决的问题及主要措施；

（E）其他需要说明的问题。

（五）安全生产管理

1. 施工安全管理系统

安全生产应严格贯彻"安全第一，预防为主"的八字方针。市政工程施工安全管理包括安全施工和劳动保护两方面的管理工作。由于市政工程施工为露天作业，现场环境复杂，手工操作、地下作业、高空作业和交叉施工多，劳动条件差，不安全和不卫生的因素多，极易出现安全事故，因此，在施工中要认真从组织上、技术上采取一系列措施,形成安全管理系统(图 5-12),切实做好安全施工和劳动保护工作。

2. 施工安全组织保证体系

建立安全施工的组织保证体系,是安全管理的重要环节。一般应建立以施工项目负责人(项目经理、工段长)为首的安全生产领导班子,本着"管生产必须管安全"的原则,建立安全生产责任制和安全生产奖惩制度,并设立专职安全管理人员,从组织体系上保证安全生产。施工项目安全生产责任保证体系一般是项目经理下设:

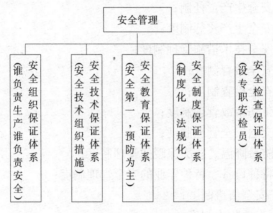

图 5-12 安全管理系统

(1)安全技术负责人(负责①项目全员安全活动、安全教育;②安全检查;③监督、处理安全事故;④劳保用品配备使用)。

(2)技术负责人(负责①审定项目安全技术措施;②落实安全技术措施;③解决施工中不安全技术问题)。

(3)生产调度负责人(负责①安排生产计划符合安全要求;②组织安全技术措施实施)。

(4)机械管理负责人(负责①施工机械安全运行;②监督安全制度落实)。

（5）消防管理负责人（负责①组织消防教育；②消防检查；③消防设施工具配备；④组织消防队，消防工作）。

（6）劳务管理负责人（负责①保证进场人员安全技术素质；②进场安全技术教育；③劳务作业按规程要求）。

（7）其他有关部门（负责①劳保费专项使用；②卫生行政部门保证基地、现场工人劳保卫生条件）。

3. 安全管理制度

为了加强安全管理，还必须将其制度化，使施工人员有章可循，将安全工作落到实处。安全管理规章制度主要有：

（1）安全生产责任制；

（2）安全生产奖惩制度；

（3）安全技术措施管理制度；

（4）安全教育制度；

（5）安全检查制度；

（6）工伤事故管理制度；

（7）交通安全管理制度；

（8）防暑降温、防冻保暖的管理制度；

（9）特种设备、特种作业的安全管理制度；

（10）安全值班制度；

（11）工地防火制度；

（12）冬雨期及夜间施工的安全制度。

4. 施工安全教育

（1）安全教育内容

1）安全思想教育

对施工人员进行党和国家的安全生产和劳动保护方针、法令、法规制度的教育，使他们树立安全生产意识，增强安全生产的自觉性。

2）安全技术知识教育

安全技术知识是劳动生产技术知识的重要组成部分，其教育内容一般包括：项目施工过程中的不安全因素；危险设备和区域的注意事项；有关职业危害的防护措施；电气设备安全技术知识；起重设备、压力容器的基本安全知识；现场内运输；危险物品管理、防火等基础安全知识；如何正确使用和保管个人劳保用品，如何报告和处理伤亡事故；各工种安全技术操作规程和安全技术交底。

3）典型经验和事故教训教育

通过学习国内外安全生产先进经验，提高安全组织管理和技术水平；通过典型事故的介绍，使全体施工人员吸取教训，检查各自岗位上的隐患，及时采取措施，避免同类事故发生。

(2) 安全教育制度

建立公司、分公司（工程处）、项目部（班组）三级安全教育制度，使安全教育工作制度化。

1) 新工人入场教育和岗位安全教育；

2) 具体操作前的安全教育和技术交底；包括工种安全施工教育和新工艺、新方法、新材料、新结构、新设备的安全操作教育；

3) 经常性安全教育，特别是班前安全教育；

4) 暑季、冬期、雨期、夜间等施工的安全教育。

5. 安全检查

安全检查是预防安全事故的重要措施，包括一般安全检查、专业性安全检查、季节性安全检查和节日前后安全检查。

(1) 安全检查制度

建立项目部每月或每两周，班组每周的定期安全检查制度和突击性安全检查相结合的安全检查制度。

(2) 安全检查内容

1) 安全管理制度落实情况；

2) 安全技术措施制定和实施情况；

3) 专业安全检查，并填写相应安全验收记录；

4) 季节性安全检查，如防寒、防暑、防湿、防毒、防洪、防台风等检查；

5) 防火及安全生产检查，主要检查防火措施和要求的落实情况，如现场使用明火规定的执行情况，现场材料堆放是否满足防火要求等。及时发现火灾隐患，做好工地防火，保证安全生产。

6. 施工现场安全生产的一般要求

（1）现场应按施工总平面布置图的规定位置搭设各项临时设施，堆放材料、成品、半成品、工模具，停放车辆、机具。人工作业与机械作业，各就各位，施工现场与社会交通（行人）互不干扰。

（2）进入施工现场作业人员，要带安全帽，高空作业要系安全带，施工现场管理人员要配戴工作证、卡，特种工种操作人员要持操作许可证上岗。

（3）施工现场各种临时电路电机设备的安装要符合用电安全规定，严禁任意拉线接电。施工现场要有保证施工作业和行人安全的夜间照明。

（4）在车辆行人通过的地段，遇有沟、井、坎、穴处，应设覆盖物、护栏和安醒目标志。

（5）施工现场，要建立防火管理制度，消防设施和消防通道要保持完好备用状态。

（6）施工现场，应采取措施、严格控制粉尘、废气、废水、固体废弃物、以及噪声、振动对环境的污染和危害。不得在施工现场熔化沥青。焚烧油毡，油漆、塑料。禁止将有毒有害废弃物随地乱扔乱放或用作土方回填。

（7）施工现场应设置必要的工间休息棚、临时厕所、膳食、饮水供应处等，并符合通风照明和卫生要求。

（8）认真执行工人监督安全作业的五项权力即干部不向工人作技术交底工人有权不施工，发生事故隐患不排除工人有权不施工，干部违章指挥工人有权不施工，安全措施不完全而威胁到人身安全时工人有权不施工，特殊作业必要的防护用品不齐全，工人可以停止操作。

思 考 题

1. 一般大中型工程项目的基建程序是怎样的?
2. 怎样编制一个简单的预算?
3. 施工作业计划和施工任务书的编制方法?
4. 工程招投标有什么意义?
5. 怎样编制一个简单的施工组织设计?
6. 怎样绘制横道线图?
7. 怎样绘制双代号网络图?
8. 对施工单位安全组织管理体系有哪些好的想法和建议?

六、冬雨期施工措施

（一）冬期施工措施

1. 土方冬期施工

（1）昼夜平均气温在 0℃以下，且连续施工 15d 以上，为冬期施工。

（2）冬期施工要编制具体可行的施工组织计划。做好机械设备的防冻、防火工作，保证机械设备正常运转。

（3）开挖冻土可先用机械或人工将表层冻土刨松，并应当日开挖到规定深度，碾压成型；如不能完成到规定深度时可在收工前将表层土刨松，或用砂、干松土、草袋等保温材料覆盖保温，以减少冻结深度。

（4）开挖冻土应先开挖向阳面，当气温回升后再开挖背阴面，以减少施工难度；如开挖时遇水应及时挖设临时排水沟、集水坑及时自除或抽排。

（5）开挖时及时修整和加固边坡。

（6）根据工程现场情况和设备、技术及经济考虑，合理选择冻土开挖方法：

1）人工破除冻土，依厚度不同可采用铲钎或风镐；

2）土方工程量不大，冻土厚度在 0.7m 以内时，可用机械破除，如反铲挖掘机或正铲挖掘机；

3）冻土深度较深时，可采用炸药爆破冻土或融化冻土的循环井管法。

（7）冬期填方施工时应先清除原地面上的冰雪，并根据工程需要及设计要求，决定是否刨除原地面冻土，再进行分层回填，及时压实。

(8) 填土高度要根据施工期间室外平均气温确定，当气温在 -5℃以上时，填土高度不受限制，在 -5℃以下时则不得超过以下规定：

-5 ~ -10℃时，4.5m；

-10 ~ -15℃时，3.5m；

-15 ~ -20℃时，2.5m。

(9) 用砂石、石或石块填筑路基时，填方高度则不受气温限制。

1) 填方上层宜用透水性好未冻的好土，填土虚铺厚度在 -5℃以下时要比常温施工时规定的标准小 20% ~ 25%。

2) 回填土含有冻土时，冻土尺寸不得大于 15cm，其含量不得超过以下规定：

填土后即，做路面时，小于 15%；

填土沉降后再做路面时，小于 30%。

含冻土回填时，其预留沉降高度应比常温填方的数值增大，其增加数值见表 6-1。

含冻土回填时增加的数值　　　　表 6-1

填土种类	冻土占填方总体积的百分数（%）			
	10 ~ 20	20 ~ 40	40 ~ 50	50 ~ 60
砂土	1.5	2	2.5	3
黏土	2	2.5	3	3.5

注：冬期用含冻土的土料填方预留沉降的总高度即将夏季沉降的数值乘以本表的系数。

(10) 用黏性土回填时，除要符合上述规定外，还应注意：回填前应预测出土的含水量，填方上层 1m 以内不得用冻土填筑。

(11) 冻土施工应连续施工，作一段形成一段，尽量减少土层的冻结。一般土层的冻结速度见表 6-2：

一般土层的冻结速度 表 6-2

土的种类	在下列气温接近最佳含水量时，土的冻结速度（cm/h）			
	-5℃	-10℃	-15℃	-20℃
覆盖有积雪的粉质黏土和亚砂土	0.03	0.05	0.08	0.10
没有覆盖积雪的粉质黏土和亚砂土	0.15	0.30	0.35	0.50

（12）冬期施工还要加强安全管理，人行及车行道路做好防滑措施，施工中所弃冻土，应注意堆置稳定，以免化冻时发生事故。

1）分段施工的接头部位，应设置阶梯形搭接分层压实，每层搭接宽度不小于 1m。

2）当年填筑冻土的路基，当年不得修筑路面，必须经过春融后，并将路槽以下 60cm 处理加固后，方可修筑路面。

2. 石灰稳定类混合料基层冬期施工

（1）石灰稳定类基层一般组织在气温较高的季节施工，施工期的最低气温应在 5℃ 以上，如必须进行施工时，要做好保温措施，消解石灰及拌合尽量使含水量保持低限，拌合、找平工作要抓紧进行，最好在中午以前完成，对已摊铺的混合料及时碾压到位。

（2）碾压成型后的混合料要用麻袋或草袋等保温材料遮盖养护，确保其强度能够达到。

（3）拌合成活的混合料中有较大冻块时，应停止继续施工。

（4）降雪以后应组织人力将基层混合料上的积雪扫除。

3. 混凝土冬期施工

一般规定：

（1）当室外昼夜间的平均气温低于 +5℃ 和最低温度低于 -3℃ 时，混凝土施工应按冬季施工规定进行；冬期施工要经常与气象部门联系，密切注意天气情况，并合理安排工作计划。

（2）在进入混凝土冬期施工之前要做好冬期施工准备：根据

工程性质及具体的施工条件，合理制定混凝土的养护方法、浇筑温度及养护时间等；准备足够的工程材料、防寒材料、燃料及必要的机械设备、仪器等。

（3）混凝土浇筑前，注意检查原材料质量，砂石材料应大堆堆放，砂石中如有冰雪，应清理干净，水泥要有专门的场所存放。

（4）冬季条件养护的混凝土，在冻结以前混凝土的强度不应低于设计强度的40%，也不得低于5.0MPa。

（5）混凝土的一般浇筑温度，对蓄热法养护混凝土，不得低于10℃；对蒸汽法养护不低于5℃；对冷混凝土施工要求在0℃以上。

（6）冬期施工一般采用水化热大的高强度等级普通水泥，当利用水泥水化热不能满足要求时，应将水和砂石加热。原材料加热时应注意以下事项：

1）需要原材料加热时，首先考虑水的加热，如水加热至规定最高温度时，仍不能使搅拌的混凝土达到规定温度，再考虑砂石骨料的加热，但在任何情况下严禁将水泥加热。

2）各种原材料的加热温度应通过热工计算决定。

3）为了防止水泥的假凝现象，水及骨料的加热最高温及搅拌完毕，混凝土出盘的最高温度，应符合表6-3的规定。

拌合水及骨料的最高温度　　　　表6-3

项次	项目	拌合水（℃）	骨料（℃）
1	小于42.5级的普通硅酸盐、矿渣硅酸盐水泥	80	60
2	等于及大于42.5级的硅酸盐、普通硅酸盐水泥	60	40

注：水和骨料的加热可参用下列方法：

①水：在水中通蒸汽或加火烧热；

②砂、石：用蒸汽加热或用火烤，用火烤时，应注意翻搅使加热均匀，其温度上升不宜过快。

（7）混凝土在用于路面时：

1) 采用"冷混凝土"为主,即材料不加热,或气温较低时水加热,再根据气温情况掺用氯盐溶液,表面覆盖蓄热保温;混凝土拌合水灰比应不大于0.45,坍落度不大于1cm,用水量每立方米不大于140kg,并要扣除氯盐溶液、砂石料中的含水量;氯盐掺量参见表6-4:

冬期水泥混凝土路面施工氯盐掺量表 表6-4

预估10d内室外大气平均温度	氯盐掺量占水重（%）	混凝土硬化的最低温度	说 明
白天0℃以上,夜间-5℃以上	3	-2℃	低温时期
-5~0℃	6	-4℃	初冬及冬末时期
-5~-10℃	10	-7℃	严寒时期

2) 混凝土应集中搅拌,搅拌处还应搭设暖棚,搅拌机搅拌时间应比常温施工增加一倍,混凝土出盘温度不得低于+2℃,振动完毕的温度不得低于-2℃。

3) 混凝土路面的摊铺应纵向全幅推进,振动棒应横向来回振动,以缩短振动距离。

4) 路面成型后,应立即铺3mm以下细锯末厚2~3cm,上面加较粗锯末或过筛的细土厚5cm,再加盖草袋,4d后撤下草袋,换盖20cm厚以上的松干土。换土时应保留混凝土表面的锯末或细土,不得在路面上抛掷大土块,混凝土板边角处应加强覆盖养护,模板外还应培土30cm厚左右。

5) 拆模时间一般控制在3d以上,如遇气温骤降或大风天气,应再延长拆模时间,拆模后边角要继续培土养护。

6) 混凝土板养护时间要在28d以上,应在混凝土强度达到100%时再开放交通。

(8) 在进行混凝土结构施工时,混凝土达到100%的设计强度后,方可加置全部的设计荷载。

(9) 在冬期条件下搅拌混凝土时,可掺用定量的早强剂和抗冻剂,提高混凝土的凝结时间和抗冻能力。常用的早强剂有氯化钙、氯化钠。在不能使用氯盐的情况下，可用三乙醇胺复合剂或硫酸复合剂与蓄热法养护结合进行施工。在下列情况下，不得在钢筋混凝土结构中掺用氯盐：

1）在高湿度空气环境中使用的结构（排出大量蒸汽的车间、经常处于湿度大于80%的房间及有顶盖的钢筋混凝土蓄水池等）；

2）结构处于水位升降的部分；

3）露天结构或经常受水淋湿的结构；

4）具有外露钢筋、预埋件而无防护措施的结构；

5）与含有硫酸或硫酸盐等的侵蚀性介质相接触的结构；

6）使用过程中经常处于环境温度60℃以上的结构；

7）使用冷拉和冷拔低碳钢丝的钢筋混凝土结构；

8）薄壳、屋架、吊车梁、落锤或锻锤基础等结构；

9）直接靠近直流电源的钢筋混凝土结构；

10）在施工过程中直接靠近高压电源（发电站、变电所）的钢筋混凝土结构；

11）预应力混凝土结构。

（10）掺用氯盐的混凝土，施工时应遵守下列规定：

1）应用硅酸盐水泥；

2）水灰比不得大于0.65；

3）掺入氯盐溶液时，必须始终保持氯盐溶液的浓度均匀一致；

4）适当延长搅拌时间，注意搅拌均匀；

5）必须振动密实；

6）不宜采用蒸汽养护；

7）在钢筋混凝土中，掺量不得超过水泥重量的2%，亦不得超过6kg/m³。在素混凝土中，掺量不得超过水泥重量的3%。

4. 混凝土冬期施工的养护方法

（1）根据技术经济及热工计算，确定混凝土的养护时间和养护方法。

(2) 在冬季条件下浇筑的混凝土，应优先采用以保温覆盖为主的蓄热（保温）法进行养护，当气温太低或因结构性质特殊不宜采用蓄热法养护时，可考虑利用其他养护方法。一般在工厂进行大量混凝土构件生产时，可采用蒸汽养护。

(3) 为扩大蓄热法施工范围，可采用下列措施：

1) 尽量利用未冻土的热量：如地面以下的基础或其他混凝土部件均应尽量设法利用土的热量；

2) 用化学外加剂和蓄热法结合以加速混凝土的硬化；

3) 用高强度等级（C40及C40以上）水泥和水化热高的矾土水泥；

（A）将蓄热法和混凝土外部加热法或早期短时加热法合并使用（如锯末生石灰养护法等）；

（B）在条件允许情况下可利用日照热能保温，如某一时期室外白天在正温度，晚间在负温度，则白天有日照时，可将保温层打开晒照，晚时再将保温层盖严蓄热；

（C）保温方法应以就地取材为原则，一般可用草袋、麻袋、锯末等，用草袋时要做好防风措施；

（D）混凝土应采用较小的水灰比。

4) 对面积大、不太厚的混凝土，可采用白灰锯末做加温与保温的养护材料。但要注意以下事项：

（A）生石灰与锯末配合比及其发热量应通过试验确定。施工时必须严格按配合比使用，白灰最好用块状生石灰，或颗粒不大于 $1cm^3$ 的生石灰块。配合比应以重量配比，不得用体积比。配合后的发热量一般以 $60\sim80℃$ 为宜，根据经验配合比为水：锯末：生石灰 = 1:1:0.7 较合适，试配时可作初步参考。

（B）要加强测温工作，特别是铺上锯末白灰后，第一天的测温工作应每隔 2h 进行一次，如发现温度过高，应采取降温措施，防止着火。测温时如发现因保温材料失效温度过低，应更换新的保温材料继续保温。

（C）如一次锯末白灰保温尚不能使混凝土达到需要强度时，

可更换一次新的锯末白灰继续保温。

（D）使用锯末白灰养护时，混凝土的入模温度不得低于+10℃。

5）用蒸汽法养护混凝土时应符合下列规定：

（A）用硅酸盐水泥或普通硅酸盐水泥拌制的混凝土，配制强度比正常养护的混凝土强度适当提高，用矿渣水泥、火山灰水泥、粉煤灰水泥拌制的混凝土，可与正常养护的配制强度相同，快硬水泥如矾土水泥拌制的混凝土则不得使用蒸汽养护。

（B）混凝土浇筑完毕后，应在不低于+10℃的环境内静停2~4h后再加温。

（C）整体灌注的结构用蒸汽加热时，混凝土结构的升温速度不得大于下列数值：

A）表面系数在6或6以上的结构，每小时升温速度不超过15℃。

B）表面系数在6以下的结构，每小时升温速度不超过10℃。

C）配筋稠密，连续长度较短（6~8m）的薄型结构，每小时升温速度不超过20℃。

注：表面系数是指结构的冷却表面（m^2）与结构全部体积（m^3）的比值。

（D）衡温温度：硅酸盐水泥、普通水泥拌制的混凝土不宜超过60℃，对其他水泥拌制的混凝土不宜超过80~85℃。衡温时间长短要通过试验确定，以使混凝土达到要求强度为准。

（E）降温温度：当表面系数在6或6以上的结构时，每小时降温速度不得超过10℃；当表面系数在6以下时每小时降温速度不得超过5℃。

（F）混凝土构件拆除保温设施时，其表面温度与环境温度之差不得大于20℃。

（G）对薄型结构、突出部分和其他易冷却的部位，要加强保温。

（H）混凝土蒸汽加热时，应使用饱和蒸汽，结构均匀加热，并做好排除冷凝水和防止结冰的措施，结构保温要严密，减少透风系数。

（I）蒸汽加热要注意锅炉使用安全，严格遵守操作规程，供汽管路均要做好保温，并防止漏汽，减少蒸汽损耗。

（J）做好蒸汽养护记录。

6）就地浇筑的混凝土构件或构筑物，当构筑物体积不大，环境允许的条件下，可采用暖棚加热法养护，但要做好以下几点：

（A）搭设暖棚前要向公安消防部门申请并经同意且有批准手续方可施工。

（B）暖棚的结构应尽量简单，暖棚的体积，在不妨碍操作的情况下应尽量减小。

（C）暖棚要搭设严密，所有缝隙要堵严，出入口要有保温设施。

（D）搭设暖棚的材料尽量用不燃或不易燃烧的材料，如有易燃物，应在炉火附近做防燃措施，如抹泥等。

（E）根据施工具体条件选定热源，一般为火炉和蒸汽两种，暖棚内应盛放一些水使空气潮湿，用火炉时必须配备足够的消防措施，并要采取有效的防火防煤气措施，指定专人昼夜看管，负责查看炉火，记录温度。注意使暖棚内的温度、湿度均匀，经常保持在 $10\sim20℃$，直至混凝土达到所需强度为止。

（F）浇筑混凝土前，暖棚内温度应保持在 $10℃$ 以上，养护时间根据暖棚内温度计算达到设计要求为止。

（G）混凝土浇筑完毕后应及时用塑料薄膜覆盖。

5．混凝土的搅拌和运输

（1）拌合混凝土的砂石骨料和水在装入搅拌机时应保持正温度，不得低于热工计算所需要的温度，水的加热温度一般宜超过混凝土拌合温度的 $1.5\sim2$ 倍，砂石的加热温度则可接近拌合温度。

（2）混凝土的拌合时间，应较常温拌合略长，拌合设备要注意防寒，开始搅拌混凝土前应先用热水洗刷拌合机鼓桶。

（3）为减少在运输过程中的热量损失，搅拌机应尽量靠近浇筑地点，缩短运距。

（4）对运输线路及运输工具，视实际情况，进行防寒、防滑处理，以加快混凝土运输速度，避免中途受阻。

6. 沥青混凝土路面冬期施工

（1）当气温低于5℃时即进入冬期施工，当气温低于-10℃，现场风力4级以上及降雪天气，应停止施工。

（2）适当提高沥青混合料拌合温度，石油沥青为160~170℃，煤沥青为120~130℃。

（3）加强沥青混合料保温，运输车辆车厢内应加设木板保温层，并用棉被等覆盖严密，混合料到达现场时石油沥青混合料温度应不低于140℃，煤沥青混合料温度不低于110℃。

（4）摊铺时间要利用日照高温，尽量避开早晚低温时段。底层表面要清理干净，无冰、雪、霜等，工地现场要准备好挡风、保温、加热等工具和设备。

（5）摊铺时认真掌握五快原则：即"卸料快、摊铺快、找平快、补细快、碾压快"。

（6）在接铺沥青混凝土前，应用喷灯加热旧茬至60~75℃，接茬处要用热墩锤、烙铁夯实熨平，并用小型压路机碾压两遍以上。

（7）人工摊铺要采取全幅施工，机械摊铺应采取两台摊铺机前后分幅搭接铺筑，每条摊铺带至少保证有一台压路机，如仅有一台摊铺机，工作段以30~40m为宜，以保持纵缝热接，当天应整幅摊铺完而不留纵茬。

（8）来料中断，应立即将沥青混合料接头处压实并切齐，继续施工时，按冷接头处理。

（9）碾压要及时，随摊铺逐步向前推进，先轻后重交错进行。

(10) 严格控制终压温度，石油沥青混合料不得低于60℃。

7. 管道工程冬期施工

(1) 管道沟槽开挖时，应分段进行，分段挖完后，立即进行管道基础施工。

(2) 不许在冻结土上浇筑管道基础，一般挖至设计标高以上30~40cm，即停止开挖，在浇筑管道基础前再把最后一层冻土挖去，如沟槽已挖至设计标高，不能及时浇筑基础时，应立即铺一层10cm左右的砂石，或用草袋、麻袋等覆盖严实，防止土冻结，如进行管道基础浇筑时，基底土已受冻，应将冻层完全刨除，并用级配碎石换填。

(3) 在沟槽两侧做好防滑措施，确保施工安全。

(4) 冬期管道基础的施工参见混凝土冬期施工规定。

(5) 冬期施工管道水泥砂浆抹带接口时砂浆应用热水拌合，水温应不超过80℃，必要时可将砂加热，砂温不应超过40℃。

(6) 对水泥砂浆有防冻要求时，拌合时可适当掺加防冻剂，掺用剂量按试验计算确定。

(7) 抹带接口完成后，应立即用草袋或麻袋等保温材料覆盖，防止受冻。

(8) 冬期进行闭水试验时，可先对管身进行胸腔填土，并将填土适当加高；各项工作抓紧进行，尽快试压，试验合格后，立即将水放出；当管径较小、气温较低，不能保证水不结冰时，可在水中适量加入防冻剂。

(9) 沟槽回填时，不得填入冻土。

8. 砌体冬期施工

(1) 当平均气温低于+5℃，或最低气温低于-3℃时砌体进入冬期施工。

(2) 冬期施工所用材料应符合以下规定：

1) 砌块应干净，无冰霜附着，砂中不得含有冰块或冻结团块。

2) 拌制砂浆时，水的温度不应低于+5℃。

3) 水泥不得加热,当水加热至60℃以上时,应先将砂子与水稍加拌合,然后再加入水泥。

(3) 冬期砌筑砌体可用水泥砂浆,不得用白灰砂浆,砂浆应随拌随用,搅拌时间应比常温时增加0.5~1倍,其流动性应比常温施工时适当增大。已冻结的砂浆,在任何情况下都不得使用。

(4) 施工地点应设挡风设施,已砌完的砌体夜间要加以覆盖保温,防止受冻。

(5) 当基土为非冻胀土时,可在冻结的地基上砌筑基础,当基土为冻胀土时,则必须在未冻的地基上砌筑基础,且在施工和完工后,均应防止地基遭受冻结。

(6) 为加速砂浆硬化,缩短保温时间,可在水泥砂浆中掺加氯化钙等早强剂,其掺加量可参见表6-5:

表 6-5

项 次	砂浆龄期 (d)	氯化钙与水泥用量比		
		1%	2%	3%
1	1	180	210	240
2	2	160	200	230
3	3	140	170	190
4	5	130	150	160
5	7	120	130	140

注:以未加早强剂的同龄期砂浆强度为100。

(7) 掺入氯化钙或氯化钠的水泥砂浆或水泥混合砂浆称为抗冻砂浆,可在冬期砌筑各类砌体。

(8) 抗冻砂浆所用的水泥,在严寒地区一般为硅酸盐水泥或普通水泥;所用的砂应为细度模数较大的砂。

(9) 当昼夜平均气温低于-10℃时,承重砌体的砂浆强度应比常温时提高一级。

(10) 拌合后的抗冻砂浆,在使用时砂浆本身不得低于

−5℃。

（11）抗冻砂浆发生稠化时，可将砂浆重新拌合以恢复稠度。

（12）用抗冻砂浆砌完砌体后，应及时将砌体用保温材料覆盖，并不得浇水。

（13）抗冻砂浆中抗冻剂的掺量，可参考表6-6：

表 6-6

项次	砌后预计10d内最低气温（℃）	0~−5	−6~−10	−11~−15	−16~−20
1	氯化钙	3%	5%	7%	10%
2	氯化钠		2%	3%	5%

注：①掺量按拌合用水量的百分数计，两种氯盐同样掺用；

②表中掺量可根据具体情况和强度增长速度要求，参照可靠经验或通过试验增减。

（二）雨期施工措施

1. 土方雨期施工

（1）雨期间应编制雨期施工措施，多与当地气象部门联系，掌握天气情况，合理安排计划，集中力量分段突击，做一段形成一段，切忌在全线大挖大填。

（2）雨前选择易翻浆处或低洼处等不利地段先行施工，在施工段面内开挖临时纵向排水沟，并开挖横沟连通，出水口与原有排水系统连接，必要时还需开挖集水坑并用水泵抽排。

（3）填土时要预留3%以上的横坡，收工前或遇雨时，对已填土要及时碾压密实平整，以防止表面积水。坚持做到"三完"即"挖完、填完、压完"。

（4）路床遭到雨水浸泡发生弹簧或翻浆现象时，应逐段处理，不得全线开挖；如条件满足或不影响工期，可采用机械将已浸泡的路床进行翻晒，等土达到最佳含水量时及时碾压密实。

（5）当工期紧或土粒在短期内无法晾干时可考虑换填好土、

砂石、矿渣或采用石灰呛土处理，呛灰量按设计院提供的方案进行。

2. 石灰稳定类混合料基层雨期施工

（1）石灰稳定类混合料基层材料一般包括石灰土、石灰粉煤灰类混合料、水泥石灰稳定石屑混合料等。

（2）稳定混合料一次备料不宜太多，要大堆堆放，周围挖设排水沟。

（3）混合料要边拌合、边摊铺、边碾压，对已摊铺的混合料，要在雨前或冒雨初压，雨停后再碾压密实。已摊铺还未碾压的混合料遇雨后，应封闭交通，将混合料晾晒至适当含水量时，再重新加稳定材料拌合、碾压密实。

（4）采用机拌的混合料搅拌站尽量设在施工段面附近，以减少运距。混合料在运输过程中要准备防雨器具。

3. 混凝土雨期施工

（1）在混凝土开始浇筑之前，预先准备遮雨棚 50~100m 左右。遮雨棚放在现场附近，随时备用。

（2）搅拌站及水泥临时存放点要有完善的防雨措施。

（3）施工段面四周做好临时排水，以免积水。

（4）混凝土在拌制前，要重新检查砂石料的含水量，适当调整材料和水的用量。

（5）混凝土搅拌站尽量设在施工段面附近，以减少运距。混凝土在运输过程中要准备防雨器具。

（6）未成型的混凝土遇雨时要及时搭盖遮雨棚，不使雨水直接冲刷刚浇筑的混凝土表面，在阵雨过后抓紧时间抹面、收光。

（7）浇筑大面积混凝土，如遇短时阵雨，在已浇筑混凝土终凝前雨停时可以继续浇筑混凝土，在浇筑混凝土前应在接茬处先铺以与混凝土同强度的砂浆 1~2cm 厚，然后再浇筑混凝土。如遇雨时间较长，超过终凝时间，则应注意养护，已浇筑混凝土强度达到 10kPa 以上时，可以继续浇筑，但应先将接茬面凿毛，然后再铺 1~2cm 厚与原混凝土强度相同的砂浆。

(8) 遇雨时未及时振动，已终凝的混凝土则必须破除重新浇筑。

4．沥青混凝土路面雨期施工

(1) 雨期要特别注意气象预报，并与沥青拌合厂做好联系，遇雨立即停盘，小雨抢铺压实，雨大待雨停后将来料撒铺在基层上，并做好记录，如混合料温度已降至摊铺温度以下或已凝结，则不得使用。

(2) 沥青混合料在运输过程中要做好防雨措施，及时遮盖。

(3) 雨后基层、底基层潮湿未干或表面泥土未清理干净，则不得进行摊铺；未经压实即遇雨淋湿的沥青混凝土，要全部刨除重新摊铺。

5．管道工程雨期施工

(1) 雨期挖沟槽时要注意开挖坡度，沟槽支撑要加强，并随时观察，以防塌方或滑坡。开挖时可在沟槽两侧堆设土埝，以防表层雨水流入沟槽，形成泡槽；沟槽开挖至槽底时应预留10~20cm左右土方人工清理，在沟槽两侧开挖临时排水沟、集水坑，对沟槽进水及时排走或抽排。

(2) 对已形成泡槽的段面，必须清除干净槽底浮泥，对超挖部分严禁用土回填，用级配碎石回填至槽底标高，再浇筑混凝土。

(3) 在浇筑混凝土平基过程中如遇雨，应立即用草袋、麻袋或彩条布等雨具将浇筑好的混凝土全部遮盖。

(4) 配合管道铺设，及时砌筑检查井和连接井，不接支管的预留管口，及时封堵严实。暂时中断或未及时砌筑检查井的管口，可用堵板或干砌法临时封堵严实。

(5) 随时做好准备，降低地下水位，防止漂管现象发生。

(6) 雨天不宜进行抹带、接口，如必须施工时，要提前准备遮雨棚等必要的遮雨设施。

(7) 砂浆受雨水浸泡雨停后继续施工时，对未初凝的砂浆可增加水泥，重新拌合使用。

(8) 沟槽回填时，准备好遮雨器具，防止松土淋雨，控制好回填土的含水量，槽底清理干净，无积水时才可回填；如回填土遇雨含水量过大，则需进行晾晒或换填等方法处理后方可回填。

6. 砌体雨期施工

(1) 雨期施工，刚砌好的砌体遇雨时，砌体上应采取必要的覆盖措施，防止冲刷灰缝。

(2) 雨期砌砖沟时，应及时安装盖板，并及时对沟槽进行回填，以免沟槽塌方挤跨墙体。

(3) 砂浆受雨水浸泡雨停后继续施工时，对未初凝的砂浆可增加水泥，重新拌合使用。

思 考 题

1. 冬期施工土方，对填方冻土与挖方冻土施工中应注意哪些方面？
2. 冬期施工混凝土掺用外加剂应注意哪些事项？
3. 什么是抗冻砂浆？抗冻砂浆在使用中应注意哪些事项？
4. "五快"、"三完"指什么？

主要参考文献

1 武汉市政工程总公司. 道路工
2 天津市政工程局. 道路桥梁工程施工手册. 北京：中国建筑工业出版社，2002
3 刘王晋编著. 建筑工程测量员必读. 北京：金盾出版社，2002
4 刘王晋，鲍风英. 边境编. 测量放线工. 北京：中国环境出版社，2003
5 边境，陈代华. 测量放线工基本技术. 北京：金盾出版社，2000
6 工程机械使用与维修. 北京：金盾出版社，2000
7 武汉市建设委员会、武汉市市政工程质量监督站. 市政道路工程附属构筑物施工技术规范汇编. 2003
8 建设部人事教育司编. 建筑经济专业知识与实务. 北京：中国人事出版社，2001
9 济南市城市建设管理局编. 市政工程施工组织与管理. 济南：山东省出版社，1999